Männer an der Seite erfolgreicher Frauen

Conin-Ohnsorge/Lackner/Weinländer-Mölders

Männer an der Seite erfolgreicher Frauen

Side by Side an die Spitze

1. Auflage

Haufe Group
Freiburg · München · Stuttgart

Bibliografische Information der Deutschen Nationalbibliothek

Die Deutsche Nationalbibliothek verzeichnet diese Publikation in der Deutschen Nationalbibliografie; detaillierte bibliografische Daten sind im Internet über http://dnb.dnb.de abrufbar.

Print: ISBN 978-3-648-12096-5   Bestell-Nr. 10293-0001
epub: ISBN 978-3-648-12094-1   Bestell-Nr. 10293-0100
ePDF: ISBN 978-3-648-12095-8   Bestell-Nr. 10293-0150

Conin-Ohnsorge/Lackner/Weinländer-Mölders
Männer an der Seite erfolgreicher Frauen
1. Auflage 2018

© 2018 Haufe-Lexware GmbH & Co. KG, Freiburg
www.haufe.de
info@haufe.de
Produktmanagement: Bettina Noé

Lektorat: Nicole Jähnichen
Satz: kühn & weyh Software GmbH, Satz und Medien, Freiburg
Umschlag: RED GmbH, Krailling

Inhaltsverzeichnis

Prolog

Oft fragte man uns: Wieso, weshalb, warum dieses Buch? Die Antwort darauf ist einfach: Wir wollen Frauen in Führung bringen!

Frauen in Führung zu bringen, ist uns eine Herzensangelegenheit. So verschieden wir als Führungspersönlichkeiten in unserem jeweiligen Metier sind, so sehr eint uns das Bestreben, mehr Frauen in Entscheiderpositionen zu bringen und tradierte Geschlechterrollen infrage zu stellen. Dieses Anliegen haben wir auf verschiedenste Weise in den letzten zehn Jahren durch die Gründung von Netzwerken, in unseren Publikationen und Vorträge verfolgt und auch in unseren Berufen als Geschäftsführerinnen aktiv gelebt.

Auch wenn sich in dieser Zeit Einiges getan hat, um mehr Frauen in Führung zu bringen – so beispielsweise mit eine verbindlichen Quote im Aufsichtsrat – ist die Förderung von Frauen, wie Monika Schulz-Strelow, die Präsidentin von FidAr, Frauen in den Aufsichtsrat e.V., in ihrem Beitrag schreibt»derzeit kein ›echtes‹ Anliegen der deutschen Regierung und Wirtschaft«.

Wenn Frauen in Führung von Regierung und Wirtschaft übersehen werden, wie sieht es dann an der »Heimatfront« aus? Ist es dort besser? Welche Rolle spielen Männer an der Seite erfolgreicher Frauen? Fördern sie die Karriere ihrer Partnerin und wenn ja, mit welchen Mitteln? Die Studienlage zu diesem Thema ist bescheiden. Mehr als das: Sie ist nicht existent. Hinlänglich diskutierte Barrieren, warum Frauen es schwer haben, Karriere zu machen – Männernetzwerke, gläserne Decke, Kinderbetreuung oder fehlende Frauensolidarität – sind dabei nicht unser Fokus. Unsere Intention ist eine andere: Wir möchten bewusst den Mann unter die Lupe nehmen, der seiner Partnerin zur Seite steht, wir beleuchten echtes Side by Side an die Spitze.

Vorwort von Claudia Obmann

L. I. E. B. E. Diese fünf Buchstaben stehen für eines der ältesten Mysterien der Menschheit – und ein neues Paradox: Dem Grundbedürfnis eines jeden Menschen nach Verbundenheit und Nähe steht in modernen westlichen Gesellschaften ein starkes Streben nach Individualität entgegen, das sich besonders über den Beruf ausdrückt.

Selbstbestimmung, Gleichberechtigung, wirtschaftliche Unabhängigkeit. Vor allem Frauen sind es, die deswegen traditionelle Paarbeziehungen und Familienstrukturen hinterfragen, in denen der Mann der Ernährer ist, beobachten Experten wie Jan Wetzel vom Wissenschaftszentrum Berlin für Sozialforschung (WZB): »Frauen bevorzugen stärker die partnerschaftliche Liebe. Sie sind die Treiber der Veränderung.« Im Rahmen einer großen WZB-Zukunftsstudie zum Thema Leben und Arbeiten hat Wetzel die Deutschen speziell zu ihren Vorstellungen in puncto Familie und Partnerschaft befragt. Und dabei den Wandel vom hingebungsvollen Liebesglück mit seiner Heimchen-am-Herd-Romantik hin zur Verbindung zweier willensstarker Partner auf Augenhöhe, die sich gegenseitig fordern und fördern, konstatiert.

Managerin, Vorständin oder Aufsichtsrätin statt Hausfrau. Doch wo Frauen aus ihrer klassischen Rolle ausbrechen, braucht es Mut, und zwar von beiden Geschlechtern. Wo SIE selbstbewusst sagt, »Das kann ich und das mach ich!«, braucht es IHN, der bereit ist zu erklären: »Das kriegen wir hin«. Um dann mit ihr gemeinsam Liebe, Partnerschaft, Glück neu zu definieren und Berufs- und Privatleben individuell so auszutarieren, dass beide zufrieden sind.

Das ist nicht immer so einfach, wie es vielleicht klingt. Erst recht nicht, wenn Kinder dazugehören. Denn nicht länger halten Ehegelöbnisse, gesellschaftliche Normen oder schlicht finanzielle Abhängigkeit zwei Menschen beieinander, sondern ständige Beziehungsarbeit ist angesagt.

Partnerschaftliche Liebe, die sich durch freundschaftliche Zuneigung, tiefe Verbundenheit und durch die gegenseitige Bereitschaft, bei der beruflichen Entfaltung behilflich zu sein, auszeichnet, ist das Zukunftsmodell. Doch Männer, die dazu stehen und noch dazu offen darüber sprechen, sind Pioniere – und schwer zu finden. Am Arbeitsplatz, dem bekanntermaßen größten Heiratsmarkt, sind sie echte Raritäten. Kein Wunder, denn in klassischen, hierarchisch geprägten Wirtschaftsunternehmen hat noch immer überwiegend der Alphamann das Sagen, der als Kind von Papa zuhause gelernt hat, »Alles hört auf mein Kommando«. Solche gesellschaftlich tief verankerten Vorstellungen lassen sich eben nicht so leicht abstreifen. Weder von Männern noch von Frauen.

Herrscher- und Heldentypen haben bei den unabhängigen und hochgebildeten Frauen von heute zwar ausgedient, dennoch sind die gesuchten Vertreter moderner Männlichkeit keinesfalls Weicheier oder devote Jasager. Ganz im Gegenteil. Auch sie wissen genau, was sie wollen. Und sie tragen gern Verantwortung, sind aber beruflich offenbar lieber ihr eigener Herr. Häufig wählen sie die Selbstständigkeit, arbeiten als Freiberufler, etwa als Arzt oder Anwalt, oder leiten eine Firma. Der Vorteil: Sie sind in kein Konzernkorsett gepresst und damit flexibler in ihrer Zeiteinteilung – ebenso wie in ihrer Vorstellungskraft, was alles möglich ist, um den eigenen Bedürfnissen und denen ihrer Partnerin gerecht zu werden. Denn auch Träume, Ansprüche, Ziele ändern sich ja im Laufe des Lebens. Und nur wenn es einem Paar immer wieder gelingt, miteinander Übereinstimmung zu erzielen, hält das die Beziehung lebendig. Alles kann, nichts muss. Was für Lust und Leidenschaft gilt, ist für die partnerschaftliche Liebe selbstverständlich.

Paare auf Augenhöhe, aber auch berufstätige Väter, die sich um Haushalt und Kinder kümmern, oder Chefs in Teilzeit: Es braucht männliche Vorbilder, so wie auch Mädchen und junge Frauen erfolgreiche Ingenieurinnen, Mütter im Spitzen-Management oder erfolgreiche Gründerinnen im Hightech-Sektor als Vorbild benötigen, um sich selbst für alternative Berufswege jenseits der typischen Frauentätigkeiten von Erziehung bis Pflege zu begeistern. Insofern ist es wunderbar, wie Frauen, ganz besonders aber Männer in diesem

Buch erstmals offen über ihre unterschiedlichen Bedürfnisse, Erfahrungen, aber selbstverständlich auch über Zweifel, Schwierigkeiten und Widerstände, vor allem aber von ihren partnerschaftlichen Lösungen berichten, die sie im In- und Ausland, mit Familie oder ohne gefunden haben. Dieser Perspektivenmix ist einzigartig! Den drei Herausgeberinnen Vanessa Conin-Ohnsorge, Martina Lackner und Angelika Weinländer-Mölders ist es mit diesem Buch gelungen, ein wichtiges, aber noch kaum erforschtes Thema aus der Tabuzone zu holen.

Und das Beste: Alle beteiligten Autoren machen uns Mut. Sie bestärken uns darin, dass sich der scheinbare Widerspruch von Liebe und Individualität mit Fantasie und Pragmatismus einfühlsam auflösen lässt. Und somit die partnerschaftliche Liebe keineswegs das Ende unserer romantischen Vorstellung von der »großen Liebe« voller Gefühl und Leidenschaft bedeuten muss.

Viel Freude und Inspiration bei der Lektüre wünscht Ihnen

Claudia Obmann
Karriere-Redakteurin Handelsblatt

Vorwort der Herausgeberinnen

Steht hinter jeder erfolgreichen Frau tatsächlich eine vernachlässigte Familie, ein eifersüchtiger Mann oder eine gescheiterte Ehe?

Zugegeben, diese Frage ist provokant. Doch wir haben sie gestellt. Die Partner von Frauen in Spitzenpositionen sind oft unsichtbar und noch häufiger schweigsam. Weder Herr Sauer, der Ehemann von Frau Merkel, noch Herr von der Leyen und schon gar nicht Prinz Philip sprechen über ihre Rolle als »Ehemann von«. Und es spielt ja in unserer liberalen, von Diversität geprägten Gesellschaft auch gar keine Rolle, welche Position ein Partner an der Seite eines erfolgreichen Menschen einnimmt. Oder vielleicht doch? Wir meinen: Ja! Dann nämlich, wenn es um Partner erfolgreicher Frauen geht, um Alpha-Frauen, die ihre Karriere nach Studium und Auslandsstationen genauso zielstrebig weiterverfolgen, wie ihre männlichen Kollegen es tun. Mit Kindern, mit Haushalt, mit Partner.

Einen Blick hinter die Kulissen einer Partnerschaft mit Frau in Führungsposition zu werfen, gleicht einem Einbruch in Alcatraz. Diesen Eindruck bekamen wir jedenfalls bei den Recherchen zu diesem Buch. Es wird schlichtweg gemauert. »Kein Kommentar«, war die Antwort auf unsere Frage nach dem Leben, dem Einfluss, dem Denken eines Partners an der Seite einer erfolgreichen Frau – und das mehr als 100 Mal verteilt über 24 Monate. Oder: »Das Thema ist uninteressant«, »Peinlich und zu intim«. Einige Frauen waren auch darunter, die eher an einem Honorar interessiert waren als an dem Thema an sich.

Leicht gemacht haben wir es uns mit diesem Buch also nicht. Weder in der Fragestellung noch in der Kontaktaufnahme zu potenziellen Paaren: Das konsequente Schweigen der Partner von Erfolgsfrauen spornte uns jedoch regelrecht dazu an weiterzumachen. Nicht aufhören! Durchhalten war die Devise. Wieder und wieder griffen wir zum Handy, schickten unser Exposé an bekannte weibliche Größen aus Politik, Sport, Medien, Wissenschaft und Wirtschaft. Immer wieder bekamen wir zu hören: »Kein Kommentar«, oder: »Das Thema ist sehr interessant, aber ...« Gerade aus diesem Grund möchten wir bereits an dieser Stelle Danke sagen: Danke an all unsere Autorinnen und Autoren, die bereit waren, uns Einblicke in ihre Alltagsorganisation zu gewähren: mit Kindern, ohne Kinder, im In- oder Ausland, kurz vor dem Ruhestand oder mitten in ihrer Karriere.

»Männer können mit einem Karrierevorsprung ihrer Frau oft schlechter umgehen als umgekehrt«, sagt der Dortmunder Soziologe Prof. Dr. Michael Meuser 2008 im Spiegel-Beitrag »Das Schweigen der Männer«.[1] Dieser Artikel von Markus Deggerich ist bis heute einer der wenigen Medienberichte, die das Thema überhaupt behandeln. Die Wissenschaft scheint das Thema nicht zu interessieren. Und das trotz Bundeskanzlerin und verbindlicher Quote. Einen entspannten Umgang mit dem Thema Diversität und allem, was dies nach sich zieht, antiquiertes Rollenverständnis inklusive, scheint es in Deutschland und Österreich nicht zu geben.

Was läuft da schief? Diese Frage wollen wir in diesem Buch nicht beantworten. Das können wir auch gar nicht, denn unsere folgenden Paarporträts und Expertenbeiträge sind nicht repräsentativ, statistisch nicht verwertbar. Sie geben nur einen kleinen Einblick in das Leben von Männern an der Seite von Frauen in Führungspositionen. Wir möchten damit eine Diskussion anstoßen, Diversität nicht nur als Lippenbekenntnis, sondern als gelebte Realität zu verstehen – im Beruf genauso wie am heimischen Herd. Unsere persönliche Motivation, die hinter diesem Buch steht, ist klar: Wir möchten Frauen in Führung bringen. Vorbilder aufzeigen, die belegen: es funktioniert! Denn erst wenn alle Spitzenpositionen in den Schaltzentren von Wirtschaft und Politik paritätisch mit Männern und Frauen besetzt sind, bildet dies unsere Gesellschaft ab – erst dann leben wir Diversität. Allerdings fällt dieses Buch nicht in die Rubrik »Ratgeberliteratur«. Ganz bewusst setzen wir uns von den Hundertschaften an Titeln ab, die das fehlende Netzwerken, mangelnde Frauensolidarität und Stutenbissigkeit in den Vordergrund stellen. Unser genuiner Ansatz ist ein anderer: ein männlicher. Wir schauen uns den Mann neben oder hinter erfolgreichen Frauen an – denn Partner, so sind wir uns sicher, haben einen massiven Einfluss auf die Karriere von Frauen in Spitzenpositionen.

---

1   Deggerich, M.: Das Schweigen der Männer, Spiegel Special: »Das starke Geschlecht«, 1/2008.

Nicht von ungefähr ist die Klammer, die sich über alle Beiträge dieses Buches spannt, ein Side by Side, denn echte Parität und Partnerschaft erreicht man nur durch ein Seite-an-Seite. Doch wie denken die Männer an der Seite von Alpha-Frauen? Wie funktioniert ihr Alltag? Welchen Vorurteilen sind sie ausgesetzt? Wie managen sie Kind, Karriere und Partnerschaft? Mit diesem Buch schärfen wir den Blick für einen bislang im wahrsten Sinne des Wortes im Dunkeln gebliebenen Faktor in der Karriereplanung und -umsetzung von Frauen: den Mann an ihrer Seite. Mit diesem Experiment hoffen wir, eine Debatte anzustoßen zu diesem Thema, damit es seinen Weg in die Medien- und Forschungslandschaft und in die Wirtschaft findet.

»Side by Side« verstehen wir als private Initiative für eine meritokratische Wirtschaft mit mehr Frauen in Führungspositionen.

Wir freuen uns auf eine rege Diskussion und Ihre Meinung zu dieser Perspektive. Schreiben Sie uns – wir sind gespannt auf Ihre Meinung: contact@martinalackner.com oder www.martinalackner.com.

Viel Freude beim Lesen der Beiträge!

Ihre
Dr. Vanessa Conin-Ohnsorge
Mag. phil. Martina Lackner
Dr. Angelika Weinländer-Mölders

1 Von der Zeit, dem Status quo und einer Führungsfrau – Einleitung in das Thema

Mit den folgenden drei Beiträgen möchten wir uns dem Thema »Männer an der Seite erfolgreicher Frauen – Side by Side an die Spitze« annähern.

Guido Friebel beleuchtet die drei größten Hindernisse, die Männer an der Seite erfolgreicher Frauen bewältigen müssen: Zeit, Normen und Erwartungen. Mit Karin Hansens Beitrag wagen wir einen kurzen Blick zurück in die Geschichte des Modells der sogenannten Hausfrauenehe und mit Regina Hodits gibt erste Einblicke in ihre Erfahrungen als Führungskraft in einer Männerdomäne und in ihr Alltagsmanagement mit Mann und Kindern.

Prof. Dr. Guido Friebel: Zeit – Stolperstein auf dem Karriereweg

Warum gelingt es manchen Frauen erfolgreich im Beruf zu sein, während andere auf dem steinigen Weg zur Karriere aufgeben? Dieses Buch dokumentiert unterschiedliche Partnerschaftsmodelle, die es Frauen ermöglichten, ihr Potenzial auszuschöpfen. Was auffällt ist, dass die zu Wort kommenden Männer sich nicht zu »opfern« scheinen. Einige von ihnen sind selber in Führungspositionen, andere äußern sich zufrieden, selbst wenn sie geringeren Status und Einkommen haben. Dies steht im klaren Kontrast zu dem, was man von vielen Partnerinnen erfolgreicher Männer hört: »Ich hätte so gern Karriere gemacht, aber das ging nicht, denn ich musste ihm den Rücken freihalten und mich um die Kinder kümmern«. Es hat den Anschein, als verhielte sich der Mann an ihrer Seite anders als die Frau an seiner ...

Wie schaffen es einige wenige Frauen und Männer, gemeinsam Seite an Seite ihren Karriereweg zu gehen? Welche Hindernisse überwinden sie, an denen andere scheitern? Warum sind diese Karrieren, zumindest in Deutschland, so selten? Und was kann jeder dafür tun, dass sich Mann und Frau gemäß ihrer jeweiligen Präferenz entwickeln können?

Es gibt – mindestens – drei Hindernisse und sie haben alle haben einen Ursprung: Man kann innerhalb der Partnerschaft nicht davon ausgehen, dass der oder die andere bereitwillig die eigene Karriere opfert, zumindest nicht, wenn der andere ein Mann ist. In den meisten Familien, in denen sowohl die Männer als auch die Frauen ihre Karriere verfolgen, wird verhandelt, dass sich die Balken biegen: Wer steht morgens als erster auf, um die Kinder für die Schule fertig zu machen, wer überprüft die Hausaufgaben, macht die Fahrdienste zum Sport, Musikunterricht oder zu Kindergeburtstagen? Wer darf wann wie viel arbeiten, auch am Wochenende? Wer hat ein offenes Ohr für die beruflichen Probleme des anderen, obwohl er doch selbst genug Probleme hat? Kann ich, darf ich ein lukratives und interessantes Jobangebot annehmen, auch wenn es mit sich bringt, dass ich nicht jeden Tag, morgens und abends zu Hause bin, um mich um die Familie zu kümmern? Es geht bei diesen Fragen immer um die knappste aller Ressourcen: Zeit. Derjenige, dem es in der Partnerschaft gelingt, mehr Zeit für seine Karriere »heraus zu verhandeln«, wird auch die besseren Aussichten auf eine Karriere haben, denn die Hauptwährung für eine Karriere ist – neben dem IQ und der Gesundheit – die Zeit.

Hindernis Nr. 1: Geld

Zeit ist aber auch Geld, und genau hier liegt das erste Hindernis. Solange Frauen bei gleicher Qualifikation weniger Geld verdienen, solange sind sie auch in den privaten Verhandlungssituationen über die Frage »Wer macht was und wie viel Zeit bleibt für den Beruf?« benachteiligt. Wenn eine Stunde Arbeitseinsatz im Beruf einer Frau bei gleichen Qualifikationen weniger monetären Ertrag für die Familie bringt als eine Stunde des Mannes, so wird die Frau weniger Verhandlungsmacht in der Partnerschaft haben. Dies kann zu einer Abwärtsspirale führen, denn geringerer Zeiteinsatz im Job zieht dann auch weniger Erfolg nach sich. Ob es uns gefällt oder nicht, in Spitzenpositionen geht es vor allem darum, wer mehr Zeit einsetzen kann. Deshalb sind auch Gesetzesinitiativen so wichtig, welche die gleiche Bezahlung für den gleichen Job anstreben, denn sie berühren in erheblichem Maße die Durchsetzungsfähigkeit gleicher Chancen durch die verbesserte Verhandlungsposition in der Familie. Erfreulicherweise haben sich die Unterschiede in der Bezahlung zwischen Frauen und Männern in den vergangenen Jahrzehnten verringert, zumindest in den Spitzenpositionen der Gesellschaft. Große Unternehmen stehen unter aufmerksamer Beobachtung der Öffentlichkeit und der Medien. Sie werden sich hüten, Frauen offen zu diskriminieren und für den gleichen Job schlechter zu bezahlen als Männer. Das heißt allerdings noch lange nicht, dass Frauen auch die gleichen Jobs bekommen wie Männer! Dennoch: Wenn sich die Gehälter aneinander annähern, dann haben Frauen in den täglichen Verhandlungen mit »ihren« Männern auch mehr Möglichkeiten und Verhandlungsmacht, denn ihr Anteil am Einkommen der Familie wird gesteigert, wenn sie mehr Zeit für die Karriere haben. Dieses Thema taucht deutlich in einigen der Berichte der Männer in diesem Buch auf.

Hindernis Nr. 2: Gesellschaftliche Normen

Während man also rein ökonomisch rational betrachtet erwarten sollte, dass Männer dann bereit sind, mehr Zeit in Familie und Haushalt zu investieren, wenn die Frau gut verdient, so ist das leider nur ein Teil der Geschichte. Dies führt uns unmittelbar zum zweiten Hindernis: den gesellschaftlichen Normen, die uns vorschreiben, dass Männer die Hauptverdiener sein sollen. Männer sind im Lichte dieser Normen nicht »maskulin«, wenn sie weniger arbeiten als ihre Frauen, einen geringeren beruflichen Status einnehmen und weniger verdienen. Während sich diese Feststellung seit langem großer Beliebtheit erfreut und so auch in diesem Buch erscheint, so schien sie doch bis vor kurzem mehr oder weniger anekdotisch und aus der Luft gegriffen zu sein. Seit einiger Zeit mehren sich aber die wissenschaftlichen Arbeiten, die Evidenz darüber präsentieren, dass leider viele Männer tatsächlich große Probleme haben, wenn ihre Frauen besser bezahlt werden als sie und dadurch mehr Ansehen genießen. Einige Studien kommen sogar zu dem Schluss, dass die Frauen, bei denen es sich absehen lässt, dass sie hohe Einkünfte erzielen werden, auf dem Heiratsmarkt benachteiligt sind.[2] Einige der Frauen in unserem Buch haben also vielleicht Glück (oder ein gutes Gespür) gehabt, einen Partner zu finden, der sich mit einem bescheideneren Einkommen zufriedengibt und keine Probleme damit hat, den Großteil der Haus- und Familienarbeit zu übernehmen. Ein solcher Partner aber mag für viele Frauen nur schwer zu finden sein. Setzt

---

2 So zum Beispiel Bertrand, M./Kamenica, E. & Pan, J.: »Gender Identity and Relative Income within Households«, in: Quarterly Journal of Economics, 2015, 130(2), S. 571–614.

man es als gegeben voraus, dass geografische Mobilität nur dann möglich ist, wenn Partner bereit sind, ihre Frauen voll zu unterstützen, mag dies zumindest in Teilen die niedrige Häufigkeit von weiblichen Expatriates mit Kindern erklären, ein Faktum, über das ein anderer Autor in diesem Buch schreibt. Es gibt erste soziale Bewegungen, zum Beispiel in Island, in denen sich Männer ebenso aktiv gegen tradierte Geschlechterrollen wehren, wie Frauen dies tun. Ob dies eine Massenbewegung wird, bleibt aber dahingestellt.

Es ist zu erwarten, dass die Entwicklung unseres Bildungssystems und sich verändernde Geschlechterrollen neue Möglichkeiten bieten. In den Wirtschaftswissenschaften zum Beispiel, sind männliche und weibliche Studierende nahezu präzise in gleichem Maße repräsentiert. Heutige Studierende sehen sehr klar, dass ihre Partner und Partnerinnen gleiche Leistungen bringen und gleiche Ambitionen hegen. Sie werden so sehr früh an Gleichberechtigung gewöhnt. Ich möchte nicht zu optimistisch erscheinen, denn immer noch höre ich öfter von Absolventinnen als von Absolventen, dass sie einen suboptimalen Job akzeptieren, um mit dem Partner zusammenleben zu können, aber dennoch ist der allgemeine Trend ermutigend.

Hindernis Nr. 3: Entscheidungsträger

Das dritte Hindernis sind die Erwartungen der (meist männlichen) Entscheidungsträger in Unternehmen. Vielerorts gehen männliche Vorstände davon aus, dass Frauen weniger verlässlich und flexibel sind, wenn es um die Arbeitszeit in herausfordernden Positionen geht. Man kann versucht sein, dies wie folgt zu interpretieren: Im obersten Management sind oft immer noch Männer präsent, die althergebrachte Rollenvorstellungen internalisiert haben und sich schwerlich mit der größeren Geschlechtergleichheit abfinden wollen und diskriminierende Praktiken deshalb mit einem Scheinargument maskieren. Dies als gegeben hinzunehmen wäre aber naiv, denn natürlich bleiben auch Vorstände nicht immun gegen gesellschaftliche Veränderungen. Es wäre auch unfair, allen Vorständen zu unterstellen, dass sie sich wie Machos verhalten. Ein Bankvorstand erzählte mir einmal, wie er im Bemühen um einen höheren Anteil weiblicher Führungspersonen einer jungen Frau anbot, Filialdirektorin zu werden. Nach einiger Bedenkzeit lehnte sie das Angebot ab. Auf Nachfrage nannte sie den Grund dafür:»Mein Mann will das nicht, denn er hat Angst, dass ich mich nicht genug um die Kinder und den Haushalt kümmere.« Angesichts solcher Erfahrungen mag sich die Meinung bilden, dass sich die Förderung von Frauen mit Kindern vielleicht nicht auszahlt. Deswegen sind eben auch die Frauen gefordert, sich nicht nur in ihrer Berufswelt, sondern auch zu Hause durchzusetzen.

Ansonsten nämlich besteht das große Risiko, dass es zur folgenden selbsterfüllenden Prophezeiung kommt: In der Erwartung, dass die Beförderung von Frauen mehr Probleme bereitet als die von Männern, weil Frauen öfter ausfallen, wenn sie Kinder haben, oder weil sie dem Druck ihrer Partner nicht standhalten können, stellen Unternehmen weniger Frauen als Männer für solche Positionen ein. Das tun sie gar nicht so sehr, weil sie diskriminieren wollen, sondern aus Furcht vor Unterbrechungen in den Prozessen, Überlastungen der Kolleginnen und Kollegen, die die Ausfälle kompensieren müssen, und schlechtem Klima, das daraus resultiert. Nur scheinbar gegenläufig zur Intuition ist die Feststellung, dass Frauen in Führungspositionen ihren männlichen Kollegen ebenbürtig, wenn nicht gar überlegen sind. In Wahrheit folgt diese Beobachtung gerade aus dem Kalkül einer Unternehmung, weil nur die leistungsstärksten Frauen das vermeintliche hohe Ausfallrisiko kompensieren können.

Chancengleichheit: Wie geht das?

In einer Welt, in der Männer und Frauen, die beide Karriere machen wollen, hart dafür mit der Partnerin oder dem Partner verhandeln müssen, und in der monetäre, gesellschaftliche und unternehmenspolitische Faktoren eine Rolle spielen, stellt sich dann natürlich die entscheidende Frage: Was können wir tun, um die Chancengleichheit zu erhöhen? Diese Frage ist schwer zu beantworten, aber wir können uns einer Antwort nähern, indem wir die Reformerfahrungen in verschiedenen Ländern Revue passieren lassen.

In Schweden beispielsweise wurde seit Mitte der 1990er-Jahre viel dafür getan, die Väter davon zu überzeugen, sich mehr um die Kinder zu kümmern, um den Müttern bessere Arbeits- und Karrieremöglichkeiten zu bieten. In meiner eigenen Forschung[3] untersuchen wir die Konsequenzen einer

---

3   Ekberg, J./Eriksson, R./Friebel, G.: Parental leave – A policy evaluation of the Swedish »Daddy-Month« reform, in: Journal of Public Economics, 2013, S. 131–143.

Reform in Schweden. Hier wurden bereits 1995 sogenannte Daddy-Monate eingeführt – ein Elternurlaub, den nur der Vater nehmen kann. Dieses einzigartige »natürliche Experiment« analysierend, finden wir auch auf lange Sicht keine positiven Effekte auf Arbeitszeiten und Einkünfte der Mütter der ersten Kohorten, die in den Genuss der Daddy-Monate kamen. Eine Enttäuschung für die Reformer. Nichtsdestotrotz haben sich in Schweden und anderen nordischen Ländern durch diese und andere Reformen wohl die Normen und Erwartungen verändert. Das macht es Frauen letztlich einfacher, Karriere und Familie zu vereinbaren. Aber selbst in diesen Ländern kann man bisher nicht davon reden, dass Männer und Frauen in Führungspositionen gleich repräsentiert sind, außer in politischen und öffentlichen Ämtern.

In den USA hingegen, in denen Familien wenig bis gar nicht staatlich unterstützt werden, gibt es dennoch eine recht hohe Anzahl von Frauen in Spitzenpositionen. Ganz anders ist es in Deutschland, wo Frauen nicht nur massiv unterrepräsentiert sind in Vorstandspositionen, sondern sogar in den Parlamenten. Im neuen Bundestag zum Beispiel sitzen nur 30 % Frauen. Was man daraus lernt ist, dass zumindest für Spitzenpositionen eine Marktwirtschaft durchaus ähnlich gut oder schlecht funktioniert wie ein Sozialstaat, denn in der Marktwirtschaft können diejenigen, die sehr viel verdienen, einen großen Teil der Haushaltsarbeit delegieren, indem weder Mutter noch Vater, sondern Dienstleister die Arbeit übernehmen. Das kann, muss aber nicht zu einer Entfremdung zwischen Eltern und Kindern führen, wie einige der in diesem Buch befragten Männer klar sagen, die sehr wohl Qualitätszeit mit der Familie verbringen, aber viel der Haushaltsarbeit »outsourcen«.

Es wäre illusorisch zu glauben, dass die Politik in nächster Zeit den Stein der Weisen findet, um Frauen und Männern die gleichen Chancen einzuräumen, »ihre« Karriere machen zu können. Deswegen stellt sich am Ende die Frage, was Frauen tun können, um unter den gegebenen Umständen ihren Weg zu gehen. Diese Antwort ist, zumindest in der Theorie, viel einfacher: Sie müssen, angefangen von der Partnerwahl bis hin zu all den entscheidenden Weichenstellungen, wie der Wahl des ersten, zweiten und n-ten Jobs, sich immer klar darüber sein, dass sie ihre Interessen verfolgen müssen. Und das bedeutet nichts anderes, als dem zukünftigen Mann explizit mitzuteilen, dass sie nicht beabsichtigen, auch nach der Geburt der Kinder, ihre Karriere hinter die seinige zu stellen. Das bedeutet sowohl hartes Verhandeln als auch Kompromissbereitschaft. Das bedeutet, die Partnerschaft als Teamwork zu sehen.

Es gibt sehr erfolgreiche Doppelkarrieren. Einblick in einige davon erhalten wir mit diesem Buch. Was die Frauen und Männer, die wir hier kennenlernen, alle miteinander gemeinsam zu haben scheinen, ist der Wille zum Erfolg, aber auch zum Kompromiss.

Professor Dr. Guido Friebel hat an der Goethe-Universität Frankfurt den Lehrstuhl für Personalwirtschaft inne. Zuvor bekleidete er Positionen an der Stockholm School of Economics und an der Toulouse School of Economics (EHESS). In 30 international publizierten Forschungsarbeiten analysiert Friebel Fragen des HR Managements und Designs von Organisationen, unter anderem zur Wirksamkeit von Anreizsystemen, hierarchischen und Team-Organisationsformen und zur Geschlechtergleichheit in Organisationen. Er arbeitet regelmäßig mit Organisationen in Feldexperimenten (RCTs), um seine Theorien an der Praxis zu überprüfen, und ist der festen Überzeugung, dass sich Effizienzsteigerungen mit besserer Bezahlung und größerer Zufriedenheit der Angestellten verbinden lassen. Friebel ist mit einer früheren Unternehmensberaterin verheiratet, die nun in einem DAX-Konzern arbeitet. Er hat zwei Kinder.

Prof. Dr. Katrin Hansen: Wenn der »Gläserne Schuh« heftig drückt

»Du schreibst gar nicht wirklich über die Männer«, sagte meine Tochter nach Durchsicht des Entwurfes zu diesem Beitrag. Sie ist Ärztin und hat einen wunderbaren Mann an ihrer Seite. Beide sind Eltern einer sehr aktiven Tochter. Stimmt, ich schreibe nicht über Männer, sondern über die Ver- und Zumutungen, mit denen Lebens-(abschnitts-)Partnerschaften in Deutschland heute konfrontiert werden. Ich skizziere die Modelle, an deren Idealen Partnerschaften gemessen werden, und zeige auf, dass Berufe jeweils einem Geschlecht in besonderem Maße zugetraut und zugeschrieben werden. Dabei verwende ich die Metapher des »Gläsernen Schuhs«, den das jeweils andere Geschlecht dann weniger bequem tragen kann. Ich schließe mit einigen Gedanken dazu, über welche Ressourcen die Paare verfügen, um diese Schuhe passender zu machen oder auch auszuziehen und Stereotype zu überwinden.

Warum ist der Mann an der Seite einer hocherfolgreichen Frau bei uns eigentlich so ein interessantes und vielleicht sogar brisantes Phänomen? In einer Gesellschaft mit klarer Orientierung am »Adult Worker Model«, das erwachsene Menschen unabhängig von deren Geschlecht als ökonomisch unabhängige Individuen versteht[4], wäre ein Buch wie das hier vorgelegte vermutlich ein Ladenhüter. In (West-)Deutschland ist hingegen, zumindest als kulturelle Hintergrundfolie, nach wie vor die Idee der »Male Breadwinner Marriage« wirkmächtig, die gleichzeitig die nukleare Kleinfamilie als Norm enthält.

Als sogenannte Hausfrauenehe erlangte dieses Modell in den 1950er-Jahren in der Bundesrepublik Deutschland hegemonialen Status als Ideal, an dem sich auch die Politik orientierte und das in weiten Teilen der Bevölkerung auch tatsächlich gelebt wurde.[5] Träger dieses Modells war das gebildete städtische Bürgertum, das die soziale Macht hatte, dieses Ideal mit all seinen Implikationen für die Geschlechterverhältnisse kulturell durchzusetzen. Die prosperierende Wirtschaft ermöglichte es weiten Teilen der Bevölkerung in Zeiten des »Wirtschaftswunders« tatsächlich nach diesem Modell zu leben und der männlich dominierte Wohlfahrtsstaat schuf den passenden sozialpolitischen und gesetzlichen Rahmen. Die Soziologin Pfau-Effinger zeigt, dass diese spezielle Konstellation sich nur in der Bundesrepublik ergab, während das Modell der »Hausfrauenehe« in anderen Ländern in dieser hegemonialen Ausprägung so nicht erkennbar war bzw. wirksam ist.

Das Ideal des männlichen Haupternährers wurde und wird dennoch auch in anderen Gesellschaften identifiziert und mit seiner familiären Arbeitsteilung als lange Zeit funktional für moderne kapitalistische Industriegesellschaften

---

4   Vgl. Lewis, J.: The Decline of the Male Breadwinner Model: Implications for Work and Care. In: Social Politics, 8 (2) 2001, S.152–169.
5   Vgl. Pfau-Effinger, B.: Socio-historical paths of the male breadwinner model – an explanation of cross-national differences. In: The British Journal of Sociology 55 (3) 2004, S.377–399.

angesehen. Allerdings wird mittlerweile eine Erosion, wenngleich auch keine vollständige Ablösung dieses Modells konstatiert.

>*»While women's behaviour has changed substantially with*
>*respect to paid work, they still perform the bulk of unpaid care work.*
>*Men have hanged much less with respect to the amount of either paid*
>*or unpaid work they do.«*
>(Lewis, The Decline of the Male Breadwinner Model: Implications for
>Work and Care. In: Social Politics, 8[2] 2001, S. 155)

Insofern ist auch heute weniger der Gedanke eines »Dual Career«-Modells leitend, in dem die Haushaltsarbeit und insbesondere die Sorge für Angehörige durch Dritte wie kommerzielle Anbieter oder staatliche Einrichtungen übernommen wird, sondern vielfach noch die Anderthalb-Verdiener-Ehe, in der ein Partner, und dies ist nach gängigem Verständnis vor allem die Frau, ihr Karrierestreben zugunsten der Gesamtfamilie zurückstellt.[6] Schauen wir vor diesem Hintergrund auf den »Mann an ihrer Seite«, so wird klar, dass unser Bild gleich mehrere Stereotype infrage stellt.

Beleuchten wir zunächst die beruflich hocherfolgreiche Frau. Die Kommunikationsforscherin Ashcraft[7] zeigt uns mit der Metapher des »Gläsernen Schuhs« (»Glass Slipper«) verkörperte soziale Identitäten als soziale Konstruktionen, die zu schnellen Kategorisierungen von Menschen(gruppen) führen und in Prozessen des Alltagslebens verhandelt werden. Bei der Betrachtung von Berufen und deren gesellschaftlicher Einordnung geht es dann nicht mehr darum, was dort gearbeitet wird und welche Anforderungen damit verbunden sind, sondern darum, wer diese Arbeit üblicherweise ausübt, wer diese Berufe ergreift. Damit erhalten Berufe, also z. B. das unternehmerische Topmanagement in Geschäftsleitung, Vorstand und Aufsichtsrat, ihrerseits soziale und häufig mit Gender eng verbundene Identitäten.

---

6   Bührmann, A. D., Hansen, K., Mefebue, A. B., Rosenbaum, M., Thiele-Manjali, U. & A. Mielke: Frauen in Top-Management-Teams. Berlin: LIT 2015.
7   Ashcraft, K. L.: The Glass Slipper. »Incorporating« occupational identity in management studies. In: Academy of Management Review 38(1) 2013, S. 6–31.

»Think manager – think male« *»Think crisis, think female«*
(Ryan, M.K. & S.A. Haslam, The Glass Cliff: Exploring the Dynamics.
Surrounding the Appointment of Women to Precarious Leadership
Positions, in: Academy of Management Review, 32[2] 2007, S.553)

Es geht also nicht nur um die Frage, wer was tut, sondern auch um die Frage, mit wem eine Tätigkeit üblicherweise verbunden bzw. von wem sie als erfolgreich ausgeübt angesehen wird. Gleichzeitig wird verhandelt, von wem gesellschaftlich NICHT erwartet wird, in diesem Beruf erfolgreich zu sein: »..., we can say that occupational identity evolves through alignment with and distance from embodied social identities. That is, ostensibly excluded embodied social identities are actually included as the silent Other, the foil against which an occupation becomes a profession«[8]. Dabei werden Professionen den Bedürfnissen und Stärken der dominanten Gruppe angepasst: »Hence, the easy occupational fit enjoyed by certain embodied social identities is a manufactured match. There is nothing natural about slipping comfortably into a shoe designed exclusively for your foot«[9]. Das heißt, wir alle tragen solche »Gläsernen Schuhe«, und so mancher drückt dabei ganz schmerzhaft

Ashcraft illustriert ihr Modell am Beispiel der Flugpilot*innen in den USA (2013). Erfolgreiche »Ladybirds« drohten den Status des Pilotenberufes abzuwerten, mit der Konsequenz, dass das Berufsbild »Pilot« strategisch umgestaltet, technischer geprägt wurde, wobei gleichzeitig die Frauen aus dem Cockpit in die Kabinen und in dienende Funktion gedrängt wurden. Damit ist die Welt der Anderthalb-Karrieren-Familie wieder im Lot, insbesondere, wenn die Flugbegleiterin den Flugzeugkapitän heiratet. Anders ist es in unserem Buch: Hier wird die Frau selbst Pilotin im neuen Berufsbild, heiratet vielleicht ihren Kollegen, Pilot oder Flugbegleiter, oder vielleicht auch ganz jemand anderen. Und beide provozieren damit die oben dargestellten noch immer, zumindest im Hintergrund wirksamen Leitbilder, insbesondere, wenn sich Kinder einstellen und sie ihren Beruf nicht aufgibt. »Maternal bodies as

---

8   Ashcraft, aaO, S.17.
9   Ashcraft, aaO, S.17.

taboo«[10] in Organisationen stellt einen ergänzenden Erklärungsansatz für die Marginalisierung von Frauen in der Berufswelt dar. Bereits das Potenzial der Mutterschaft wirkt über »unconscious bias« (unbewusstes Vorurteil) als Nachteil gegenüber den männlichen »Körpern«, die mit Stärke, Stabilität und Autorität verbunden werden und damit die Vorstellungen über erfolgreiche Führungskräfte prägen.

Es geht also gar nicht so sehr um IHN oder SIE, sondern um die vom Umfeld wahrgenommenen oder auch nur angenommenen (Status-)Unterschiede, bzw. das Fehlen erwarteter Unterschiede und um eine veränderte Art der familiären Arbeitsteilung zwischen IHM und IHR und damit um eine Beziehung, die tradierten gesellschaftlichen Normen widerspricht. Der Partnerschaft werden von Dritten die alten Schuhe angezogen, die natürlich nicht zu deren Lebenswirklichkeit passen.

Wie können Paare damit umgehen?

Zur Bewältigung der lebenspraktischen und der sozial-konstruierten Herausforderungen und Probleme benötigen wir spezifische Ressourcen. Bourdieu[11] folgend unterscheide ich drei Kapitalarten: ökonomisches, soziales und kulturelles Kapital.[12] So versetzt ein hohes Einkommen (oder auch noch ein zweites) in der Regel die Paare in den Stand, praktische häusliche Aufgaben im Sinne des »Adult Worker«-Modells an Dritte über den Markt zu delegieren, ohne dauerhaft größere Abstriche an Lebensqualität in Kauf nehmen zu müssen. Als Engpass erweist sich eher die Zeit, die miteinander oder auch mit Kindern und anderen Angehörigen verbracht werden kann. Dennoch bieten sich für hochqualifizierte Fach- und Führungskräfte vergleichsweise gute Möglichkeiten, ein »Dual Career«-Modell zu leben, insbesondere, wenn Unternehmen und Kommunen ihrem Auftrag zur Unterstützung von Familien nachkommen, was auch heute durchaus noch nicht durchgängig der Fall ist.

---

10 Gatrell, C., Cooper, C. L., Kossek, E. E.: Maternal bodies as taboo at work. New perspectives on the marginalization of senior level women in organizations. In: Academy of Management Perspectives, 31(3) 2017, S. 239–252.
11 Bourdieu P.: Die feinen Unterschiede. Kritik der gesellschaftlichen Urteilskraft. Frankfurt/Main: Suhrkamp 1987.
12 Bührmann et al, aaO.

Denn der berufliche Erfolg mit guter Bezahlung stellt sich ja nicht frühzeitig und komplett ein. Die Kinderfrage stellt sich jedoch bereits auf dem Weg hin zu den Top-Positionen und hier lassen sich Familie und Beruf durchaus nicht so einfach harmonisieren. Es sind ganz praktische Herausforderungen des Alltagslebens mit (neuen) Antworten zu versehen. Will man überhaupt Kinder? Wenn ja, dann wann, und wer kümmert sich um sie, wenn öffentliche Angebote nicht zugänglich oder mit dem Tagesablauf der jungen Familie nicht kompatibel sind? Hier haben die Paare sehr unterschiedliche Antworten gefunden, wie sie mit familiärer Verantwortung umgehen. Neu und Hoffnung schaffend ist, dass der »Mann an ihrer Seite« familiäre Verantwortung bewusst und bereitwillig (mit)trägt, sodass die Forderung nach der Vereinbarkeit von Familie und Beruf nicht eine Frauenfrage bleibt, sondern eine Elternfrage wird.

Kulturelles Kapital umfasst Bildung und Bildungstitel, aber auch Auftreten, Umgangsformen und Lebensart. Kreativität in der Lebensgestaltung, Suche nach neuen Optionen, aber auch die Analyse von Stereotypen und Vorurteilen, die dadurch entzaubert und in ihrer Wirksamkeit auf die Partner*innen entkräftet werden, erfordern kulturelles Kapital. Ein souveräner Umgang mit Leitbildern erscheint möglich, sodass eine größere Vielfalt von Lebensentwürfen und Lebensweisen praktiziert und legitimiert werden kann.

Ashcraft spricht von einer Schlacht um die soziale Konstruktion von Berufsbildern (»social construction battle over the work-body relation«[13]), an der sich die Paare auf verschiedenen Ebenen diskursiv beteiligen (müssen), um ihre Identitäten zu gestalten. Sie leben neue Antworten und fungieren damit als Rollenmodell und Vorbild für andere Menschen, die vor ähnlichen Lebensfragen stehen. Gerade beruflich hocherfolgreiche Frauen sind häufig auf »Glass Cliffs«[14] öffentlich sichtbar, wenn sie riskante Top-Positionen einnehmen. Ihr beruflicher und privater Weg wird aufmerksam verfolgt und kommentiert. Auch dieses Buch greift mit seinen Porträts und Diskussionen in den Diskurs um Karrieren und deren Vereinbarkeit mit einem erfüllenden Privatleben ein und verändert damit soziale Konstruktionen von Partnerschaft.

---

13 Ashcraft, aaO, S. 22.
14 Ryan/Haslam, aaO.

Soziales Kapital betrifft die Beziehungen zu anderen Menschen, also einmal die Beziehung des Paares zu seinem familiären, beruflichen und sozialen Umfeld. Im Freundeskreis, der Familie und vielleicht auch in Teilen des professionellen Umfeldes finden Sie und »ER an ihrer Seite« Rückhalt und Unterstützung bei der Abkehr von tradierten Lebensformen und der Gestaltung eines vielleicht heute noch als ungewöhnlich erlebten, aber befriedigenden Lebensentwurfs gleichberechtigter Individuen, die Berufs- und Familienkarriere auch im Verhältnis zueinander neu definieren.

Auch die Partnerschaft konstituiert soziales Kapital. So unterstützen sich die Partner*innen psychologisch und materiell in ihrer Entscheidung für einen Lebensentwurf. Sie gestalten und verbessern ihn gemeinsam. Der Rückhalt in einer guten Partnerschaft stellt eine wesentliche Kraftquelle für beide dar. Luhmann[15] hat den Begriff der »zwischenmenschlichen Penetration« vorgeschlagen. Dies bedeutet, dass Liebende sich in ihren (problemlösenden) Handlungen immer auf den oder die jeweils andere beziehen: »Man kann in Liebe nur so handeln, daß man genau mit diesem Erleben des anderen weiterleben kann.«[16]. Er steht so an ihrer Seite und sie der seinen, in seiner/ihrer Freiheit und Selbstgewähltheit[17]. Und natürlich kann der liebende Mensch an ihrer Seite auch eine Frau sein.

Professor Dr. Katrin Hansen ist Vizepräsidentin für Lehre, Studium und Internationales, Professorin für Betriebswirtschaftslehre am Fachbereich Wirtschaft und Informationstechnik der Westfälischen Hochschule (Abt. Bocholt).

Katrin Hansen forscht und veröffentlicht seit vielen Jahren im Themenfeld Diversity. Sie konzentriert sich dabei insbesondere auf die Verbindung von Diversity mit (Corporate) Social Responsibility und auf den Umgang mit Diversity an Hochschulen.

---

15 Luhmann, N.: Liebe als Passion. Zur Codierung von Intimität. Frankfurt/Main 1994.
16 Luhmann, aaO, S. 219.
17 Luhmann, aaO, S. 219.

Dr. Regina Hodits: Investieren wie ein Mädchen[18] – nur etwas für Warren Buffett!?

Investieren war für mich nie ein Selbstzweck, auch wenn ich mich den Großteil meines Berufslebens damit beschäftigt habe. Ich wollte schon immer den Sachen auf den Grund gehen, verstehen, wie etwas funktioniert und welchen Zweck es erfüllt. Das hehre Ziel, das für mich schon früh über allem stand, war »das Wohl der Menschheit«. In der Schule suchte ich in Geschichte und Philosophie vergeblich nach Antworten; aber eine neue Sparte der Naturwissenschaften, die Lehre der menschlichen Gene, versprach zumindest einen Ansatz für das »Wie«. Meine Entscheidung, die letzten Schuljahre auf einem naturwissenschaftlichen Gymnasium zu verbringen, wo der Anteil an Mädchen unter einem Viertel lag, rief bei meinen Eltern Besorgnis hervor. Wie würde sich ihre Tochter in einer »Männerdomäne« durchsetzen?

Für mich war das nebensächlich, zumal ich die verbleibenden Jahre in der Schule mit einer Freundin gemeinsam verbringen durfte. Für unsere männlichen Kollegen waren wir wohl gelegentlich eine Herausforderung, aber meist nahmen sie unseren doch beachtlichen Ehrgeiz, den nur einige von ihnen in diesem Umfang teilten, mit stoischer Ruhe zur Kenntnis. Dass wir die Schule als Jahrgangsbeste abschlossen, war für uns nicht nur unser Anspruch, sondern auch eine Notwendigkeit, um die Zweifel aus dem familiären und schulischen Umfeld zu entkräften. Da damals ein Studium der Gentechnik / Molekularbiologie noch nicht möglich war, führten uns die ersten Studienjahre wiederum in eine reine Männerdomäne, die Welt des Chemieingenieur-Studiums, die wir gemeinsam erfolgreich und in kürzester Zeit wieder verließen. Meine Lehr- und Forschungsjahre verbrachte ich in dem sich rasant entwickelnden Feld der Molekularbiologie, die mich näher an die medizinische Forschung und damit an mein Ziel brachten, etwas in meinen Augen Sinnvolles mit meinem Leben anzufangen.

Akademischer Erfolg zählte, ohne Frage nach Geschlecht oder Herkunft
Dank eines renommierten Forschungsförderungs-Fonds war es mir möglich, am Epizentrum dieser Entwicklungen in Cambridge, England, eine Welt ken-

---

18 The Motley Fool: »Warren Buffett invests like a girl – and why you should too«, New York 2011.

nenzulernen, wo Abstammung, Geschlecht oder Neigung vollkommen nebensächlich waren. Nur der akademische Erfolg zählte – und der respektvolle Umgang zwischen Menschen unterschiedlichster Couleur. Obwohl mir diese Umgebung sehr guttat, war mir klar, dass ich weder in der Grundlagenforschung mit den Besten der Welt Schritt halten konnte, noch dass mir die Forschung zur Wissensvermehrung alleine als Lebenszweck genügen würde. Ich wollte die Forschungsergebnisse sinnvoll angewendet sehen und fand eine Aufgabe darin, Forscher bei der Umsetzung ihrer Ideen in die Entwicklung von neuen medizinischen Produkten zu unterstützen. In Europa erlebte die Umsetzung der medizinischen Forschung in der Biotechnologie in den Neunzigerjahren des letzten Jahrhunderts ihre erste Blüte. Ein globales Beratungsunternehmen fand dieses neue Betätigungsfeld so spannend, dass es Wissenschaftlern wie mir nicht nur eine solide wirtschaftliche Ausbildung ermöglichte, sondern uns auch daran mitwirken ließ, in dieser jungen Branche erste Strukturen und Instrumente wie z.B. Business-Plan-Wettbewerbe auf- bzw. einzusetzen.

Für mich war dieses Umfeld eine Weiterentwicklung dessen, was ich in Cambridge kennengelernt hatte. Der Erfolg hing von der Leistung aller Beteiligten ab und wurde unabhängig vom Hintergrund der involvierten Personen gewürdigt. Dass es für Frauen mit Familie in einer Umgebung, in der die Arbeitszeit ein sehr dehnbarer Begriff war und man viele Flughäfen dieser Welt besser kannte als den eigenen Wohnort, sehr schwer war, Führungspositionen zu erreichen, war für mich damals noch kein Thema. Vereinbarkeit von Familie und Sinn-erfüllender Arbeit erschien mir damals als unvorstellbar. Eine Freundin verließ damals das Unternehmen, weil sie eine Familie gründen wollte, ihr beim gleichen Unternehmen arbeitender Mann aber Partner geworden war. Ich empfand das als unfair – beide hatten wirklich hart gearbeitet und waren erfolgreich gewesen. Auch im persönlichen Umfeld begann ich nun mehr und mehr zu verstehen, dass es wohl nicht so einfach war, hier mit gleichen Maßstaben zu messen.

Für mich selbst war das jedoch immer noch kein Thema. Ich wollte weiter am Puls der spannendsten neuen Ideen in der medizinischen Forschung bleiben und sicherstellen, dass diese Ergebnisse auch auf den Markt und damit zu den Patienten gelangten. Im Jahr 2000, als sich die Zeichen der Weltwirtschaft langsam von Euphorie auf Eiszeit umstellten, hatte ich das große

Glück, von einem globalen Investmentfonds angesprochen zu werden, der in die Biotechnologie als eine neue Wachstumsbranche investieren wollte.

Der Partner, der mich zum Unternehmen holte, kam aus dem angelsächsischen Raum und hatte keine Berührungsängste mit Frauen als Kolleginnen. In den frühen 2000ern gab es in mehreren Investmentfonds – zumindest in Europa – einige wenige Frauen im Investment Team. Ich fühlte mich in diesem Umfeld schnell auch international zu Hause und konnte noch vor Beginn der großen Eiszeit, die die Biotechnologie Ende 2001 einholte, etwas Investmentluft schnuppern. Danach es war – vor allem in Deutschland, aber auch generell – schwierig, Kapital für Investitionen in Innovation im Gesundheitsbereich einzuwerben. Die Branche und auch der Fond, für den ich arbeitete, verlegten sich mehr und mehr auf die Übernahme bestehender Unternehmen. Sie erzielten damit herausragende Erfolge, während Innovationsfinanzierung an Bedeutung verlor. Es war nicht klar, wie es mit dem Venture-Capital-Geschäft in unserem Unternehmen, aber auch in Europa generell weitergehen würde. Zum Glück hatte ich keine Zeit, über diese trüben Aussichten zu grübeln. Mitten in der tiefsten Finanzkrise fragte mich ein Mann, den ich erst kurz vorher kennengelernt hatte, ob ich mir auch vorstellen könnte, Kinder zu haben. Damit hatte ich mich ehrlich gesagt zu diesem Zeitpunkt lange schon nicht mehr beschäftigt, aber bevor ich die Frage mit wissenschaftlicher Genauigkeit beantworten konnte, waren wir verheiratet und kurz danach kam unser Sohn zur Welt. Die neu gegründete Familie beschäftigte uns intensiv. Neben einem ausgefüllten Berufsalltag mit umfangreicher Reisetätigkeit hatten wir zudem noch viele gemeinsame Hobbys. Wir beschlossen, die Hobbys für die nächsten Jahre auf Eis zu legen, aber beruflich wollten wir eine Lösung finden, die uns und unseren Kindern – nach einem weiteren Jahr wurde unsere Tochter geboren – gerecht würde. Das war sportlich, vor allem in den ersten drei Jahren. Aber mit toller Unterstützung unserer ersten beiden Kinderfrauen, die auch uns noch ein wenig miterzogen haben, einem Au-pair-Mädchen und vor allem der unermüdlichen Hilfe meiner Mutter, die, wann auch immer es nötig war, aushalf, konnten unsere Kinder in einer liebevollen und meist geordneten Umgebung aufwachsen – von den kleinen Katastrophen abgesehen, ohne die es nun mal nicht geht.

Karriereleiter erklimmen trotz Schwangerschaft?
Als sich die Wirtschaft 2004 auch in unserem Sektor zu erholen begann und ich gerade mit unserer Tochter schwanger war, bekam ich ein sehr verlockendes Angebot, zu einem internationalen Fond zu wechseln, dessen Hauptbüros in London und Boston lagen. Ich machte mir Sorgen, ob der Fonds das Angebot zurückziehen würde, wenn sie von der Schwangerschaft erführen. Aber der Partner, der mich für sein Team gewinnen wollte, ist Franzose. Ist das wichtig? Und wie! In Frankreich war es bereits damals seit Jahren so, dass Frauen auch mit mehreren Kindern verantwortungsvollen Berufen nachgingen, auch im Investmentbereich. Für qualitativ gute Kinderbetreuung war ganztags gesorgt. Daher war das für ihn kein Thema, und ich rechne ihm das bis heute sehr hoch an. In meinem neuen Unternehmen hatte ich mehr Verantwortung, der Markt war auch wieder deutlich aktiver – und mit zwei Kindern war die Koordination deutlich komplexer als mit einem.

Gemeinsam Prioritäten verhandeln und festlegen
Mein Mann und ich beratschlagten und stellten gemeinsam Prioritäten auf, nach denen wir unser Leben organisieren wollten. Ein wichtiger Aspekt für uns war, dass wir der Familie – trotz der heute geforderten Mobilität im Berufsleben – ein fixes Zuhause bieten wollten. Im Nachhinein klingt es ganz einfach: Wir kauften zunächst ein Grundstück an einem Ort, der uns geeignet erschien, sowohl den Kindern eine angenehme Umgebung als auch uns Möglichkeiten zur Berufsausübung oder zumindest zum einfachen »Commuten« zu bieten. Mein Mann – ein Luft- und Raumfahrtingenieur – fand im folgenden Jahr eine interessante Managementposition in der Nähe des zukünftigen Wohnortes mit deutlich weniger Reisetätigkeit und entschied sich, seine internationale Karriere in einem Großunternehmen dafür aufzugeben. Wir bauten also ein Haus auf dem Land, nicht weit von meinen Eltern – und vom Flughafen – entfernt. Nun war es an mir zu pendeln. Für uns hat das Modell bis jetzt funktioniert, unsere Kinder fühlen sich wohl und genießen seit über einem Jahrzehnt die Nähe der Großfamilie. Mein Mann ist mit der Aufgabe, seine internationale Erfahrung als Manager nunmehr in einem mittelgroßen Unternehmen einzusetzen, ausreichend gefordert und freut sich, dass er darüber hinaus auch unter der Woche Zeit für die Kinder hat. Und ich kann weiter investieren – bis heute und hoffentlich noch lange! Es klingt ein wenig wie ein Märchen, aber für uns ist es wahr geworden.

Wenn ich mich aber unter den Kolleginnen umsehe, die Ende der 1990er-Jahre im Investmentbereich begonnen haben, dann waren nach der Finanzkrise nur noch wenige in Investmentfonds tätig. Auch die Krise 2008 hat wieder dazu geführt, dass einige – unter ihnen vor allem jüngere Kolleginnen – dem Investmentgeschäft den Rücken gekehrt haben. Ob das an der Familienplanung lag oder am verstärkten Wettbewerb um weniger Partnerpositionen durch kleinere Fondsgrößen kann ich nicht sagen, aber 2010 waren in meinem Umfeld prozentual und auch absolut betrachtet deutlich weniger Kolleginnen tätig als 2007. Einige von ihnen sind in die Innovationsabteilungen größerer Unternehmen gewechselt, wo mittlerweile die Vereinbarkeit von Familie und Beruf als Ziel propagiert wird, oder in die operative Verantwortung in Start-up-Unternehmen gegangen, wo man seine eigene Zeit flexibler einteilen kann, und sind dort sehr erfolgreich und zufrieden. Wenige haben es dennoch geschafft, mit Familie Partnerpositionen in Investmentfonds zu erlangen und diese sehr erfolgreich auszufüllen – meist in Frankreich oder England. Alle, die mir spontan einfallen, haben Männer in verantwortungsvollen Managementpositionen, meist bei kleineren Unternehmen mit einem gewissen Grad an Flexibilität. Die Herren, die ich persönlich kenne, sind allesamt – ähnlich wie mein Mann – der Ruhepol der Familie. Sie existieren also doch noch: die Märchenprinzen!

Mittlerweile gibt es wieder einige von uns Investorinnen in der Branche (und auch sehr aktive und effektive lokale und weltweite Investorinnen-Netzwerke), und es werden mehr, was mich sehr freut. Das ist auch nicht erstaunlich, da der Großteil der Studenten an der medizinischen Fakultät weiblich ist, und auch in den naturwissenschaftlichen Fächern immer mehr Damen anzutreffen sind. Meist sind es Männer, die bei den Investmentfonds die Einstellungen verantworten, aber viele Kollegen schätzen mittlerweile die Stärke diverser Teams. Und auch auf Fondinvestor-Seite gibt es mittlerweile einige große Geldgeber, die speziell in Teams investieren, die auch Frauen in die Investmententscheidungen einbinden. Das macht laut einiger Studien auch wirtschaftlich Sinn[19], ebenso wie Aufsichtsräte, in denen auch Frauen vertreten sind. Wichtig ist die Balance. Nur mit einer konservativen Warren-Buffett-Strategie wird man im Venture Capital nicht investieren können.

---

19 DuBow, W./Pruitt, A-S: The Comprehensive Case for Investing More VC Money in Women-Led Startups, in: Harvard Business Review, September 18, 2017.

Diversität im Team fördert ausgewogene Entscheidungen
In unserem Team haben wir ein Drittel Frauen. Die Hälfte sind Mediziner, die Hälfte Deutsche, also eine gute Mischung, was für uns eine solide Basis für ausgewogene Entscheidungen darstellt. Eine ausgewogene Mischung unterschiedlicher Sichtweisen ist nach unserer Meinung eine Notwendigkeit. Im Investmentumfeld sind Frauen vor allem in Partnerpositionen jedenfalls immer noch Mangelware. Ich kann mich noch gut an eine Private-Equity-Veranstaltung in Berlin im letzten Jahr erinnern, wo ein hochrangiger Politiker das Plenum mit folgenden Worten begrüßte: »Liebe Frau Hodits, meine Herren, …« – ich war die einzige Frau im vollen Vortragsraum. Es bleibt noch einiges tun, um das Potenzial von Frauen im Investmentbereich voll auszuschöpfen, aber wir sind auf einem guten Weg, vor allem, wenn wir uns weiterhin gegenseitig unterstützen – ohne natürlich unsere männlichen Kollegen zu vernachlässigen.

*Dr. **Regina Hodits** hat über 25 Investitionen in innovative Unternehmen im Gesundheitssektor verantwortet, über zehn davon als Gründungsinvestorin, und zahlreiche erfolgreiche Firmenverkäufe und Börsengänge begleitet. Ihr Fokus liegt auf Venture Capital Finanzierungen in der Gesundheits-Branche in der Früh- und Wachstumsphase. Seit 2010 ist sie Managing Partner bei Wellington Partners Life Sciences und vertritt bzw. vertrat den Fonds im Aufsichtsrat/Beirat von Atopics (acquired by Chiesi). Ayoxxa, Endostim, GTX Medical, Middle Peak (acquired by Symetis/BostonScientific), Rigontec (acquired by MSD), SapiensNeuro (acquired by Medtronic) und Themis.*

Vor ihrer Tätigkeit bei Wellington Partners leitete Regina als Partner den Life-Science-Bereich von Atlas Venture in Europa. Von 2000 bis 2004 war sie bei Apax Partners verantwortlich für Healthcare Investments in Deutschland, in den Jahren 1997 bis 2000 arbeitete sie für McKinsey. Sie sammelte Erfahrung im Biotech Sector an der Universität Wien und dem MRC Cambridge, wo sie mit britischen Biotech-Unternehmen zusammenarbeitete. Regina studierte Technische Chemie in Wien und hat in Biochemie promoviert. Sie ist glücklich verheiratet, hat einen 14-jährigen Sohn und eine 13-jährige Tochter und lebt in München und Wien.

> **!**
>
> ### Lessons learned: Es gibt noch viel zu tun
>
> Unser Plädoyer für mehr Meritokratie in der Wirtschaft und weniger Stereotypen in der Gesellschaft wird durch die ersten drei Beiträge, vor allem aber die Schilderung des Status quo von Katrin Hansen untermauert: Das Modell der Hausfrauenehe habe zwar ausgedient, doch die Betrachtung von Berufen und deren gesellschaftliche Einordnung stecke immer noch in den tradierten Normen fest. Doch es geht auch anders. Schauen wir uns doch im nächsten Kapitel einmal die Männer an, die diesen Normen nicht entsprechen und – um im Bild von Hansen zu bleiben – die alten abgetragenen Schuhe gegen neue eingetauscht haben.

2 Von Selbstentfaltung und Eigenständigkeit

»So unterstützen sich die Partner*innen psychologisch und materiell in ihrer Entscheidung für einen Lebensentwurf. Sie gestalten und verbessern ihn gemeinsam.«, schreibt Katrin Hansen. Wie realistisch ist diese Aussage? Das wollten wir von unseren Autoren im Folgenden wissen. Jürgen Scholz und seine Frau Sandra sowie Henning und Claudia Franz leben die Aussage Hansens. Und auch Martin Zaiser berichtet, wie wichtig ihm die Selbstentfaltung der berufstätigen Partnerin ist – nämlich genauso wichtig wie die eigene.

Dr. Jürgen Scholz und Sandra Scholz: Ein erfolgreiches Team

Dieses Buch dreht sich um die Männer an der Seite ihrer erfolgreichen Frauen. Ich möchte dieses interessante Thema aus den verschiedenen, sich mir ergebenden Blickwinkeln beschreiben. Hierzu gewähre ich den Lesern einen tiefen Einblick in unsere Familie und die partnerschaftliche Beziehung.

Zuvor möchte ich Ihnen meine Frau vorstellen und ihren Berufsweg aufzeichnen. Meine Frau ist Vorstandsmitglied der Commerz Real AG, einer 100%igen Tochter der Commerzbank AG. Sie verantwortet die Bereiche Compliance, Recht, Investoren- und Anlegermanagement, Marketing und Communications sowie Human Resources. Eine erfolgreiche Frau, mit der ich gemeinsam ein Lebensmodell geschaffen habe, in dem wir beide unsere Berufe und Berufung, aber auch die Familie und unsere eigenen Interessen vereinbaren können. Nachdem sie den Schulweg mit der Allgemeinen Hochschulreife am Kurfürstlichen Schloßgymnasium zu Mainz im Jahre 1991 abgeschlossen hatte, begann sie ein berufsintegriertes Studium an der »Frankfurt School of Finance and Management«. Dieses umfasste neben den Studientagen alternierende Tage bei der Nassauischen Sparkasse in Wiesbaden. Der Studiengang erforderte ein Auslandssemester und diverse Praktika, die sie stets in Frankreich absolvierte.

1998 wechselte sie in die Commerzbank AG in Frankfurt. Ihren Einstieg fand sie als Trainee im Zentralen Stab Personal. Hiernach betreute sie personalseitig die Projekte des Jahrtausendwechsels und der Einführung des Euro. 2001 übernahm sie die Aufgabe der persönlichen Assistentin des damaligen Vorstandssprechers Klaus-Peter Müller. In diese Zeit fiel auch die Geburt unseres ersten Kindes Julian. Seinerzeit stellte sich für uns die Aufgabe, eine betreuende Krippe für unseren Sohn zu finden, da Sandra rasch wieder in ihren Beruf zurückkehren wollte. Dies gelang ihr mit einer leicht reduzierten Wochenarbeitszeit nach einer Elternzeit von 9 Monaten, wobei sie bereits kurz nach der Mutterschutzfrist wieder tageweise in den Beruf zurückkehrte. In dieser Phase hatte sie unterschiedliche Funktionen im Personalbereich.

2005 und 2006 stellte sich mit Phillip und Marlene erneut Familiennachwuchs ein. Mittlerweile gab es in Frankfurt mit Kids & Co. einen Familienservice, mit dem die Commerzbank kooperierte und eine Kinderkrippe eröffnete. Dies ermöglichte Sandra nach drei und vier Monaten einen raschen Wiedereinstieg in das Berufsleben. Der Abstand zum Arbeitgeber wurde somit in den Babypausen gering gehalten.

Die erste Führungsaufgabe für meine Frau ergab sich 2006. Im Jahr 2008 trug sie die Verantwortung für ein Teilprojekt im Rahmen der Integration der Dresdner Bank.

Seit 2012 ist meine Frau bei der Commerz Real AG. Hier verantwortete sie drei Jahre den Bereich Personal, bevor sie im Jahr 2015 die Leitung des Bereichs Human Resources and Communications übernahm. Im März 2017 wurde sie in den Vorstand der Commerz Real AG berufen.

Ehrgeiz, Können und eine gute Portion Glück:
die Erfolgszutaten für eine Karriere
Der gesamte Weg ihrer beruflichen Entwicklung war, neben der fachlichen Kompetenz und dem unbändigen Ehrgeiz, von einer gewissen Zielstrebigkeit geprägt, welche notwendig ist, die eigenen Ziele zu erreichen. Sie hat sich immer den anstehenden Herausforderungen gestellt, ohne lange hin und her zu überlegen oder die Situation lange abzuwägen. Sie wollte immer raus aus ihrer persönlichen Komfortzone. Nicht zu vernachlässigen ist aber auch die Tatsache, entsprechende Förderer und Mentoren in dem Unternehmen

zu haben. Am Ende des Tages gehört auch ein bisschen Glück dazu, zum richtigen Zeitpunkt am richtigen Ort zu sein, nämlich dann, wenn bedeutende Positionen zur Besetzung anstehen. Erfolgreich wurde sie aber auch dadurch, die sich bietenden Positionen und Verantwortlichkeiten auch anzunehmen und diese mit vollen Engagement auszufüllen. Einige Charakteristika ihrer Führungskompetenz sind sicherlich ihre Empathie, Kontaktfreudigkeit und Sozialkompetenz. Neben ihrer Durchsetzungsstärke stellen diese positiven Eigenschaften und die eigenen Werte ein gutes Fundament für ihre Position dar.

Die größte Herausforderung: Zeit
Unsere Familie besteht aus drei wunderbaren Kindern und einem Familienhund. Die Herausforderungen in unserem Familienleben gestalten sich täglich neu, drehen sich jedoch grundlegend oft um die eine Problematik: Wie schaffe ich es, die Familie und den Beruf, aber auch die eigenen Interessen, den Sport, die Kultur, die Freizeit mit den resultierenden Anforderungen zu vereinen? Hier spielt der Faktor Zeit eine große, wenn nicht die entscheidende Rolle.

Unsere Kinder besuchen derzeit die gymnasiale Mittelstufe an privaten konfessionellen Gymnasien in Mainz. Sie treiben ambitioniert Sport, musizieren und führen schon jetzt ein aktives eigenständiges Leben. Jedoch bedarf es in sämtlichen Bereichen weiterhin der Unterstützung durch die Eltern oder weitere Bezugspersonen. Hier haben meine Frau und ich mittlerweile ein sehr ausgeklügeltes, leider aber auch ein fragiles Betreuungskonzept erstellt. Eine typische Arbeitswoche gibt es in unserer Familie eigentlich nicht. Einen möglichen Trott, der durch allwöchentlich immer wiederkehrende Anforderungen auftreten mag, stellt sich daher auch nicht ein. Wir müssen uns ständig und nahezu wöchentlich neu organisieren. Dies geschieht in einer entsprechenden Routine. In einer exemplarisch normalen Arbeitswoche übernimmt meine Frau an einem Nachmittag die Betreuung der Kinder, an zwei Nachmittagen unterstützen uns die Großeltern und zwei weitere Tage werden von mir übernommen. Dies umfasst die Fahrten zum Sport oder Musikunterricht, das Vorbereiten der Klassenarbeiten, die Unterstützung bei den Hausaufgaben oder auch einmal die Mitarbeit bei einem Referat oder einem Projekt bei »Jugend forscht«. Hier haben wir mittlerweile eine Balance gefunden. Diese gerät jedoch immer dann ins Ungleichgewicht, wenn eine dieser diversen Personen verhindert ist. Ein solcher Zustand ergibt sich leider häufiger als erwünscht und stellt dann eine wahre Herausforderung dar. Verreisen unsere Eltern, erwarten uns jeweils anspruchsvolle Wochen. Der Beruf meiner Frau ist mit seinen zunehmend intensiveren zeitlichen Anforderungen auch ein Grund für wiederkehrende Dysbalancen. So schrieb ich beispielsweise die letzten Zeilen dieses Kapitels am Valentinstag, an dem meine Frau auf Geschäftsreise war.

Des Öfteren müssen in solche Situationen die Großeltern oder ich ihren Part übernehmen. Glücklicherweise konnte ich die Sprechstundenzeiten in meiner Praxis den Erfordernissen anpassen. Dies gelingt jedoch nicht immer. Dann müssen andere Betreuungsstrukturen gebildet werden und auch einmal die Nachbarn einspringen. Insbesondere sind kurzfristige und nicht planbare Termine sowie Terminkollisionen Gründe für eine hilfesuchende Anfrage im Umfeld. Da unsere Kinder nun Teenager sind und dadurch eigenständiger werden, bedarf es glücklicherweise zunehmend weniger zeitlichen Aufwandes. Dies verhindert jedoch nicht die Tatsache, dass es an den Nachmittagen oder den Wochenenden zu Disputen mit den Kindern über die Vorbereitung der Prüfungen kommt.

Dies alles zusammen gibt uns ein Zuhause, in dem wir Kraft für die sich stellenden Anforderungen erhalten, in dem wir dennoch die Intimität der Familie wahren können und wir ein zufriedenes Leben führen dürfen.

Mittlerweile haben wir im Laufe der Jahre die Aufgaben in unserer Familie klar definiert und auf die einzelnen Mitglieder verteilt. Dies umfasst bei mir auch den Einkauf der Lebensmittel, den Spaziergang mit dem Hund, den Gang zum Wochenmarkt am Wochenende und die anfallenden handwerklichen Arbeiten im Haushalt und Garten. Auch begleite ich häufiger die Kinder zu Sportveranstaltungen. Ich bin für die Ordnung, der Rest der Familie für das organisierte Chaos zuständig. Wir haben jedoch ein sehr ausgeglichenes Verhältnis, da ich mich im Gegenzug einigen anderen Themen nicht widmen muss. Um die Koordination von Arztterminen, die Erledigung der Bankgeschäfte, das Einkaufen von Kleidung für die Kinder und um vieles mehr muss ich mich nicht kümmern. Jeder von uns beiden hat hier in den Jahren seine Kernkompetenzen entwickelt und kann sich auf den anderen verlassen. Unser Modell wird häufig nach der einbringbaren Zeit und den individuellen Möglichkeiten verändert und den Anforderungen angepasst.

Ob die Entwicklung unserer Kinder ohne die beruflichen Belastungen und die die damit verbundene limitierte gemeinsame Zeit eine andere gewesen wäre, lässt sich wahrscheinlich nie beantworten. Allerdings müssen wir uns beide doch wiederholt den Vorwurf gefallen lassen, nicht ausreichend Zeit für die jeweiligen Bedürfnisse unserer Kinder zu haben. Es ist somit ein täglicher Kampf, diesen Anforderungen gerecht zu werden. Allerdings sehen wir auch die Erfolge der gemeinsamen Anstrengungen. Die Kinder sind in der Schule und dem Sport erfolgreich und, so finden wir, doch sehr gut gelungen. Sie finden sich in der Gesellschaft zurecht, haben Charme, gute Umgangsformen und Werte, welchen unseren entsprechen. Zu meinem 40. Geburtstag bekam ich von meiner Frau und den Kindern ein wunderbares Porträt der Kleinen geschenkt, unter dem die folgenden Sätze stehen: »A hundred years from now it will not matter what my bank account was, the sort of house I lived in or the kind of car I drove. But the world may be different because I was important in the life of a child.« Dieses Bild ziert den Aufgang in unserem Haus und gibt mir des Öfteren die Richtung meines Handelns vor.

Unsere Eltern leben in unserer Nähe und spielen in der Betreuung der Kinder und unserer Entlastung eine besondere Rolle. Für meine Mutter und meinen Vater war es sicherlich ein langer Weg, bis sie sich mit unserem Lebensmodell anfreunden konnten. So hinterfragten sie beispielsweise öfter kritisch die Betreuung unserer Kleinkinder in der Krippe. War ihr Leben doch von einem anderen und damals traditionellen Familienbild geprägt. Ihre Definition der guten fürsorglichen Eltern war sicherlich anfangs eine andere. Sie lebten ein klassisches und eher traditionelles Lebensmodell, in dem der Mann beruflich tätig war und die Frau die Kinder großzog. Beide Elternteile sind nach dem Zweiten Weltkrieg aus ihrer Heimat vertrieben worden. Auch sie haben sich schon früh in ihrem Leben kennen- und lieben gelernt. Mein Vater machte eine Ausbildung zum Ingenieur und blieb zeit seines Lebens bis zur Berentung der einen Firma treu. Meine Mutter machte als junge Frau eine Ausbildung zur technischen Zeichnerin bei der Opel AG – eine für eine Frau und die damaligen Verhältnisse ungewöhnliche Berufsausbildung. Nach der Hochzeit und der Geburt des ersten Kindes, meiner älteren Schwester, war sie jedoch nicht mehr in diesem Beruf tätig und widmete sich der Kindererziehung. Weitere fünf Jahre später kam ich zur Welt und wieder trieb sie ihre berufliche Karriere zugunsten der Kinder nicht weiter voran. Erst, als wir Kinder größer und eigenständiger waren, konnte und wollte sie sich wieder beruflich betätigen. Leider geschah dies nicht mehr in ihrem ursprünglichen Ausbildungsberuf. Ich habe meine Mutter niemals gefragt, ob sie dies bereut hat und ob sie vielleicht zurückblickend einen anderen Weg gegangen wäre. Meine Eltern gaben mir Werte auf den Weg, welche ich heute gerne an meine Kinder weitergeben möchte. Der gefestigte christliche Glauben begleitet uns täglich und wird aktiv in der Gemeinde gelebt. Traditionelle Werte und Ansichten geben uns und den Kindern eine solide Basis. Mit Freude ist zu sehen, wie diese Werte auch von der kommenden Generation gelebt und geschätzt werden.

Unser großer Freundeskreis besteht aus langjährigen Freunden, welche wir ebenfalls bereits oftmals zu Schulzeiten kennengelernt haben. Alle Freunde sind in ihrem Beruf erfolgreich. In ihrer beruflichen Selbstständigkeit oder im Angestelltenverhältnis bekleiden sie führende Positionen. Daher ergibt sich auch für diese Familien oftmals eine ähnliche Ausgangssituation und die Herausforderung, den Alltag zu meistern. Unser Lebensmodell ist hier wiederholt zu finden und wird in diesen Familien genauso erfolgreich praktiziert wie bei uns. Hier stehen ebenfalls viele Männer ihren erfolgreichen Frauen zu Seite. Unter uns Männern fällt sicherlich auch einmal ein klagender Kommentar, wenn alles doch einmal zu viel für den einen oder anderen wird, jedoch beklagt sich niemand ernsthaft. Daraus resultieren auch die Akzeptanz unseres Familienmodells und die Rolle der jeweiligen Familienmitglieder. Selbstverständlich werden die kleinen Probleme des Alltags im Freundeskreis auch kontrovers diskutiert. Dies hilft zwar nicht immer, die Lösungen dafür zu finden, führt uns jedoch die allgegenwärtige Problematik in diesen Themen vor Augen. Am Ende ist es aber auch dieser Austausch mit unseren Freunden, aus dem wir Kraft schöpfen, zeigt er doch, dass andere Familien die gleichen Probleme und Herausforderungen wie wir haben.

Jeder kommt auf seine Kosten
Ein besonderes Augenmerk gilt natürlich dem Verhältnis zwischen den beiden Hauptpersonen dieses Kapitels: der erfolgreichen Frau und dem Mann an ihrer Seite. Meine Frau und ich haben uns bereits in der Schulzeit kennengelernt. Daher war schon in den frühen Jahren der gemeinsamen Bezie-

hung das erforderlich, was auch noch heute das Miteinander in der Familie und Ehe trägt: die Rücksicht auf die persönliche Entwicklung des jeweiligen Partners und die Bereitschaft, die daraus resultierenden Anforderungen gemeinsam anzugehen und zu meistern – verbunden mit der notwendigen Erkenntnis, eigene Ziele nicht zwingend direkt, sondern auch verzögert oder über Umwege zu erreichen.

Beide finden wir neben unserem Beruf und unseren Karrieren auch regelmäßig genug Zeit für die eigenen Interessen, unsere Hobbys und die Möglichkeit Sport zu treiben. Auch treffen wir unsere Jungs und Mädels zu verschiedenen Events, wie einem Besuch im Waldstadion, eingestreuten Wellnesstagen oder dem gemeinsamen Kochen im Club der kochenden Männer.

Unsere Berufe und unser Lebensmodell bringen natürlich auch einige Vorteile mit sich. Die finanzielle Absicherung unseres Lebens und der Ausbildung und Entwicklung unserer Kinder ist gegeben. Wir sind wirtschaftlich nicht voneinander abhängig. Daneben leben wir unseren Kindern vor, dass es adäquate Rollenmodelle neben der klassischen Aufteilung gibt. Insbesondere unserer Tochter gilt es, eine andere Selbstverständlichkeit und die Notwendigkeit einer wirtschaftlichen Unabhängigkeit zu erklären. Aber auch die beiden Jungs bekommen ein Bild von einer emanzipierten, gleichberechtigen Welt. Dass dieses persönliche Modell unserer Familie nicht immer nur harmonisch abläuft, ist naheliegend. Meine Frau und ich können uns, in der Absicht die eigenen Interessen vorzutragen, wie zwei Silberrücken gegenüberstehen. Glücklicherweise haben wir in unserer Streitkultur gelernt, auch mit diesen Dingen fertigzuwerden und Lösungen zu finden.

Meine berufliche Entwicklung und mein Lebensweg haben in den gemeinsamen Jahren unserer Ehe niemals gelitten. Nach dem Abitur folgte, bedingt durch die Absolvierung des Wehrdienstes, die erste längere räumliche Trennung von meiner damaligen Freundin, meiner späteren Frau. Das Studium der Humanmedizin führte mich gezielt an die Johannes Gutenberg Universität in Mainz. Mein Entschluss, das Studium heimatnah zu beginnen und nicht in die weite Welt zu ziehen, wurde sicherlich durch den Wunsch gestärkt, keine weitere Trennung von der Partnerin zu erleiden. Zunächst sollte dieser Wunsch nicht in Erfüllung gehen, als ich das praktische Jahr des Medizinstudiums in Durban/Südafrika absolvierte. Allerdings begann ich als junger

Assistenzarzt meine ärztliche Ausbildung dann in einem heimatnahen Kran-kenhaus. Wie bei allen ärztlichen Kollegen stellt diese Zeit der Ausbildung bereits früh eine Herausforderung für eine Beziehung dar. Die häufigen Nachtdienste und die Dienste am Wochenende und an den Feiertagen pas-sen nur selten in eine geordnete und planbare Beziehung. Durch diese Erfah-rung geprägt, ergab sich für mich bereits frühzeitig das persönliche Ziel der späteren Niederlassung in einer ärztlichen Praxis. Hier gelingt es uns Ärzten besser, den eigenen Beruf, die Familie und den Beruf der erfolgreichen Ehe-frau zu vereinen. Eine universitäre Karriere mit eventueller Habilitation oder Anstellung als Oberarzt oder leitender Arzt konnte ich mir nicht vorstellen. Sicherlich war hier auch meine Fachrichtung als Chirurg, Orthopäde und Un-fallchirurg mit ausschlaggebend, da Unfälle und Operationen eben nicht im-mer planbar sind. Die oberärztlichen Hintergrunddienste in den Kliniken sind von einer erhöhten physischen und psychischen Präsenz geprägt. Nach dem Abschluss meiner Facharztausbildung verließ ich daher die Kliniken und be-gann meine Spezialisierung zum Sportmediziner im Sportmedizinischen Ins-titut Frankfurt/Main. Daran schloss sich eine Anstellung als ärztlicher Leiter eines medizinischen Versorgungszentrums im Main-Taunus- Kreis an. Dieses Zentrum wurde von mir federführend aufgebaut und in den medizinischen Strukturen des Main-Taunus-Kreises etabliert. Erst spät gelang mir der an-schließende und hoffentlich abschließende Schritt meines Berufslebens mit dem Eintritt in eine fachärztliche orthopädische Praxis. Diese ist Teil einer überörtlichen Berufsausübungsgemeinschaft mit insgesamt sieben Ärzten an drei Standorten. Meine Tätigkeitsdauer in der Arztpraxis ist durch die Sprechstundenzeiten klar definiert und damit planbar. Glücklicherweise sind eventuelle Abendtermine oder Fortbildungsveranstaltungen eher selten und im Voraus absehbar.

Eine größere zeitliche Investition fordert jedoch meine Tätigkeit als Mann-schaftsarzt beim Deutschen Fußballbund. Für mich ging damit der Traum in Erfüllung, Beruf und Hobby miteinander zu vereinen. Beim DFB betreue ich seit der Saison 2012/13 mit meinen Kollegen die Jugendnationalmann-schaften der Männer. Dies umfasst die Begleitung der Mannschaften bei Trainingslagern, Länderspielen, aber auch Europa- und Weltmeisterschaften. So konnte ich die U 20 im Jahr 2015 bei der Weltmeisterschaft in Neuseeland über vier Wochen betreuen. Dies stellte meine Frau vor die große Herausfor-derung, neben dem Beruf den Alltag nun alleine zu bewältigen. In dieser

Zeit übernahmen meine Kinder bravourös diverse Aufgaben, an denen sie auch gewachsen sind. Die sich anschließende Weltmeisterschaft der U 20 im Jahr 2017 in Südkorea habe ich jedoch dann nicht mehr betreut. Ein mit ausschlaggebender Grund war sicherlich die Tatsache, meine Familie und meine Frau nicht erneut für vier Wochen alleine zu lassen. Mit großer Vorfreude blicke ich nun der hoffentlich erfolgreichen Qualifikation für die U-19-Europameisterschaft in Armenien entgegen.

Mein Freundeskreis, meine Familie und das nähere Umfeld haben meine berufliche Tätigkeit stets anerkannt und gewürdigt. Ich stehe nicht im Schatten meiner Frau. Es liegt in der Natur meines Berufes, dass ich regelmäßig mit Fragen zur Gesundheit, der Bewertung von Befunden oder der Planung einer möglichen notwendigen Therapie konsultiert werde. An Wochenenden, bei Spaziergängen, geselligen Abenden oder auch einfach zufällig auf der Straße werde ich in Gesundheitsfragen abseits der Praxis angesprochen. In unserer sportlichen Familie und unserem Umfeld sind natürlich auch der regelmäßige Kontakt mit den Nationalspielern und die Reisen mit der Nationalmannschaft in die entlegensten Orte dieses schönen Planeten immer wieder Thema gemeinsamer Gespräche. Insofern ergibt sich, sofern ich dies beurteilen kann, in unserem näheren Freundeskreis und der Familie doch ein ausgeglichenes Interesse an dem Beruf meiner Frau und an meiner Profession. Weder unser Lebensweg noch unsere Berufe oder unser gemeinsames Familienmodell wurden jeweils offen infrage gestellt oder kritisiert.

Da unser persönliches Modell doch bisher sehr gut funktioniert hat, werden wir auch in den kommenden Jahren hiervon wahrscheinlich nicht abweichen. Jede Familie sollte wie wir ihren individuellen Weg finden, um Familie, Beruf, Freunde, die Interessen und die eigene Entwicklung miteinander zu verbinden. Wir gehen diesen sicherlich auch für unsere Kinder und die Familie anspruchsvollen Weg. Es ist kein einfaches Modell, das uns manchmal auch viel Kraft kostet und ständig an die sich wechselnden Anforderung angepasst werden muss. Es erfordert einen hohen Grad an Flexibilität. Jedoch sehen wir in unserem Umfeld auch andere erfolgreiche Lebensmodelle. Diese können wir im Detail nicht bewerten und daher auch nicht entscheiden, ob diese vielleicht, auf unsere familiären Bedürfnisse hin angepasst und optimiert, ähnlich gut funktionieren könnten. Es besteht aber derzeit auch keine Notwendigkeit, sich diesen Überlegungen hinzugeben. Never change a winning team. Unser praktiziertes Modell stellt sicherlich nicht die ultimative Lösung und den einzigen erfolgversprechenden Weg bei dieser komplexen Ausgangssituation dar. Es zeigt aber, dass es gelingen kann, zwei erfolgreiche Karrieren, die große Familie und den geschätzten Freundeskreis miteinander zu verbinden und dabei trotzdem dem Einzelnen ausreichend gerecht zu werden.

Ein echter Mehrwert für die Wirtschaft
Dass das Modell, weibliche Führungskräfte zunehmend in Spitzenpositionen zu platzieren und hierfür auch eine Quote einzuführen, einen großen Mehrwert für die Unternehmen darstellt, kann ich nicht belegen, jedoch vermuten. Ich arbeite weiterhin in einer von Männern dominierten Arbeitswelt. Es gibt nur wenige weibliche Ärzte in den Fachrichtungen Orthopädie und Unfallchirurgie. Die körperliche Belastung mag vielleicht einen letzten stichhaltigen Grund hierfür darstellen. Nur langsam wird der Frauenanteil in den operativen Fächern größer, während beispielsweise in der Inneren Medizin oder Anästhesie mittlerweile ein sehr großer Anteil junger Ärztinnen tätig ist. Der Wiedereinstig in das Berufsleben für gut ausgebildete und qualifizierte weibliche Ärzte wird von den Kliniken erleichtert. Jedoch kenne ich bisher keine Klinik mit einer funktionierenden angeschlossenen Kinderkrippe.

Ich denke, dass mehr Frauen in Führungspositionen nicht nur einen Imagegewinn darstellen und die Quote erfüllen, sondern auch tatsächlich einen echten Mehrwert schaffen. Frauen haben vielleicht eine andere Herangehensweise, einen anderen Hintergrund und eine andere Art der Intelligenz. Sie können somit in einem heterogenen Team eine größere Effizienz bewirken. Deshalb sind weitere Anstrengungen in diesem Bereich, wie beispielsweise der Aufbau von Netzwerken, Mentoring oder Förderprogramme, sicherlich sinnvoll.

Ein abschließendes Statement fällt mir somit nicht schwer. Ich denke, wir würden es rückblickend nicht anders machen. Wir bereuen keine unserer gemeinsamen oder persönlichen Entscheidungen und können auf ein bisher erfolgreiches Leben zurückblicken, in welchem wir glücklicherweise von größeren Unglücken verschont wurden.

Dr. med. Jürgen Scholz ist niedergelassener Facharzt für Orthopädie und Unfallchirurgie, Chirurgie sowie Sportmedizin im Zentrum für Orthopädie Rhein-Main. Nach dem Studium der Humanmedizin in Mainz begann Jürgen Scholz die Facharztausbildung in den Kliniken des Main-Taunus-Kreises. Nach Abschluss seiner Ausbildung arbeitete er im Sportmedizinischen Institut Frankfurt/Main, wo er die Zusatzbezeichnung Sportmedizin erlangen konnte. Im Jahr 2015 wurde er ärztlicher Leiter des Medizinischen Versorgungszentrums in Hofheim am Taunus, wo er 2018 in das Zentrum für Orthopädie Rhein-Main eintrat. Seit der Saison 2012/13 betreut er als Mannschaftsarzt die männlichen Jugendnationalmannschaften des Deutschen Fußballbundes.

Sandra Scholz ist Mitglied des Vorstands der Commerz Real AG und verantwortlich für Human Resources, Communications, Marketing, Recht, Compliance und Investoren- und Anlegermanagement. Sie ist seit 2012 bei der Commerz Real. Insgesamt ist die Betriebswirtin seit rund 20 Jahren für den Commerzbank-Konzern in unterschiedlichen Funktionen tätig. Scholz arbeitete unter anderem als persönliche Assistentin von Vorstandssprecher Klaus-Peter Müller. Ihr Studium der Betriebswirtschaftslehre absolvierte sie an der Frankfurt School of Finance and Management.

Henning Franz und Claudia Franz:
Wir tun uns gegenseitig gut

Polyglotte Modeexpertin mit Fels in der Brandung ... so könnte man die Paarbeziehung von Claudia und Henning Franz überschreiben. Dass das Leben an der Seite einer durchsetzungsstarken Frau, die ihre Karriere über internationale Modelabel wie Prada oder Petit Bateau an die Spitze als Senior Buyer bei SAKS Fifth Avenue off 5th Europe GmbH zielstrebig verfolgte, viele Hochs und Tiefs hat, wundert nicht. Claudia Franz ist als Mutter zweier schulpflichtiger Kinder eine Exotin in ihrem Business, das sie als wenig familienfreundlich beschreibt. Der sprichwörtliche Fels in der Brandung ist ihr Mann, Henning Franz, selbstständiger Architekt. Ein Schlüssel für ihre nachhaltige Beziehung und Claudias Erfolg in der Modebranche heißt Reden. Und zwar miteinander und auch durchaus kontrovers. Der andere Schlüssel: Auszeiten nehmen, gemeinsam als Paar »Quality Time« schaffen, und wenn es nur der gemeinsame Spaziergang mit dem Hund ist.

Lebenslinien

Henning Franz ist geborener Wiesbadener. Nach dem Abitur beginnt er 1985 ein Studium des Bauingenieurwesens an der Technischen Hochschule Darmstadt (THD) und wechselt dann in den Studiengang Architektur an die Universität in Kaiserslautern, wo er auch ab 1987 lebt. Drei Jahre später geht er wieder zurück ins hessische Darmstadt und schließt das Studium 1995 an der THD ab. Nach seinem Hochschulabschluss steigt er als freier Mitarbeiter in das Architekturbüro seines Vaters in Mainz mit ein.

Anfang der 1990er-Jahre lernt Henning Franz Claudia kennen. Beide sind damals noch in anderen Beziehungen, verlieren sich aber über die Jahre hinweg nicht aus den Augen. Als gelernte Industriekauffrau mit Schwerpunkt International Business Management ist Claudia Stürmer, wie sie vor ihrer Hochzeit mit Henning Franz heißt, in Paris, Trier, Montpellier, um dort ihr Know-how im Bereich Business Administration weiter zu vertiefen.

Im nordrhein-westfälischen Kevelaer geboren, zieht Claudia Stürmer als Kleinkind in den Hunsrück und von dort aus in die weite Welt: Schon früh in ihrer Karriere wechselt sie zur Karstadt AG. Von Essen geht es nach Mainz und weiter nach Augsburg. Hier lernt sie das Buyer- und Salesbusiness von der Pike auf. 1996 wechselt sie in den Designer-Moden-Bereich in Wiesbaden. Dort baut die damals 30-Jährige eine neue Abteilung mit sechs Angestellten auf und zeichnet für den Einkauf von Designer-Marken wie Strenesse, Joop und Donna Karan verantwortlich. Bereits zwei Jahre später wechselt sie zu Prada nach Düsseldorf. Zu der Zeit werden Claudia und Henning Franz ein Paar. Claudia verantwortet inzwischen den Einkauf von einem Drittel der Prada-Kollektion für Deutschland, Österreich und die Schweiz. Henning Franz arbeitet als Partner bei BOS Architekten, bis er 2002 das Architektur-büro seines Vaters als Alleininhaber übernimmt.

Gleichzeitig wird das erste Kind der Familie geboren. Claudia Franz nimmt eine kurze Baby-Pause und fängt dann in der Frankfurter Prada Niederlas-sung an, wo sie das Geschäft aufbaut. Nach der Geburt des zweiten Kin-des geht Claudia Franz ein Jahr in Elternzeit und steigt dann 2008 bei Petit Bateau ins Boot. Zuerst ist sie als Merchandising und Supply Chain Mana-ger für Deutschland, Österreich und die Schweiz tätig, um schon ein Jahr später die gesamte Business Administration für Zentraleuropa, Deutschland, Österreich, die Schweiz, Polen, die Slowakei und Tschechien zu übernehmen. Mittlerweile ist sie hier für ein Einkaufsbudget von 15 Millionen Euro verant-wortlich.

Claudia Franz' Karriereweg führt dann über die TJX Europe GmbH, wo sie für den gesamten Europäischen Einkauf im Bereich Schuhe für 500 Ladenge-schäfte verantwortlich zeichnet, zu Saks Fifth Avenue off 5th Europe GmbH, wo sie wiederum für den kompletten Aufbau der Marke zuständig ist. In ihrer Position als Senior Buyer reist sie zu internationalen Messen, ist für das Training des Einkaufsnachwuchses zuständig, entwickelt Ideen für neue Absatzmärkte und ist ständig unterwegs zu europäischen Lieferanten.

Ansichten: Henning Franz erzählt

Unsere Beziehung startete als Fernbeziehung, was für uns beide keine Dau-erlösung war. Ich pendelte mittwochs für einen Tag nach Düsseldorf, um Claudia zu sehen. Sie kam dann Freitag Abend für das Wochenende nach

Mainz. Weil ich zu der Zeit bereits selbstständiger Architekt mit Büro und fester Homebase in Mainz war, stand schnell fest: Wir ziehen gemeinsam in ein Mainzer Eigenheim. Sicher wäre es für Claudia einfacher gewesen, auch weiterhin im deutschen Prada-Headquarter in Düsseldorf zu arbeiten, doch sie fand schnell in Frankfurt eine Alternative. Nachdem unsere Tochter zur Welt gekommen war, startete sie als Store-Managerin in Frankfurt. Für mich war es keine Frage, dass wir uns das Holen und Bringen unserer Tochter zur Tagesmutter teilten: »Jeder, wie er kann« war und ist auch heute noch unsere Devise. Dass ich als selbstständiger Architekt mit eigenem Büro flexibler agieren und damit die Hauptlast der Kinderversorgung unter der Woche tragen kann, war klar. Obwohl ich von zu Hause eine traditionelle »Gewaltenteilung« gewöhnt war, wusste ich: Meine Frau übt ihren Job mit der gleichen Energie und Leidenschaft aus, wie ich es tue, also müssen wir Mittel und Wege finden, dass jeder von uns glücklich ist und wir unsere Ziele – auch mit Kindern – weiterverfolgen können.

Meine Frau übt ihren Beruf mit Energie und Leidenschaft aus – genau wie ich!
Die Mittel und Wege haben wir hauptsächlich auch meinen Eltern zu verdanken. Immer wenn die Tagesmutter oder die Kinder krank waren – 2006 kam unser Sohn dazu –, waren sie es, die uns beiden dann den Rücken zum Arbeiten freihielten.

Das Modell Selbstständigkeit und Festanstellung möchten wir, auch wenn es ein hohes Maß Kompromissbereitschaft bedeutet, nicht missen. Denn jede Selbstständigkeit hat ihre Sinuskurve. Claudias Angestelltenverhältnis ist da eine feste Bank. In unserem Bekanntenkreis arbeiten meist beide Elternteile, von daher sehen wir unser Lebensmodell als nichts Außergewöhnliches an. Jeder trägt eben seinen Teil zum Familieneinkommen bei.

Fragen, die zu unserem Lebens- und Arbeitsmodell aus dem Umfeld kommen, fokussieren daher eher auf das »Wie«: Wie schafft ihr es, wenn Claudia beruflich unterwegs ist und abends nicht da ist? Das ist dann eher Interesse als Bewunderung. Ich sehe meine Funktion als Fels in der Familienbrandung als selbstverständlich an. Man wächst mit seinen Aufgaben, auch wenn ich mich bis heute strikt weigere, die Wäsche zu machen. Einkaufen, Essen kochen, für die Kinder da sein – das ist mein Metier. Den Rest erledigt unsere »gute Seele«, die zwei Mal in der Woche kommt.

Wir tun uns gegenseitig gut

Natürlich gibt es auch Phasen, in denen es mal nicht rundläuft. Ein Kind ist krank, Claudia ist im Ausland und der eingeplante Babysitter springt ab. Da heißt es Augen zu und durch. Natürlich hat man dann Phasen der totalen Erschöpfung, vor allem, wenn es auch mal im Job nicht so läuft. Wir haben es aber immer geschafft, sei es durch unsere gemeinsamen Hobbys oder durch unsere Spaziergänge, Luft zu schnappen und den Kopf wieder über Wasser zu bringen. Wir reden viel und tun uns gegenseitig gut.

Wir konnten beide zu gleichen Maßen unsere Karriere vorantreiben. Einmal stand für Claudia ein Angebot im Raum, in die Schweiz zu ziehen. Dies hätte für mich bedeutet, dass ich mein soziales und berufliches Netzwerk in Mainz hätte aufgeben müssen. Wir haben viel diskutiert; am Ende aber hat uns das Angebot nicht ausreichend überzeugt, obwohl das Unternehmen unsere ganze Familie in die Schweiz eingeladen hatte. Als mein Büro eine weniger erfolgreiche Phase verkraften musste, haben wir ebenfalls diskutiert und sind trotz schwieriger Auftragslage zur Lösung gekommen, dass ich die Selbstständigkeit nicht aufgebe – ich bin die Konstante in der Flexibilität, die eine Familie mit Kindern benötigt. Diese Flexibilität aufzugeben und in ein Angestelltenverhältnis zu wechseln, hätte unser bisheriges System gehörig ins Wanken gebracht.

Meine Frau ist mein bester Freund und Berater

Das Geheimnis unserer Beziehung ist, dass wir alles miteinander besprechen. Und mit »alles« meine ich wirklich alles. Bei uns wird nichts unter den Teppich gekehrt, höchstens Krümel vom Frühstück. Dinge, die uns bedrücken, müssen raus. Dazu gehört es, dass ich als Mann auch mal schwach sein kann. Meine Frau ist gleichzeitig mein bester Freund und Berater. Niemand kennt mich so gut wie sie. Alles, was einen Einfluss hat auf unsere Karrieren und unsere Familie, bespreche ich mit ihr. Diese Offenheit verlangt uns beiden Größe und Mut ab. Manchmal ist sie stärker, in manchen Situationen bin ich es. Viele Beziehungen in unserem Umfeld sind genau daran gescheitert: Die Paare haben nie wirklich miteinander gesprochen, sondern nur nebeneinander her gelebt.

Claudia ist konsequent und durchsetzungsfähig. Das bewundere ich sehr an ihr. Sie ist ein nur schwer zu überzeugender Diskussionspartner. Das macht es ihr sicherlich auch im Beruf nicht immer leicht. Ich versuche sie dabei, so gut es geht, emotional zu unterstützen. Wir führen eine ergänzende Beziehung, die geprägt ist von Offenheit und einem tiefen Verständnis füreinander und einer demokratischen Gewaltenteilung, was Haushalt und Kindererziehung betrifft. Daraus generiert man Zufriedenheit, und genau das ist es, wovon letztendlich auch der Arbeitgeber profitiert. Claudia ist ein Mensch mit einer unwahrscheinlich gefestigten Persönlichkeit, die alles, was sie tut, ob in der Familie oder in ihrem Beruf, mit Freude angeht.

Claudia Franz ist gelernte Industriekauffrau. In Paris, Trier und Montpellier studierte sie European Business Administration. Nach einer Station als Trainee im Einkauf/Verkauf bei der Karstadt AG wechselt sie 1996 in den Designer-Moden-Bereich in Wiesbaden: Dort baut sie eine neue Abteilung mit sechs Angestellten auf und zeichnet für den Einkauf von Designer-Marken verantwortlich. Bereits zwei Jahre später geht sie zu Prada. 2008 steigt sie bei Petit Bateau ins Boot, zunächst als Merchandising und Supply Chain Manager für Deutschland, Österreich und die Schweiz. Ein Jahr später übernimmt sie die gesamte Business Administration für Zentraleuropa, Deutschland, Österreich, die Schweiz, Polen, die Slowakei und Tschechien. Ihr Karriereweg führt dann über die TJX Europe GmbH, wo sie für den gesamten Europäischen Einkauf im Bereich Schuhe für 500 Ladengeschäfte zuständig ist, hin zu ihrer Position als Senior Buyer bei Saks Fifth Avenue off 5th Europe GmbH.

*Henning Franz studierte in Kaiserslautern und Darmstadt Architektur. Der ge-
borene Wiesbadener arbeitet nach seinem Studium als Partner bei BOS Architekten, bis er 2002 das Architekturbüro seines Vaters als Alleininhaber übernimmt.
Mit seinem Büro für Objektplanung und Stadtgestaltung realisiert er vorwiegend
Projekte in den Bereichen Wohnungsbau, Kultur, Bildung und Revitalisierung
(http://www.franzarchitekten.de). Zudem engagiert er sich ehrenamtlich als
Stadtrat und baupolitischer Sprecher seiner Fraktion und bringt seine gesam-
melten beruflichen Erfahrungen zum Wohl der Stadt Mainz ein.*

Martin Zaiser: Vom Ehemann zum Mentor und Unterstützer

Martin Zaiser ist der Typ Mann, der bereits als Kind wusste, dass er Karriere
machen will. Seinem militärisch geprägten Vater konnte er nur mit seinem
Intellekt beikommen. Das spornte ihn zusätzlich an, aus einem kleinstädti-
schen Milieu mit sehr traditionellen, festgefügten Strukturen und Rollenzu-
schreibungen auszubrechen.

Zielstrebigkeit, Disziplin und eine gehörige Portion Egoismus sind einige
Qualitäten des studierten Betriebswirtschaftlers und so ist auch sein
Sprachduktus. Eher kurz und knapp, klar und ohne Umschweife. Der Bezie-
hungsstart mit seiner Frau, eine der Herausgeberinnen dieses Buches, war
gleichzeitig der Start in eine Fernbeziehung, wenn auch noch in Österreich.
Dann kam ein Arbeitsangebot aus Deutschland, der erste Traumjob seiner-
seits, dem er unbedingt folgen wollte. »Du kannst mitkommen oder auch
nicht«, war das Angebot an seine damalige Freundin und spätere Frau. Er
wäre auch alleine gegangen, so viel steht fest. Was dann aus der Beziehung
geworden wäre? Er weiß es nicht.

Natürlich gab es Auseinandersetzungen, aber anscheinend beschrieb er die
beruflichen Möglichkeiten im »neuen Heimatland« so attraktiv und seine
damalige Freundin war neugierig genug, dass sie bereit war, sich »verpflanzen« zu lassen. Mit einem abgeschlossenen Studium in der Tasche gelang ihr
rasch der Einstieg in einen neuen Beruf im sozialen Bereich, in dem sie sehr
schnell eine Leitungsposition innehatte.

Da waren also zwei, die sich auf den Beruf fokussierten und ihre Anfangs-schwierigkeiten sowohl im Miteinander als auch im Umfeld hatten. Zugezo-gene eben und damit auch stark aufeinander bezogen.

Die nächste größere Auseinandersetzung kam, als er sich wieder einmal ent-schied zu gehen: Dieses Mal sollte er für seine Firma drei Monate nach Por-tugal. Und er ging alleine. Dass daraus 14 Monate wurden, eine Zeit mit viel Stress, aber einer Lebenskultur, die ihm lag, half seiner Frau wenig. Deren Geduld wurde stark strapaziert. Erst verpflanzen und dann »vertschüssen«. Das gab zwar Freiräume für Beruf, Weiterbildung und Karriere, aber die Part-nerschaft lief auf dem Zahnfleisch.

Aus heutiger Sicht war das aber nur das Vorspiel dessen, was er letztendlich seiner Frau abverlangte: Er wollte ein Kind, sie nicht. Diskussionen, Streit, ein Hin und Her. Sein Versprechen war: »Okay, das ist der letzte Kompromiss, den ich dir in dieser Beziehung abverlange, wirklich der letzte«.

Ein gutes Jahr später war sein Traumkind da und das Credo war: »Du machst, was du willst. Geld spielt quasi keine Rolle. Delegiere die Hausarbeit und alles, was du willst, und, weil du dich um das Organisatorische für das Kind kümmerst, überweise ich dir Geld auf dein Konto.« Ein fairer Deal, denn seine Frau wollte nach dem Mutterschaftsurlaub nicht zurück in den alten Job, sondern sich selbstständig machen, und er ließ ihr dafür alle ökonomi-schen Freiheiten.

Martin Zaiser entwickelt sich ab diesem Zeitpunkt vom einfachen Ehemann mit eigener Karriere zum Unterstützer. Ein Unterstützer zu werden, sei ein Prozess, sagt er. »Mein Arbeitsleben bei einem amerikanischen Unterneh-men hat mich sehr schnell gelehrt, dass Männer und Frauen gleichberechtigt sind und Nachwuchsfrauen ›gepusht‹ werden. Das habe ich mit nach Hause genommen.«

Die mangelhafte Gleichstellung von Frauen ist natürlich kein rein deutsches Problem, jedoch zeigen Statistiken, dass Deutschland, was Frauen in Füh-rungspositionen und deren Einkommen anbelangt, nicht im Spitzenfeld liegt. Für Männer, die im angloamerikanischen Kontext gearbeitet haben, sind Frauen in Führungspositionen keine Besonderheit. Sie haben gesehen, dass Frauen genauso gut oder auch schlecht führen wie Männer. »Ich gehe davon aus, dass vielen deutschen männlichen Führungskräften der Blick in die Ferne fehlt. Der gleichberechtigte Umgang ist gewöhnungsbedürftig, aber lohnend«, so der heutige CFO.

»Mit meinem Ehrgeiz habe ich jedenfalls meine Frau ein Stück mitgezogen und sie zumindest monetär freigespielt, sich in der Selbstständigkeit auszuprobieren und ›in die Gänge‹ zu kommen. Und klar habe ich sie motiviert, war Gesprächspartner bei ihren Ideen. Aber ich habe sie auch – zumindest verbal – gefordert.«

Seine »Side by Side«-Strategie scheint aufgegangen zu sein: Seine Frau ist heute eine gefragte Partnerin und Ideengeberin für erfolgreiche Menschen und Organisationen, die kreative Ideen brauchen und »ihren Erfolg vermehren wollen«. Der Weg dorthin war allerdings immer wieder auch steinig. 2009 verließ er seinen damaligen Arbeitgeber und fing bei einer ausländischen Firma an. Das Ergebnis: wieder eine Pendel- und Fernbeziehung. Auch sein Arbeitsleben war mit vielen Reisen verbunden und er selbst war ein Wochenend-Partner und -Vater. Die ersten gesundheitlichen Probleme klopften an und der Wunsch, wieder mehr Beziehung und Vatersein leben zu wollen, haben das Gespräch, dass seine Frau »in die Gänge« kommen soll, lebendig gehalten. Ein weiterer Wunsch: »Ich würde gerne irgendwann meine Work-Life-Balance verbessern. 25 Jahre Vollgas im Job, weitere 25 Jahre halte ich das nicht durch.« Gleichzeitig hat seine Frau Gas gegeben, ihre Fitness und Attraktivität auf allen Ebenen gesteigert und ihn wiederum mitgezogen.

Sein Resümee: »Letztendlich habe ich viel lernen müssen. Eine Beziehung funktioniert nicht, wenn einer immer nachgeben muss. Ich war ziemlich rücksichtslos, aber ich glaube mein Drängen hat unterstützt, dass meine Frau ihr Potenzial gefunden und entfaltet hat. Wir kommen beide ›aus der Provinz‹ und gemeinsam ist unsere Welt größer geworden. Ich habe viel über den Umgang mit Menschen durch meine Frau gelernt. Gleichzeitig bewundere ich sie inzwischen sehr. Sie kennt keine Grenzen, redet mit ›hohen Tieren‹ wie mit dem Nachbarn und ist sehr klar und direkt. Daher denke ich, haben wir miteinander ein Win-Win-Partnerleben entwickelt.«

Martin Zaiser, Jahrgang 1968, hat in Linz/Österreich Betriebswirtschaft studiert. Der gebürtige Österreicher lebt seit mehr als 20 Jahren in Deutschland. Er ist mittlerweile seit über 25 Jahren in verschiedenen Finanz- und Projektmanagementpositionen im Automobil- und Chemiesektor, auch international, tätig. Martin Zaiser verfügt über langjährige Führungserfahrung; aktuell ist er CFO einer mittelständischen Firma im Raum Frankfurt. Martin Zaiser ist verheiratet mit der Co-Herausgeberin Martina Lackner. Das Paar hat einen Sohn.

!

Lessons learned: Demokratie im Haushalt – unverzichtbar für ein erfolgreiches Side by Side

Christa Wolf, die Grande Dame der deutschen Literaten, selbstständige Autorin, schrieb einmal über ihren Mann in ihrer Erzählung »Er und ich«: »Scheinbar ein Widerspruch: In meinen Bestrebungen nach Autonomie kann ich mich immer auf ihn stützen«. Wolf bringt auf den Punkt, was die hier porträtierten Partner für ihre Frauen leisten: Sie übernehmen, ohne an ihrer eigenen gesellschaftlichen Rolle und ihrem Selbstwert zu zweifeln, die Organisation des Alltags. Sie führen ein durch und durch demokratisches Privatleben mit autonomen Karrieren, geprägt von einem offenen Dialog.

In Deutschland gibt es etwa 1,2 Millionen Paare, die als Doppelkarrierepaare bezeichnet werden können. Zu diesen Zahlen kommt die EU-geförderte Studie »Erfolg ist, wenn wir beide Karriere machen« des Instituts für Mittelstandsforschung der Universität Mannheim und des Stiftungslehrstuhls Entrepreneurship der Universität Hohenheim.[20]

Die vorangegangenen Beiträge von Jürgen und Sandra Scholz, Henning und Claudia Franz und Martin Zaiser zeigen es allesamt: Berufliche Selbstständigkeit fördert auch im Alltag die demokratische Verteilung der Arbeit. Damit korrespondiert die Studie, die belegt, dass Selbstständige mit ihrer Tätigkeit und der Work-Life-Balance zufriedener als abhängig Beschäftigte sind. Das Doppelverdiener-Modell, egal in welcher Konstellation, sei das beste Konzept, um berufliche Ambitionen in Einklang mit Lebensqualität und Partnerschaft zu bringen. Starre

---

20 http://www.dcc-selbstaendig.de/vortrag/Broschuere_I.pdf

arbeitsorganisatorische Anforderungen können den Weg zu gemeinsamen Karrieren versperren. Mehr Spielraum zur Gestaltung des privaten Lebens bietet eindeutig, wie in unseren vorangegangenen Männerstimmen offensichtlich wurde, die berufliche Selbstständigkeit zumindest von einem Partner.

Ein weiterer wichtiger Faktor ist Offenheit. Sie fördert die Beziehung und wirkt als Katalysator auch für beruflich herausfordernde Zeiten: Die Sorte Ehrlichkeit, die eine Beziehung voranbringen kann, wenn sie schmerzhaft wirkt, macht den Partner zum Eingeweihten, zum Verbündeten. Sie lädt ihn ein, einen gemeinsamen Weg aus einer herausfordernden beruflichen oder privaten Situation zu finden. In der Psychologie nennt man diesen Prozess »Selbstöffnung« und umschreibt damit die Fähigkeit, einem Gegenüber den eigenen inneren Zustand vermitteln zu können, um so Nähe zu schaffen. Diese Nähe stärkt die Bindung, auch in schwierigen Zeiten im Beruf. Eine gefestigte Paarbeziehung auf Augenhöhe produziert gleichsam motivierte Arbeitnehmer und Führungskräfte. Denn jeder der beiden Partner kann sich im Job dann selbst entfalten.

Wie wenig diese Selbstöffnung wirklich gelebt wird, zeigen traditionelle Partnerschaften, die in ihrem Miteinander vermutlich eher Zweckgemeinschaften zwischen zwei Menschen gleichen.

Die hier zu Wort kommenden Männer sind aufgrund ihres anzunehmenden hohen Selbstwerts in der Lage, ihren Frauen und sich selbst eine beidseitig zufriedenstellende Lösung zu bieten. Der Machtanspruch, das Einkommen und der gesellschaftliche Status ihrer Partnerinnen bedrohen sie nicht in ihrem Sein, im Gegenteil: Sie erleben ihre erfolgreiche Frau als Ergänzung und Bereicherung.

Männer, die Seite an Seite mit erfolgreichen Frauen leben, haben sich nämlich bewusst dazu entschieden, weil sie darin auch einen Gewinn für sich sehen: Die Frauen sind Sparringspartnerinnen, Coachs und Wegbegleiterinnen.

Es sind Frauen, die bei einem Karriereknick des Mannes nicht einknicken und sich den nächsten Versorger suchen, sondern die dank ihrer starken Persönlichkeit und ihres Intellekts eine Bereicherung und Stütze im Leben eines Mannes sein können. Dazu brauchen Männer aber auch die Erfahrung, auf die sie sich erst einmal einlassen müssen. Und vor dieser praktischen Erfahrung kommt das Wollen. Deshalb wagen wir zu fragen: Wollen Männer überhaupt Partnerschaften auf Augenhöhe oder wollen sie Frauen, die nur Erfüllungsgehilfinnen auf ihrem Weg sind? Ein Blick auf die Zahlen der »Dare to Share«-Studie der Organisation für wirtschaftliche Zusammenarbeit (OECD), in der die Einstellung zur Berufstätigkeit von Müttern und die Einkommensverteilung in Familien untersucht werden, beweist: »Das Modell des männlichen Allein- bzw. Hauptverdieners ist in Deutsch-

land weiterhin vorherrschend.«[21] Zwar hole das Land deutlich auf, was die Berufstätigkeit von Frauen betreffe – so ist die Quote in den letzten 15 Jahren von 58,1
auf 69,5% gestiegen. Aber es sind meist Teilzeitjobs, denen die Mütter nachgehen.
Die Politik behauptet, Familienarbeit würde heute stärker anerkannt? Natürlich, es
gibt Elterngeld. Doch immer noch tragen Mütter die Hauptlast, was Haushalt und
Erziehung betrifft.

Nur in jedem vierten Haushalt beteiligen sich die Partner daran in einem Aus-
maß, das über das Minimum hinausgeht. Laut OECD-Studie verbringen Frauen in
Deutschland durchschnittlich 164 Minuten am Tag mit Putzen, Kochen, Bügeln
– und Kindererziehung. Männer dagegen gerade einmal halb so viel, nämlich 90
Minuten. Aber, schreibt Henning Franz, »man wächst mit seinen Aufgaben, auch
wenn ich mich bis heute strikt weigere, die Wäsche zu machen.« Auch wenn er
von zu Hause eine traditionelle »Gewaltenteilung« gewohnt war, trägt er heute
die Hauptlast der Kinderversorgung und managt den Alltag neben seiner beruflichen Selbstständigkeit: »Meine Frau übt ihren Beruf mit Energie und Leidenschaft aus – genau wie ich!« Das ist kein Lippenbekenntnis, sondern in den
Familien Scholz und Franz gelebte Realität. Familie wird als Teamaufgabe gesehen.
Jürgen Scholz: »Mittlerweile haben wir im Laufe der Jahre die Aufgaben in unserer
Familie klar definiert und auf die einzelnen Mitglieder verteilt. (…) Jeder von uns
beiden hat hier in den Jahren seine Kernkompetenzen entwickelt und kann sich
auf den anderen verlassen.«

Klar wird dadurch vor allem eines: Eine gemeinschaftliche Aufteilung der individuellen Erziehungs- und Haushaltsarbeit ist ein entscheidender »Side by Side«-
Aspekt auf dem Karriereweg nach oben.

---

21 http://www.oecd.org/els/dare-to-share-deutschlands-weg-zur-partnerschaftlichkeit-in-fami-
lie-und-beruf-9789264263420-de.htm

3   Von der emotionalen und wirt-
schaftlichen Unabhängigkeit

Familien- und Karrieremanagement als Teamaufgabe zu sehen, ist die Grundlage einer jeden Demokratie: Die Familie wird damit zur Kinderstube für gelebte Diversität und Gewaltenteilung. Echte Gewaltenteilung ist jedoch nur möglich, wenn die Beteiligten unabhängig sind. Und genau dies ist ein weiterer wichtiger Pfeiler für eine Beziehung auf Augenhöhe: die emotionale und wirtschaftliche Unabhängigkeit, der sich die Autoren und Autorinnen der folgenden drei Beiträge widmen.

Thomas Hochgruber und Nicola Hochgruber:
Ein Paar auf Augenhöhe

»Wir haben einen Termin im Standesamt bekommen für 11 Uhr.« – »Wunderbar, dann kann ich am Nachmittag noch ins Büro.«

Nicola und Thomas Hochgruber sind beide starke Persönlichkeiten, sehr aktiv und voller Energie. Das moderne sympathische Ehepaar feierte gerade seinen zehnten Hochzeitstag, obwohl Heiraten eigentlich ursprünglich kein Thema war. Sowohl Nicola wie auch Thomas Hochgruber legten keinen großen Wert auf die staatliche Absegnung ihrer Beziehung. Doch durch die berufliche Karriere von Nicola Hochgruber gestalteten sich die Umstände anders. Aber der Reihe nach.

Kennengelernt hat sich das Powerpaar im Internet. Beim Surfen im World Wide Web fiel Nicola der dynamische Thomas auf. Sie verstanden sich auf Anhieb und nach dem ersten Treffen war schnell klar, dass man auf einer Wellenlänge lag. Das Kribbeln im Bauch stimmte ebenfalls. Was eigentlich, wie oben schon beschrieben, auch ohne Trauschein funktionierte, ist in manchen Ländern der Erde aber schlichtweg nicht erlaubt.

Nicola und Thomas Hochgruber waren schon zwei bis drei Jahre zusammen, als sie das Angebot erhielt, ein Hotel in Dubai in den Vereinigten Arabischen

Emiraten aufzubauen. Obwohl Thomas in Berlin sehr verwurzelt war, dort jeden und alles kannte und bis dahin nie ernsthaft in Erwägung gezogen hatte, die Stadt zu verlassen, um woanders zu leben, sagte er sofort zu, mit seiner Partnerin nach Dubai zu gehen.

Nicola Hochgruber war zu dieser Zeit bereits beruflich sehr etabliert und auf der Karriereleiter schon ein ganzes Stück nach oben gestiegen. Sie beschreibt sich selbst als sehr ehrgeizig, unabhängig und freiheitsliebend. Auszuwandern stand schon seit geraumer Zeit auf ihrer Agenda. Gerade im Hotelgewerbe sind Auslandsaufenthalte karrierefördernd, und so war es eine logische Konsequenz, sich nach geeigneten Positionen umzusehen.

Das Angebot aus den Emiraten kam also sehr gelegen, und für Thomas Hochgruber stand sofort fest, dass er mitgehen würde. Zunächst mussten jedoch noch einige Fragen geklärt werden. So zum Beispiel, ob in dem arabischen Land eine Frau sich als General Manager eines großen Hotels würde durchsetzen können und sie dort akzeptiert werden würde. Ihre Vorgesetzten waren überzeugt davon, dass es Nicola gelingen würde – und so blieb im Vorfeld nur noch das Problem, dass unverheiratete Paare in den VAE nicht zusammenleben dürfen. Aber auch diese Hürde nahm das Paar: Es heiratete.

Beim Interview für dieses Buch fällt natürlich auch die Frage: »Was schätzen Sie an Ihrer Partnerin besonders?« Daraufhin lacht Thomas Hochgruber laut auf und antwortet: »Ihre Geduld mit mir!«. Gleich darauf wird er aber auch wieder ernst: »Ich schätze besonders an meiner Frau, wie sie ihren Job durchzieht, für ihre unglaubliche Geduld bei der Arbeit – und sie kocht die besten Eier zum Frühstück.« Hier ist er wieder, dieser besondere Humor, der die beiden miteinander verbindet.

Thomas Hochgruber ist überzeugt davon, dass der Ehrgeiz seiner Frau, ihr »absoluter Ehrgeiz«, wie er sich ausdrückt, sie dorthin gebracht hat, wo sie jetzt beruflich steht. »Sie ist unglaublich fleißig und legt dabei diesen ungeheuren Ehrgeiz an den Tag.«

Auf die Frage, ob die Anfangszeit in Dubai, also die Phase, in der sie das neue Hotel aufbauen musste, seine Frau verändert habe, sehen sich beide einen Moment an. Dann erzählen sie, dass sie nach drei Monaten Dubai kurz vor der Trennung standen. Der Umzug, die fremde Kultur, Probleme, vor die man so in Deutschland nicht gestellt war, führten schnell zur Zerreißprobe für die Beziehung.

2008 boomte Dubai. Kurz vor der Weltwirtschaftskrise herrschte dort eine Goldgräberstimmung, die aber auch zu Gleichgültigkeit gegenüber Neuankömmlingen führte. Die Bürokratie, Sprachprobleme, die fremde Umgebung führten zu ernsten Differenzen. Sie hatte mit dem Aufbau des Hotels alle Hände voll zu tun. Er war mit Aufgaben beschäftigt, die in Deutschland keine große Sache waren, in Dubai aber kompliziert und schwierig sein konnten. So konnte dort allein das Bezahlen der Stromrechnung vor zehn Jahren schon mal eine Beschäftigung sein, die einen gesunden Mitteleuropäer ein paar Tage seiner Lebenszeit kostete. Stress war angesagt – und das nicht zu knapp. Beide waren mit Problemen konfrontiert, die es in Deutschland so nicht gegeben hatte und die auf die interkulturellen Unterschiede zurückzuführen waren – die sich jedoch in Frustration und Unverständnis für die Situation des jeweils anderen zeigten.

Doch letztendlich war beiden die Beziehung wichtiger, und so setzte man sich zusammen und sprach die Probleme offen an – die zuvor ja auch nur durch eine stressbedingte Sprachlosigkeit zustande gekommen waren. Heute können beide offen mit dieser Krise umgehen.

Der Alltag des Paares ist, zumindest während der Woche, geprägt von Arbeit, viel Arbeit. Ein für Nicola Hochgruber typischer Arbeitstag geht von 8 Uhr am Morgen bis 20 Uhr am Abend. Dafür achtet sie an ihren Wochenenden auf eine ausgewogene Life-Work-Balance. Dies ist zugegebenermaßen als General Managerin eines Hotels nicht gerade einfach, doch hat sie a) gelernt, zu delegieren und ihren Mitarbeitern zu vertrauen und ihnen etwas zuzutrauen, und b) ist sie selbstverständlich telefonisch auch in ihrer Freizeit immer erreichbar.

Am Wochenende übernimmt sie einen Teil der Hausarbeit. Sie wäscht die Wäsche, die von Thomas gebügelt wird. Auch kocht sie mittlerweile gerne, was früher für sie undenkbar war: »Ich hatte eine Küche, weil sie eben in der Wohnung dabei war.« Hausarbeit ist für sie ein Ausgleich zu ihrem Job. Auch in finanziellen Angelegenheiten teilen beide die Aufgaben untereinander auf: Er verwaltet privat die Finanzen und ist für das alltägliche Finanzielle verantwortlich, sie kümmert sich um die größeren Anlagen.

Thomas Hochgrubers Entschluss, mit der Partnerin in die Vereinigten Arabischen Emirate umzuziehen, bedeutete für ihn die Aufgabe der eigenen Beschäftigung in Deutschland. Durch sein Engagement und sein Interesse an Land und Leuten fand er jedoch rasch zu seinem neuen Betätigungsfeld. In seinem Job als Reiseführer ist er unter Umständen auch mehrere Tage unterwegs. Obwohl sie es nicht von ihm verlangt oder erwartet, spricht er seine Termine mit ihr ab, fragt sie, ob seine Abwesenheit für sie in Ordnung ist, vor allem, wenn es sich um Termine am Wochenende oder am Abend handelt. Er nimmt solche Termine, die zu Lasten gemeinsamer Zeit gehen würden, seltener wahr.

Dass einer von beiden beruflich für den anderen zurücksteckt, ist derzeit kein Thema für die beiden. Das Paar hat keine Kinder und auch ein Wechsel in ein anderes Land steht aktuell nicht an. Nicola Hochgruber räumt allerdings ein, dass sie ihren Mann hin und wieder um seinen Job als Reiseführer beneidet. Er lernt durch seine Arbeit Land und Leute in einem Maße kennen, wie es ihr nicht möglich ist.

»Die berufliche Anerkennung, die wir jeweils erfahren, kann man nicht miteinander vergleichen.«
Thomas Hochgruber hat kein Problem damit, seiner Frau beruflich den Vortritt zu lassen; er macht es gerne. Das Konzept, das sie leben, ist für ihn eine Bereicherung und er sieht keinerlei negative Aspekte daran. Vielleicht liegt das auch in seiner Jugend begründet. Bis zur Scheidung seiner Eltern erlebte Thomas Hochgruber das traditionelle Rollenbild. Nach der Trennung von ihrem Mann ging seine Mutter jedoch arbeiten, wodurch er plötzlich die Verantwortung für seine beiden Schwestern trug und als »Schlüsselkind« sehr schnell selbstständig wurde.

Natürlich begleitet Thomas seine Frau zu gesellschaftlichen Anlässen und lernt so hochrangige Persönlichkeiten kennen. Er selbst ist aber ebenso ein interessanter und vielschichtiger Gesprächspartner. Und er genießt es, Neues kennenzulernen, neue Erfahrungen zu machen, immer nach vorne zu sehen und seinen Horizont zu erweitern. So hat sich sein Leben verbessert, weil er auch selbst durch die Auswanderung völlig andere bisher unbekannte oder ungewohnte Sichtweisen erlebt hat. Thomas Hochgruber erfährt in seinem Beruf als Reiseleiter große Anerkennung und seine Kunden schätzen seine Arbeit sehr. Hochgruber wirkt in sich ruhend, mit einem gesunden

Selbstbewusstsein; er ist engagiert, aufgeschlossen und interessiert. Nicola Hochgruber ist stolz auf ihren Mann, darauf, was er sich unabhängig von ihr aufgebaut hat, und auf das Wissen, das er sich angeeignet hat. Sie genießt es, ihm privat die Entscheidungen zu überlassen und im Privaten auch von ihm geführt zu werden.

Beide erfahren immer wieder, wie stark das traditionelle Rollenbild noch in den Köpfen der Allgemeinheit verankert ist. So erzählt Nicola Hochgruber, dass sie als General Manager gemeinsam mit ihrem Mann in einem neuen Hotel in den Emiraten eingeladen war. Während ihr Mann hofiert wurde, nahm man sie eher am Rande wahr, bis sie aufgrund dieser Behandlung einen Hotelangestellten fragte: »Wissen Sie, wer ich bin?« Die Antwort kam prompt: »Selbstverständlich, Ihr Mann ist der General Manager.«

Eine Win-win-Situation
Da beide die Möglichkeit haben, ihre Interessen auszuleben, ihre Lebensziele jeder auf seine Art zu verwirklichen und dem anderen den Freiraum zu geben, den er benötigt, gehen Nicola und Thomas mit einer auch für Außenstehende spürbaren Zufriedenheit durchs Leben. Beide leben nach eigener Angabe überlegter als früher, stärker den Augenblick genießend.

Natürlich ist die sichere finanzielle Lage beruhigend, doch betonen beide, dass das Gefühl der finanziellen Unabhängigkeit zwar schön ist, jedoch nicht im Vordergrund steht. Sie genießen den Luxus, der in einer Stadt wie Dubai allgegenwärtig ist. Sie sehen diese Annehmlichkeiten aber klar als Luxus auf Zeit.

Nicola und Thomas sind bodenständig und haben ein gemeinsames Lebensmotto: Sie geben gerne von dem ab, was sie haben, und lassen andere am eigenen Erfolg teilhaben.

»Lasst doch die Frauen genauso Karriere machen wie die Männer!«

Thomas Hochgruber ist überzeugt: »Frauen können das Gleiche wie Männer, und Männer sollten im Gegenzug lernen, auch sogenannte ›Frauenarbeit‹ zu machen.« Für ihn ist klar, dass eine Beziehung, ein Unternehmen und die Gesellschaft nur gewinnen können, wenn diese Art der Rollenverteilung genauso selbstverständlich angesehen wird, wie dies für Partnerschaften, in denen die Frau den Mann in seiner Karriere unterstützt und dafür auch die eigenen Karrierepläne hintanstellt, gilt. Diversity ist wichtig. Frauen müssen die Türen offengehalten werden zu allen Ebenen und zu allen Bereichen. Frauen gehen Dinge anders an, aber dabei sind sie nicht weniger erfolgreich als Männer. Es sollte sehr viel selbstverständlicher sein, Frauen in Führungspositionen zu sehen und damit eben auch einen Mann an ihrer Seite, der sie unterstützt und dessen Position dabei genauso akzeptiert wird.

Auch für Nicola Hochgruber steht fest, dass es zwar häufig zu Beginn einer Partnerschaft heißt, dass der Mann kein Problem hat, wenn die Frau eine erfolgreichere Karriere macht als er – die Realität sieht jedoch oft anders aus. Auch sie selbst hat schon erlebt, dass Partnerschaften genau an diesem Punkt gescheitert sind. Wenn nicht wegen eines Umzugs, den er dann doch nicht mittragen wollte, so doch einfach schon aufgrund der Tatsache, dass sie mehr verdiente als der Partner. Aus dem, was anfangs »kein Problem« war, wurde dann der Trennungsgrund.

Sie stellt klar, dass für sie der Beruf immer an erster Stelle stand und der Partner somit an zweiter Stelle. Thomas Hochgruber kann damit umgehen, denn er weiß, ohne ihren Beruf wäre seine Frau nicht so zufrieden und glücklich, wie sie es ist – und beide strahlen das auch aus.

In dieser Beziehung kommt es nicht darauf an, wer mehr verdient, sondern wie der Mensch ist, mit dem man zusammenlebt. So ist es zum einen die gegenseitige Wertschätzung, die man diesem Paar anmerkt, zum anderen aber sind beide auf ihre eigene Weise sehr ehrgeizig. Zwar ist sie es, die sehr tough ist, ihre Ziele sehr hoch setzt und auch zugibt, dass sie ungern den zweiten Platz einnimmt. Doch im Gespräch mit beiden wird klar, dass er ebenso ehrgeizig agiert, wenn es um seine Tätigkeiten geht: Als Vertriebsmann wollte er immer mehr verkaufen als andere, um zu erreichen, dass seine Prämien am Monatsende höher waren als die der Kollegen. Er ist sehr energiegeladen und macht alles mit Leib und Seele.

Unabhängig voneinander betonen beide, dass ihr Leben sich positiv durch den jeweils anderen verändert hat. So gibt sie gerne zu, dass vieles in ihrem Leben sehr viel komplizierter wäre, wenn es ihren Mann an ihrer Seite nicht gäbe, denn er nimmt ihr viele Kleinigkeiten im Privatleben ab. Nicola und Thomas Hochgruber leben das, was in unzähligen Partnerschaften noch ein Wunschtraum ist: eine Beziehung auf Augenhöhe, in der sich zwei starke Persönlichkeiten gegenseitig anerkennen.

Nicola Hochgruber *ist General Manager des Sofitel Jumeirah Beach Hotels in Dubai sowie Leiterin Middle-East des weltweiten Projekts WOMAN AT ACCOR GE-NERATION (WAAG). WAAG ist ein internes Netzwerk der Accor Hotel Gruppe, zu der neben Novotel und Ibis auch die Fairmont, Raffles und Swissôtel gehören, mit der Zielsetzung, Frauen in Führungspositionen zu bringen. Seit 2016 ist sie regionale Leiterin des Middle-East-Komitees. Nicola Hochgruber setzt sich hier dafür ein, dass bis Ende 2018 35 % aller Positionen im General Management mit Frauen besetzt sein sollen und die Zahl der weiblichen CEOs verdoppelt wird. Um diese Ziele zu verwirklichen, soll auch die Zahl der männlichen Angestellten, die dieser Bewegung aus Solidarität beitreten, auf über 50.000 steigen.*

Thomas Hochgruber, *Jahrgang 1964, war von 1981 bis 1999 im Staatsdienst tätig, wechselte dann aber zur Siemens AG, wo er zunächst im Vertrieb tätig war und dann als Trainer arbeitete. Als Mensch mit Ideen, Visionen und jeder Menge Tatkraft wollte er etwas Eigenes aufbauen. Ab 2006 machte er sich daher selbstständig. In Abu Dhabi und Dubai hat er intensiv Englisch gelernt und seine Lizenz als Reiseführer für beide Städte erworben. Mittlerweile bietet er Touristen Touren in den ganzen Vereinigten Arabischen Emiraten an. Seinen begeisterten Kunden eröffnet er Erlebnisse mit Land und Leuten, die von den üblichen Touristenrouten abweichen.*

Angelika Pohlenz: Mein Weg in den Aufsichtsrat

»Hunderte von Nadelstreifen und eine Frau« ... so könnte man die berufliche Vita von Angelika Pohlenz kurz und knapp zusammenfassen – wäre da nicht der Konjunktiv »könnte«. Der Weg in den Aufsichtsrat der MAN SE, damals noch im DAX, war für die studierte Juristin nicht kurz und knapp, sondern lang und steinig – geprägt von unzähligen Bedenkenträgern, aber auch Förderern. Konstante Unterstützung fand sie durch ihren Ehemann an ihrer Seite, der die Meilensteine in ihrer Karriere ermöglichte mit steter Ermutigung, klarer Kommunikation und dem vorbehaltlosen Management von Familie und Haushalt.

Lebenslinien

Angelika Pohlenz erzählt: Um Ihnen eine Antwort auf die Frage zu geben, welcher Typ Mann meine Karriere förderte und ermöglichte, lade ich Sie ein, mich zum Anfang meiner Ausbildung zu begleiten: in die Schul- und Studienzeit! Drei Jahre nach Kriegsende geboren, war mein Werdegang in der Juristerei durch und durch geprägt von Männern. Der erste war mein Vater. Ein überaus loyaler Mensch, der sich trotz beruflicher Anspannung um seine fünf Kinder gekümmert hat. Sicher war er im Männer-Frauen-Bild seiner Zeit verhaftet, jedoch stand für ihn außer Frage, dass wir alle fünf – die Mädchen wie die Jungen – eine möglichst gute Ausbildung erhalten sollten. Er wollte, dass ich Karriere mache, darin bin ich mir sicher. Aber auf meinen Wunsch, einmal in seine Fußstapfen treten zu wollen, sagte er: »Wir nehmen keine Frauen in den Vorstand.«

Während meines Jurastudiums in Berlin und später im Referendariat in Gießen war ich meist die einzige Frau. Im Kreise der Kommilitonen war ich herzlich willkommen, zumal ich – dank meiner Brüder – eine profunde Expertise als Skat- und Fußballkicker-Spielerin vorweisen konnte. Als ich aber in der Kanzlei, in der ich meinen Referendardienst leistete, nach einer Übernahme fragte, wurde mir erwidert: »Bevor wir eine Frau nehmen, müssen noch viele Männer eingestellt werden.« Der jüngste Partner der Kanzlei, mein damaliger Ausbilder, lief mir später über den Weg, als ich Generalsekretär der Internationalen Handelskammer war. Seinem Gegenüber stellte er mich als seinen besten Referendar überhaupt vor. Dank meines Selbstvertrauens und meines Fachwissens lernte ich über die Zeit mit solchen Situationen umzugehen. Dass gewisse Aufgaben angeblich nicht in mein Tätigkeitsprofil passten oder mir ein Mann vorgezogen wurde, hörte ich in meiner Karriere häufiger – ein Faktum, das ich glücklicherweise immer widerlegen konnte, um meinen Weg zu gehen, wenn auch mit einigen Hürden, die ich nehmen musste.

Mit vielen männlichen Wegbegleitern bin ich nach wie vor gut befreundet – ob das mein Tanzstundenpartner war, der über 40 Jahre später unser Wirtschaftsprüfer werden sollte, oder Freunde aus der Studienzeit, die unser Steuerberater oder Präsidiumsmitglied bei ICC Deutschland wurden. Es gab viele Freunde, Vorgesetzte und Kollegen – sicher auch den ein oder anderen Macho – die mich wohlwollend unterstützten.

Beruf und Kind miteinander zu vereinen, glich einer Absurdität
Den größten Fürsprecher meiner Arbeit und meines umfassenden ehrenamtlichen Engagements fand ich allerdings in meinem Mann. Er unterstützte mich mental und praktisch bei allem, was eine Ehe mit zwei Kindern, Leitungsfunktionen im Beruf und häufig getrennten Wohnorten an Belastungsspitzen mit sich brachte.

Als man mich – damals war ich hochschwanger bei der Deutschen Bank als Firmenkundenberaterin und später als Prokuristin aktiv – fragte, ob ich für das Amt der Bundesvorsitzenden der Wirtschaftsjunioren Deutschland zur Verfügung stünde, hat er mich darin bestärkt, diesen Schritt zu gehen. Im Gegensatz zu vielen, auch jüngeren männlichen Mitgliedern, die mir ebenso wie ihre Frauen dringend davon abrieten, da ich mich um mein Kind kümmern müsse. Beruf und Kind – beides miteinander zu vereinen war in ihren Augen eine Absurdität. In der Rückschau betrachtet drängt sich mir der Eindruck auf, dass besonders Frauen, die insgeheim selbst gerne wieder gearbeitet hätten, eifersüchtig waren, dass ich beides miteinander kombinieren wollte und dank der Hilfe meines Mannes auch konnte. Meinem Mann, der zeitweise durch meine spätere Tätigkeit für den DIHT oder ICC in Paris, Köln oder später Berlin alleinerziehend war, und mir stand zum Glück eine Haushälterin zur Seite. Bis zum Schulabschluss der Kinder war sie für uns da und managte den Haushalt und alles, was dazu gehörte, mit Warmherzigkeit und Professionalität. Durch die umfassende Entlastung im Haushalt, unser gegenseitiges Vertrauen und unsere stetige Kommunikationsarbeit in der Partnerschaft sind mein Mann und ich immer auf Augenhöhe geblieben.

Wichtig dabei war, dass wir uns gründlich austauschten, sowohl über den Beruf als auch über unsere Familie – hier wie dort sind Absprachen notwendig. Nicht immer war alles eitel Sonnenschein: Nach der Geburt unserer Tochter war ich schlichtweg überfordert, und zwar so sehr, dass ich meinen sicheren Posten bei der Bank kündigen wollte. Mein Mann sah, wie zwiegespalten ich war und stimmte mir auch zu – allerdings unter der Maßgabe, dass er mir dennoch nach sechs Monaten einen neuen Job besorgen würde. Denn er konnte alles tolerieren, aber keine frustrierte Ehefrau zu Hause!

Den Gegenpol zu meinem Mann mit seiner umfassenden moralischen Unterstützung bildeten viele Herren in Nadelstreifen an unterschiedlichen Stellen in meiner beruflichen Vita. Die Anzahl der unschönen Anekdoten, die mir auf meinem Weg zum Chefsessel widerfahren sind, würden den Rahmen dieses Beitrags sprengen. Daher möchte ich mich auf die Schilderung zweier Begebenheiten beschränken und allen Leserinnen und Lesern damit Mut machen, gegen Diskriminierung am Arbeitsplatz einzustehen und den eigenen Anliegen stets Gehör zu verschaffen – auch wenn diese unbequeme Wahrheiten enthalten.

Ich stellte ein Versetzungsgesuch bei der Deutschen Bank von Baden-Württemberg nach Hessen. Man bot mir eine Stelle in der Firmenkundenabteilung in Wiesbaden an, die ich gerne annahm. Vorher musste ich jedoch beim Personaldirektor vorstellig werden. Einen Job als Firmenkundenberaterin traute dieser Frauen grundsätzlich nicht zu: »Wir hatten schon mal eine Frau, aber das war ein glatter Reinfall.«

Meinen Eindruck, man wolle mir nur die Stelle als Direktionsassistentin anvertrauen, was ich aufgrund von Streitigkeiten innerhalb der Direktion ablehnte, fand er unpassend. Also hielt er mir alle Noten in meinem Abiturzeugnis vor und demontierte sämtliche Empfehlungsschreiben. Nachdem mir die Stelle bereits von der Zentrale zugesagt worden war, beschwerte ich mich nach dem Gespräch offiziell – ich bekam die Stelle, die Zentrale rückte den Personalchef zurecht und seine Einschätzung fand in meiner Personalakte keinen Niederschlag. Aber nicht nur der Personaldirektor hatte Zweifel, auch in meiner Funktion als Firmenkundenberaterin, in der ich oftmals mit Vorständen zu tun hatte, kam es des Öfteren zu interessanten Äußerungen seitens der Kreditnehmer, wie der nach meiner Kreditkompetenz. Hatte man in der Akquise dann einen »großen Fisch« an Land gezogen, ereignete es sich erstaunlicherweise immer wieder, dass ich genau diesen Kunden in der Folge nicht mehr betreuen sollte, da er eben – so das Argument meiner Chefs – »zu groß« sei. Hier habe ich die Direktion vor die Wahl gestellt: entweder ich betreue die von mir akquirierten Kunden, oder ich höre einfach auf zu akquirieren.

Seit meiner Zeit in Wiesbaden war ich zusätzlich als Wirtschaftsjuniorin aktiv. Über den Kreisvorstand kam ich recht schnell in den Landesvorstand. Als ich mich bereit erklärte, den hessischen Landesvorsitz zu übernehmen, war es wieder mein Mann, der mich bestärkte, diese Rolle ausfüllen zu können, und das auch mit Kind. Als ich dem damals aktuellen Landesvorstand erzählte, dass ich ein Kind erwartete, besuchte uns der Vorstand samt Ehefrauen bei uns zu Hause, um mir und meinem Mann klar zu machen, dass die Übernahme des Vorstandsamtes unter diesen Umständen nicht möglich sei. Doch es kam anders – und das war auch gut so. Denn sowohl mein Mann als auch der Bundesvorsitzende der Wirtschaftsjunioren bestärkten mich darin, einfach eine Stufe weiter zu springen und als Bundesvorsitzende zu kandidieren. Natürlich gab es auch bei diesem Angebot Bedenkenträger im Anzug, die sich mit Sätzen wie: »Wären Sie meine Frau, würde ich Ihnen verbieten, den Bundesvorsitz zu übernehmen«, weit weniger für die Gleichstellung von Frau und Mann qualifizierten, als dies mein Ehepartner tat. Mein Mann war es, der mir immer wieder Rückendeckung gab und unterstrich, dass alle meine ehrenamtlichen Wege letztendlich nur ihn und meinen Arbeitgeber etwas angingen – und er mir nicht im Weg stünde, selbst nicht bei meinen Auslandsreisen: So blieb er nach der Geburt unseres Sohnes mit den Kindern zu Hause, als es für mich nach Australien ging.

Nicht unbedingt einfacher gestalteten sich auch meine anschließenden Stationen bei der Internationalen Handelskammer (ICC) in Köln und später in Berlin. Auch hier stand eine räumliche Trennung an. Mein Mann und ich hatten gemeinsam entschieden, dass ich nach Köln ziehe. Auch diese räumliche Trennung absolvierten wir zu viert mit Bravour. Die Kinder kamen oft in den Ferien nach Köln, belagerten dort mein Büro und meine kleine Wohnung und sahen, je älter sie wurden, die Horizonterweiterung, die unser Leben in Köln und Wiesbaden mit zwei Haushalten, aber einer funktionierenden Elterneinheit mit sich brachte. Von Berlin waren sie, inzwischen volljährig, restlos begeistert.

Engagierte Männer: Kindererziehung ist kein Monopol der Mutter

Kinder zu erziehen, ihnen ein Nest und das nötige Vertrauen für ihren Weg ins Erwachsensein zu geben, sei die ureigene Domäne der Mutter, sagt man(n). Arbeitende Mütter, die ihre Betreuungsverantwortung zum Teil oder ganz abgeben, werden oftmals als Rabenmütter bezeichnet. Auch ich bekam diese Bezeichnung oft genug – unterschwellig oder offensichtlich – zu hören. Diese negativ konnotierte Tiermetapher, die es übrigens nur in der deutschen Sprache gibt, wertet Mütter, die ihren Obolus zum Familieneinkommen beitragen und – genau wie der Vater der Kinder vielleicht auch – ihren Beruf als Erfüllung ansehen, ab. Dabei betreiben Raben eine ausgesprochen intensive Brutpflege und sind vorbildliche Vogeleltern.[22] Der Vergleich hinkt also sogar in der Tierwelt – ein Grund mehr, ein für alle Mal mit diesem jahrhundertelang gepflegten Vorurteil aufzuräumen, denn am Ende des Tages sind arbeitende Mütter oftmals diejenigen, die unbezahlte Betreuungszeit auf sich nehmen, weniger verdienen und Einbußen in der späteren Rentenversorgung hinnehmen.

Mein Rat an Sie als Frau: Lassen Sie los! Suchen Sie Unterstützung und tolerieren Sie, dass es auch andere Menschen im Leben Ihrer Kinder gibt – sei es Ihren Mann, eine Haushälterin oder Kinderfrau. Das heißt nicht, dass Sie Ihr Kind weniger lieben. Sie versuchen, Ihr Bestes in Beruf und Familie zu geben – allerdings mit Unterstützung. Und dazu gehört eben auch Ihr Partner.

Mein Rat an Papas: Seien Sie der Lieblingsarbeitgeber Ihrer Haushälterin. Doch versuchen Sie nicht, die Mutter zu ersetzen. Das können Sie nicht, denn sie ist ja immer noch da. Und vor allem, lassen Sie sich nicht von den Kindern ohne Absprache mit Ihrer Frau um den Finger wickeln. Es wird Ihnen nicht gedankt und provoziert nur Streit in der Partnerschaft.

Über sich selbst lachen können, aber Grenzen aufzeigen
Wir Frauen sind eierlegende Wollmilchsäue, vor allem, was das kollegiale Miteinander betrifft: Wir können freundlich sein, lassen uns nicht einschüch-

---

22 Siehe hierzu http://www.zeit.de/2017/28/berufstaetige-muetter-vereinbarkeit-rabenmutter-kind-karriere

tern und stecken Kritik ein, wenn es nötig ist. Hilfreich ist dabei ein gesundes Maß an Humor. Auch mal über sich selbst zu lachen, das verblüfft vor allem diejenigen, die meist auf Ihre Kosten einen Witz machen. Wenn der »Humor« allerdings peinlich werden sollte und allzu oft auf Ihre Kosten geht, dann sollten Sie einen passenden Witz auf Lager haben, damit Witze über Frauen zumindest in Ihrer Gegenwart nicht mehr stattfinden. 39 % der Frauen haben schon zweideutige Kommentare und Witze mit sexuellem Bezug im Job gehört – zu diesem Ergebnis kommt eine Studie der Antidiskriminierungsstelle des Bundes aus dem Jahr 2015.[23]

Gleichberechtigung für Frauen und Männer

Doch Spaß beiseite: Unternehmen sollten Karrieren für Frauen ernst nehmen. Frauen sind wertvolle Mitarbeiter, gut ausgebildet und arbeitsfreudig, die man nicht verprellen, sondern behalten und fördern sollte. Dabei hilft oft ein bisschen mehr Fantasie bei der Gestaltung von Arbeitsplätzen und -zeiten, natürlich auch bei den männlichen Kollegen. Homeoffice mag ein Ausweg sein, ist aber keine Lösung für alle Probleme. Der reale Kontakt zu den Kollegen ist und bleibt wichtig. Ebenso wichtig ist es, den Männern gleiche Rechte für den Einsatz bei den Kindern zuzugestehen. Der Hinweis, dass sich doch seine Frau um den Arztbesuch kümmern könne, wenn er mal früher aus dem Büro wegmuss, so wie bei meinem Mann geschehen, ist wenig hilfreich.

Wenn ER versetzt werden soll, gilt es, auch über IHRE Chancen am neuen Einsatzort nachzudenken. Vor allem bei einer Auslandsstation könnte man sonst eine herbe Enttäuschung erleben. Wenn Sie Förderpläne machen, planen Sie Kinder ein. Pläne für Frauen unterscheiden sich von denen für Männer. Und reagieren Sie nicht entsetzt, wenn Ihnen eine Schwangerschaft angekündigt wird – die geht vorbei!

Frauensolidarität? Ein Trugschluss

Sie fühlen sich sicher, haben eine Chefin und glauben daran, dass Frauen automatisch Frauen fördern? Leider habe ich das Gegenteil erlebt. Manch-

---

23 Siehe hierzu auch http://www.antidiskriminierungsstelle.de/SharedDocs/Downloads/DE/publikatio-nen/Umfragen/Handout_Umfrage_sex_Belaestigung_am_ArbPlatz_Beschaeftigte.html?nn=6570858

mal ist der Glaube, *ein* weiblicher Paradiesvogel in der Truppe sei genug, auch bei Frauen tief verwurzelt, also wird das erfolgreiche Team nicht noch weiter weiblich besetzt. Allerdings belegt eine 2016 entstandene Studie aus Norwegen, dass das Schema »Frau fördert Frau« zumindest in Skandinavien einen Aufwärtstrend zeigt. Weibliche Führungskräfte steigern demnach die Aufstiegschancen von anderen Frauen in Unternehmen – und zwar egal, in welcher Branche die Firma tätig ist –, so Studienautorin Astrid Kunze, Associate Professor des Department of Economics an der Norwegian School of Economics in Bergen.[24] Das gibt Hoffnung!

Angelika Pohlenz, Jahrgang 1948, startete ihre Karriere bei der Deutschen Bank, wo sie von 1976 bis 1995 unter anderem als Prokuristin Leitungsfunktionen übernahm. Die Juristin und Wirtschaftswissenschaftlerin stand den Wirtschaftsjunioren Deutschlands vor. Im Deutschen Industrie- und Handelskammertag (DIHK) war sie Mitglied des Finanz- und Steuerausschusses, des Mittelstands- und des Außenwirtschaftsausschusses. Ihre breite Expertise führte sie als Repräsentantin der Junior Chamber International der Internationalen Handelskammer (ICC) unter anderem nach Paris. Als Generalsekretär der Internationalen Handelskammer war sie außerdem von 1995 bis 2014 zunächst in Köln und dann in Berlin tätig. Pohlenz übernahm nach dem Tod ihres Vaters als geschäftsführende Gesellschafterin die Beratungsfirma Dr. Pohl & Co. KG, Wiesbaden. Von 1998 bis 2001 war sie Mitglied des Aufsichtsrates der Brokat AG. 2011 wurde ihr das Aufsichtsratsmandat im Kontrollgremium der MAN SE angeboten, das sie seitdem innehat. Angelika Pohlenz ist zudem Trägerin des Bundesverdienstkreuzes am Bande, mit dem sie, in Anerkennung ihrer ehrenamtlichen Leistungen, im Jahr 2000 ausgezeichnet wurde.

Die zweifache Mutter lebt mit ihrem Mann in Wiesbaden.

---

24 Siehe hierzu http://www.wiwo.de/erfolg/management/studie-frau-foerdert-frau/11361288.html

Michael Kleiter und Karin Mair: Frauen sind wichtig für Wirtschaft und Zivilgesellschaft

Im Sommer 2004 lernte ich meine Freundin Karin in der RHI AG in Wien kennen, bei der sie damals als Head of Insurance verantwortlich war. Dass wir uns überhaupt kennengelernt haben, lag daran, dass Karin von einem gemeinsamen Geschäftspartner, mit dem sie seit Jahren sehr gut zusammengearbeitet hatte, gebeten wurde, sich mit mir zu treffen. Ich war damals gerade von Deutschland nach Österreich gezogen und hatte dort begonnen, meine Berufskontakte zu etablieren.

Besagter Geschäftspartner war für einen internationalen Versicherungsmakler tätig und meinte, dass »Frau Mair« unbedingt »Herrn Kleiter«, beruflich versteht sich, kennenlernen sollte, da ich für ein internationales Versicherungsunternehmen gerade die regionale Leitung übernommen hatte. Zudem war der Makler der Meinung, dass ich beziehungsweise meine Kollegen exzellente Gesprächspartner für die in Rede stehenden Versicherungsthemen sein würden.

Offen gesagt hielt sich Karins Begeisterung für diesen Termin damals sehr in Grenzen, da das Unternehmen, für das sie zu dieser Zeit tätig war, in der Vergangenheit nicht die besten Erfahrungen mit meinem damaligen Arbeitgeber gemacht hatte. Der Versicherungsmakler ließ aber nicht locker und so »gewährte« Karin dem Makler, meinem Team und mir einen sogenannten Kurztermin im Twin Tower der RHI AG gemeinsam mit ihren Kollegen.

Ich hatte mich auf das Treffen, so gut es mir als »Neuankömmling« in Österreich möglich war, vorbereitet und wartete mit deutscher Pünktlichkeit auf Karin. Schnell wurde mir gesagt, dass sie wahrscheinlich »etwas zu spät kommen würde«, was dann auch der Fall war. So saßen wir zusammengepfercht im Besprechungszimmer und die Stimmung war zu Beginn nicht gerade einladend. Als Karin dann erschien, begann sie nach einer kurzen Vorstellungsrunde darzulegen, warum wenig bis kein Interesse seitens der RHI AG an einer Zusammenarbeit bestehen würde und nannte dazu einige »super Beispiele« aus der Vergangenheit. Leider waren ihre Ausführungen absolut nachvollziehbar und klar, aber ich wollte mich nicht geschlagen geben und so begannen wir dann doch ein intensives Gespräch über die fachlichen

Erfordernisse, bei dem ich nochmals um eine »letzte Chance« zur professionellen Zusammenarbeit kämpfte. Der Kurztermin entwickelte sich über die Dauer zu einem sehr guten fachlichen Gespräch, das wir abschließend sogar mit einem kleinen gemeinsamen Teammittagessen ausklingen ließen.

Meine Tage danach waren davon geprägt, dass ich mich intensiv bemühte, die Zusagen und Vorschläge, die ich im Meeting gemacht hatte, umzusetzen, was natürlich alles andere als einfach war. Über die nachfolgenden Wochen gelang es mir aber doch, sehr gute Angebote zu erarbeiten, mit denen wir letztendlich auch überzeugen konnten. Der Versicherungsmakler machte sich übrigens einen richtigen Spaß aus den teilweise sehr »sportlichen« Diskussionen zwischen Karin und mir, bei denen er laufend involviert war.

Für mich war dies ein großer beruflicher Erfolg. Ich hatte nicht nur einen wertvollen Kunden gewonnen, sondern auch die als »nicht gerade einfach« geltende Frau Mair und ihr Team überzeugt. In den folgenden Monaten und Jahren entwickelte sich eine solide fachliche Zusammenarbeit und ich lernte Karin auch ein wenig von ihrer menschlichen Seite kennen.

»Raue Schale, weicher Kern« trifft es für mich am besten, wenn ich Karin damals hätte beschreiben sollen. Da ich Ende 2004, noch relativ »neu« in Österreich, dringend auf der Suche nach einem guten Lungenfacharzt war – die bisherigen konnten mir nicht wirklich gut weiterhelfen –, bat ich Karin um Unterstützung. Nicht nur, dass sie mir einen Arzt nannte, sie half auch, dass ich kurzfristig einen Termin bekam. Einige Tage danach fragte sie bei mir nach, ob es mir bereits besser ginge und schickte mir einige Globuli zur Linderung meiner Katzenhaarallergie. Von den Globuli hielt ich damals zwar relativ wenig, fand die Geste aber sehr nett.

Karin und ich trafen einander ab und an bei beruflichen Veranstaltungen, so beispielsweise Konferenzen und Vorträgen, und arbeiteten gut zusammen. Ich würde sagen, dass sich damals eine lose »Berufsfreundschaft« entwickelte.

Als mir Karin im Frühling 2006 anlässlich eines Meetings mitteilte, dass sie sich entschlossen habe, eine neue berufliche Herausforderung anzunehmen, verursachte das bei mir offen gesagt nicht gerade Freudensprünge.

Denn endlich war es meinem Team und mir gelungen, eine vertrauensvolle Geschäftsbeziehung aufzubauen, die ich auch fortsetzen wollte. Kurz nach diesem Meeting war Karin für einige Wochen »wie abgetaucht« und für niemanden erreichbar. Keiner konnte oder wollte mir damals sagen, dass sie ernsthaft erkrankt war und sich länger in umfassender klinischer Behandlung befand. So wie Karin für einige Wochen »wie von der Bildfläche verschwunden war«, fand sie sich plötzlich, als wenn nie etwas geschehen wäre, wieder an ihrem Arbeitsplatz ein. In einem Telefonat erklärte sie mir, wie ich rückblickend fand, extrem sachlich, dass es für sie in den letzten Wochen schlecht gelaufen wäre. Sie umschrieb grob, welchen Operationsmarathon sie hinter sich hatte. Ich war damals wirklich geschockt, denn mit so einer Information hatte ich nicht gerechnet. Ebenso war ich auch damit überfordert, wie nüchtern Karin das alles beschrieb und wie positiv sie mit der Situation umging.

Einige Tage danach haben wir uns wegen der anstehenden Übergabe getroffen. Dabei habe ich Karin nochmals auf ihre Situation angesprochen. Sie meinte, dass »Unkraut nicht vergehen« würde, sie neben dem Jobwechsel auch ihr Haus verkaufen würde und sie sich obendrein von ihrem Freund getrennt hätte. Erneut war ich überrascht, wie schnell und konsequent sie ihr gesamtes Leben umgekrempelt hatte und dass sie sich überhaupt nicht anmerken ließ, wie hart diese letzten Monate für sie gewesen waren. Karin war wie immer: Sie kam zum Meeting viel zu spät, redete zu viel und machte ihre makabren Scherze. Dabei lachte sie viel und dabei häufig auch über sich selbst und die Situation, in der sie gerade war. Ebenso arbeitete sie wieder bis »ewig in die Nacht«, um alles für die Übergabe fertigzumachen.

Ich war sehr neugierig, in welches Unternehmen Karin gehen würde, denn ich war, wie so viele ihrer Kollegen und Geschäftspartner extrem überrascht, dass sie überhaupt einen Jobwechsel in Erwägung gezogen hatte. Karin war, so wie ich das damals wahrgenommen hatte, mit »Haut und Haaren« mit ihrem Unternehmen und den Kollegen verbunden und hatte niemals erwähnt, dass sie an eine berufliche Veränderung denken würde. Auch in der Zusammenarbeit war alles »wie immer«; niemand konnte erkennen, dass sie in wenigen Wochen in einem anderen Unternehmen anfangen würde. Jeder rechnete mit einem Wechsel in ein anderes Industrieunternehmen oder ins Ausland. Als mir Karin auf meine Nachfrage erzählt, dass sie zu einem sehr großen Beratungsunternehmen, das zu den Big 4 gehört, wechseln würde, war ich mehr als überrascht. Völlig unerwartet in dem Zusammenhang war für mich, dass sie mit großer Begeisterung darüber sprach, was sie bei Deloitte alles aufbauen und entwickeln wollte.

Meine Verwunderung resultierte daraus, dass Karin immer ausgeschlossen hatte, jemals wieder in der Beratung arbeiten zu wollen, was unter anderem auch an ihrer großen Abneigung zu PowerPoint-Präsentationen und »allgemeinem Berater-Blabla« lag.

Aus meiner Perspektive war für mich die Situation alles andere als ideal, da ich darauf gehofft hatte, dass Karin wieder in ein Industrieunternehmen in ähnlicher Rolle gehen würde und ich versuchen könnte, eine neue Geschäftsbeziehung aufzubauen. Von dieser Vorstellung musste ich mich verabschieden. Die nächsten Wochen vergingen rasch und bei einem Abschiedsgespräch im Herbst 2006 redeten wir darüber, dass wir in Kontakt bleiben würden.

Die nächsten Monate hatten wir keinen Kontakt. Im darauffolgenden Jänner meldete ich mich bei Karin, um ihr zum Geburtstag zu gratulieren. Dazu muss man erwähnen, dass Karin kein Interesse an ihrem eigenen Geburtstag hat. Daher feiert sie ihn auch nicht, außer wenn sie dazu »gezwungen« wird. Daran hat sich übrigens bis heute nichts geändert. Dennoch lud ich Karin zu einem Abendessen ein. Wir unterhielten uns über »Gott und die Welt«. Ich erzählte ihr damals, dass es um meine Ehe nicht sehr gut bestellt sei und Karin gab mir »schräge« Tipps. Sie selbst wirkte auf mich, als hätte sie schon immer bei Deloitte gearbeitet und nie etwas anderes gemacht. Sie war wieder nach Wien gezogen und hatte auch einen neuen Freund gefunden. Karin erläuterte, dass diese Beziehung ideal für sie sei, denn ihr Freud lebte damals in der Schweiz – so hatte sie genug Zeit für ihre Arbeit, ihre Interessen und das Alleinsein.

In diesem Jahr wurde meine Ehe geschieden, was für mich persönlich über eine lange Zeit eine sehr schwierige Erfahrung war. Durch diese Scheidung hat sich mein Freundeskreis stark verändert. Ab und zu rief ich Karin an, um mit ihr über meine Gedanken zu sprechen. Über diese Gespräche und gelegentlichen Treffen wurde Karin zu einer sehr guten Freundin, mit der ich über alles reden konnte. Sie wusste de facto fast alles über mich und meine Lebenssituation. Im Rückblick muss ich gestehen, dass ich kaum etwas von Karin wusste. Über die Jahre blieben wir so in Kontakt und waren »einfach gut befreundet«.

Im Jänner 2010 trafen wir uns in Kitzbühel beim Hahnenkammrennen und verabredeten uns für ein Abendessen in Wien. Ich erzählte von meinen Single-Mann-Kochkünsten und lud Karin zu mir ein. An diesem Abend, weder Karin noch ich wissen warum, veränderte sich unsere Beziehung und wir wurden ein Paar. Alles in unserer Beziehung ging in den nächsten Monaten quasi wie im Eiltempo. Wir zogen zusammen, lebten »wie ein altes Ehepaar« und überlegten, dass wir gerne ein Kind hätten. Da wir beide »nicht mehr die Jüngsten« waren, waren unsere Erwartungen in diesem Punkt nicht besonders groß.

Da ich bereits einen tollen Sohn aus meiner Ehe hatte und Karin mit ihrer Nichte Nina eine sehr innige Beziehung verband, waren wir beide auf diesen Wunsch nicht fixiert. Umso größer war die Freude, als im Mai 2011 unsere Tochter Sophie zur Welt kam. Unser Leben veränderte sich mit der Geburt unserer Tochter um 180 Grad, alles drehte sich von nun an überwiegend um Sophie. Unsere Tochter war vom ersten Tag an ein gesundes und sehr gut schlafendes Kind – unsere Freude war grenzenlos.

Auch mein Sohn, der in Deutschland lebt, hat sich nach einiger Zeit gut mit der neuen Situation arrangiert. Er hatte nicht viel Zeit, sich von »der neuen Freundin« auf die Mutter seiner Halbschwester umzustellen. Da Karin und mein Sohn sehr gut miteinander auskommen und sich gerne gemeinsam auf meine Kosten lustig machen, hat sich unsere Patchwork-Familie gut entwickelt. Sophie findet ihren großen Bruder natürlich großartig und er zeigt gute Nerven, wenn sie ihn bei seinen Besuchen voll in Beschlag nimmt.

Vom ersten Tag der Geburt unserer Tochter an habe ich eine aktive Rolle als Vater übernommen und habe dabei nicht nur die »schönen Aufgaben«, wie Fläschchen geben, sondern selbstredend auch andere Tätigkeiten wie Wickeln, Anziehen bis hin zur Pflege erledigt. Nach meiner Wahrnehmung/meinem Empfinden hat dies zu einer sehr innigen Beziehung zu unserer Tochter geführt, die ich sehr genieße.

Bereits wenige Wochen nach der Geburt war Karin wieder voll berufstätig, da sie bei Deloitte mittlerweile zur Partnerin bestellt worden war. Von Anfang an war für sie klar, dass Familie und Beruf einander nicht ausschließen. Um den Alltag mit unserer Tochter und zwei voll Berufstätigen inklusive der Dienstreisen zu schaffen, hatte Karin eine Nanny organisiert und die gesamte Familie zur Unterstützung mobilisiert. Omi Angela und Tante Dagmar waren die sogenannte eiserne Reserve. Das klappte in den ersten Wochen sehr gut, insbesondere auch deswegen, da Karin durch ihr Team und ihre Kollegen bei Deloitte vollen Rückhalt hatte. Arbeitszeiten gestaltete sie flexibel und wir dachten, dass mit entsprechender Planung, in der Karin ein kleiner »Monk« ist, alles ohne größere Probleme laufen würde.

Im November 2011 war ich beruflich in London und erhielt frühmorgens einen Anruf von Karin, dass die Nanny nicht kommen würde, da »ihre Katze gestorben« sei. Tante Dagmar befand sich ebenfalls auf Dienstreise und Omi Angela irgendwo auf Kur. Die Nanny, die ihr Nichtkommen mit einer SMS kommuniziert hatte, reagierte weder auf Anrufe noch Nachrichten und Karin musste an dem Tag an einer wichtigen Aufsichtsratssitzung teilnehmen. Außer, mir den Frust von ihr anzuhören, konnte ich nichts tun, da die früheste Maschine von London nach Wien erst in einigen Stunden flog, was in diesem Fall nicht half. Karin nahm unsere siebenmonatige Tochter im Kinderwagen mit ins Büro und ihr Partnerkollege, selbst schon Vater von drei Kindern, kümmerte sich um Sophie. Der Kollege meinte, sie solle in Ruhe zur Aufsichtsratssitzung gehen, denn er habe genug Erfahrung mit Kindern und solchen Situationen. Das »unlösbare« Problem entpuppte sich im Rückblick als Scheinproblem, denn als Karin nach der Sitzung wieder ins Büro kam, hatte unsere Tochter ein zufriedenes Lächeln im Gesicht. Karin erzählte, dass ihr halbes Team Sophie »betüddelt« habe und sie anschließend mit ihr wieder beruhigt nach Hause gefahren ist.

Wir haben dann unsere Betreuung auf neue Beine gestellt und glücklicher Weise eine solche Situation nicht mehr erleben müssen. Ebenso haben wir danach begonnen, unsere Termine anders zu organisieren, um solche Erfahrungen in der Zukunft zu vermeiden.

Trotzdem gab es in den vergangenen Jahren durch die beiderseitige Mehrfachbelastung und die daraus resultierende Übermüdung durchaus Konflikte. Wir hatten die Regel aufgestellt »First come first serve«: Derjenige, der zuerst einen beruflichen Termin im Kalender des anderen eingetragen hatte, wusste, dass der jeweils andere den Abend mit unserer Tochter verbringen würde. Wenn ich nun aber nicht »First« war, waren die Diskussionen phasenweise nicht immer konfliktfrei. Im Lauf der Zeit haben wir jedoch gelernt, wie wir das kontinuierlich besser machen können.

Die Organisation der meisten Dinge erledigt Karin. Ob Schule, Arztbesuch, Kindergeburtstag, Lebensmitteleinkäufe oder Treffen mit Freunden und auch sonst mehr oder weniger Administratives – sie managt zu einem großen Teil alles für unsere Tochter. Das liegt daran, dass ich Karin sage, dass sie das besser machen würde (was teilweise sicher stimmt). Karin will Aufgaben im »Karin-Stil« gemanagt haben, also zumeist sofort und auf der Stelle. Das deckt sich aber nicht immer mit meinen Vorstellungen. Diese Mischung führt selbstredend regelmäßig zu mehr oder weniger intensiven Diskussionen. Trotzdem gelingt es uns, dass wir uns im Alltag gut unterstützen. Wie bei vielen Paaren gibt es gelegentlich die Wahrnehmung, dass die Belastungen zu einseitig verteilt seien – zumeist zulasten der Frau. Das ist jedenfalls Karins Ansicht, die ich nicht immer teile.

Unser Berufsleben haben wir stets sehr stark getrennt von unserem Privatleben gehalten. Es gab nur wenige Anlässe, zu denen mich Karin oder ich sie als »Spouse« begleitete. Diese Lösung haben wir bis heute beibehalten und sie hat sich auch bewährt.

Für mich waren die letzten Jahre beruflich von vielen nicht immer einfachen Veränderungen geprägt. Im Jahr 2014 übernahm ich eine neue Aufgabe als CEO bei einem internationalen Broker in Wien. Die damit verbundenen Umstellungen verlangten eine teilweise Neuorganisation in unserem Alltag, da ich viel mehr reisen musste und die Rolle selbst intensiv und beanspruchend war. Im selben Jahr sind wir zusätzlich noch umgezogen, was zu einer Überbelastung aller führte. Zeitweise waren die Tage nur noch geprägt von Arbeit und Organisation. Es gab nur relativ wenige Ruhephasen. Jede freie Minute verbrachten wir intensiv mit unserer Tochter und der Familie und versuchten uns mit gemeinsamen Urlauben etwas mehr Ruhe und Ausgleich zu verschaffen, was uns nur bedingt gelang.

Im letzten Jahr erkrankte ich plötzlich selbst ernsthaft, schätzte dies aber in meiner Tagesroutine völlig falsch ein. Ich hatte für mich völlig verdrängt, wie schlecht es mir persönlich und gesundheitlich ging. Karin stellte mich dann an einem Sonntag vor die »Alternativen«, entweder sofort mit ihr ins Krankenhaus zu fahren, oder aber bitte ins Hotel zu ziehen. Beide Varianten waren für mich total schockierend. Ich entschloss mich widerwillig, aber doch nicht zuletzt aufgrund meiner massiven Schmerzen für die Fahrt ins Krankenhaus. Dies stellte sich als Glücksfall heraus, da ich wenige Stunden später wohl keine guten Karten mehr gehabt hätte. Ich verbrachte die nächsten Wochen im Krankenhaus und erholte mich nur langsam. Gleichzeitig war ich beruflich in einem kritischen Transaktionsprojekt involviert und wollte so rasch wie möglich zurück. Doch es sollte anders kommen: Kurz nachdem ich wieder zurück im Büro war, endete mein Engagement bei dem Broker. Wieder in einer neuen Situation, die nicht nur mich, sondern auch die Familie intensiv beanspruchte, kann ich sagen, dass Karin und die gesamte Familie mir immer bis zum heutigen Tage zur Seite sind.

Seite an Seite mit Karin Meir
Während ich es als wertvoll erachte, mich mit Karin über meine Gedanken gerade im Beruf auszutauschen, möchte sie in puncto Berufsleben kaum Rat für sich selbst. Egal was passiert, sie hält immer zu mir, wobei sie über eine unglaubliche innere Stärke verfügt, in Krisen absolut cool zu reagieren. In Alltagssituationen, z.B. wenn es um banale Dinge, wie das *richtige* Einräumen des Geschirrspülers geht, ist das aber häufig nicht so der Fall und daher kommt es immer wieder zu robusten Meinungsverschiedenheiten, die durchaus konfrontativ sein können. Jedenfalls ist Karin ein absoluter Familienmensch, eine Eigenschaft, die ich in den letzten Jahren nochmals besonders zu schätzen gelernt habe.

Unsere Tochter Sophie, sie wird im Mai sieben Jahre alt, begeistert mich jeden Tag aufs Neue. Sie geht mit allen Veränderungen dermaßen selbstverständlich und natürlich um und sprüht nur so vor Freude sowie positiver Energie. Ob Musik, Sport oder Reisen und vieles mehr – sie interessiert sich für alles und geht sehr offen auf alle Menschen zu. Für Sophie ist es völlig klar und normal, dass beide Elternteile gleichgestellt und beide berufstätig sind. Und es ist, wie ich meine, auch das Fundament einer langfristigen Beziehung, dass sich jeder so entwickeln kann, wie sie/er will. Der Preis dafür ist gelegentlich hoch, denn manchmal sind die Pläne nicht wirklich kompatibel.

Im Alltag haben Karin und ich unsere Aufgaben gut aufgeteilt und organisiert, wobei ich nach wie vor für das Einkaufen der Kleidung unserer Tochter sowie ihr tägliches Anziehen zuständig bin. Eher untypisch für einen Mann, aber ich empfinde es als besonderes Privileg, »meine« Prinzessin« täglich für die Schule fertig zu machen und schöne Dinge für sie einzukaufen. Meine Tochter genießt dies ebenso, aber Karin rügt mich fast immer, dass ich schon wieder viel zu viel eingekauft habe. Aber wie gesagt, Sophie gefällt es.

Seit Sophie in die Schule geht, mache ich mit ihr die Aufgaben, was selten konfliktfrei über die Bühne geht, da sie natürlich nicht immer Lust aufs Lernen hat. Elternveranstaltungen und Gespräche mit den Lehrern nehmen Karin und ich gemeinsam wahr. Für das Vorlesen der Gutenachtgeschichte bin ich auch an einigen Tagen »eingeteilt«, was mir deswegen viel Freude macht, da unsere Tochter in den Geschichten ihre ohnehin blühende Fantasie noch mehr ausleben kann. Da Karin so gut wie keine Begeisterung für Sport aufbringt, gehe ich mit Sophie zum Rad- und Skifahren. Ebenso habe ich die »klassischen« Männeraufgaben in unserer Familie übernommen, was bedeutet, dass ich für Autos, die Gartenpflege, technische Dinge und alles Handwerkliche im Haus zuständig bin. Gelegentlich koche ich und ab dem Frühsommer bin ich der »Grillmeister« für unsere Freunde und Gäste.

Da unsere gemeinsamen Freunde uns als Paar genau so kennen, stellt unser Leben für sie keine »Besonderheit« dar. Allerdings ist es so, dass die wenigsten Frauen/Partnerinnen einen ähnlich komplexen Arbeitsalltag wie Karin haben. Zu Problemen oder Konflikten hat das aber nie geführt, da wir genau diese Unterschiedlichkeiten aneinander schätzen. Die Freunde, die Karin schon »ewig« hat, kennen sie nicht anders: umtriebig und viel arbeitend. Sie freuen sich mit uns, dass wir eine Tochter haben und dass Karin gegen jede Erwartung nun schon »sehr lange« in einer »Spießerbeziehung« glücklich lebt. Natürlich nehmen wir in unserem Umfeld auch durchaus kritische Blicke und Meinungen wahr, denn es ist, so wie Karin das sieht, für viele Frauen/Mütter schwer vorstellbar, wie wir das managen. Karin hatte hier in den letzten Jahren einige schmerzhafte Speerspitzen einstecken müssen. Als sie schwanger war, erklärten ihr manche Frauen, dass sie sicher ein »Schreibaby« bekommen würde, weil sie während der Schwangerschaft viel gearbeitet hat und gereist ist. Später im Kindergarten wurde sie beschimpft, dass sie als »einzige Mutter« nicht zum »Laternenbasteln« kam, wobei von Anfang an klar war, dass ich das übernehmen werde. Daraufhin hatte ich ein klärendes Gespräch mit der Kindergartenpädagogin, die nicht nachvollziehen konnte, wie Mütter »Vollzeit« arbeiten können, ohne das Kind zu vernachlässigen. Danach haben wir den Kindergarten unverzüglich gewechselt. In der Vorschule verbesserte sich die Situation deutlich.

Karin meint, dass sie persönlich Diskriminierung nicht durch Männer, sondern durch Frauen erfahren hat. Dies geschah und geschieht teilweise noch immer durch eine Art der Stigmatisierung, wie sie das beschreibt. Als Karin noch kein eigenes Kind hatte, wurde ihr vorgehalten, dass sie als Karrierefrau bei Gesprächen über Familie und den Nachwuchs nicht mitreden könne. Nun wird zuweilen die Meinung vertreten, dass sie eine karrierefixierte »Rabenmutter« sei. Wer Sophie und Karin zusammen sieht, merkt sofort, wie innig die beiden sind. Und entgegen aller Unkenrufe ist unsere Tochter eine sehr lustige, gesunde und aufgeschlossene junge Lady, selbstständig und für jeden Spaß sowie jede Unternehmung zu haben.

Karin hat ihre Erfahrungen zum Anlass genommen, um sich noch stärker für die Gleichstellung und Selbstbestimmung von Frauen einzusetzen, was ich als essentiell für unsere Gesellschaft ansehe. Meine Mutter war alleinerziehend, was sicherlich positiv prägend für mich war, denn ich habe früh gelernt, dass Hausarbeit nicht »reine Frauensache ist«, und wie wichtig das partnerschaftliche Miteinander ist.

Als Familie sind wir in den letzten Jahren alle zusammengewachsen. Wir nehmen es als Privileg wahr, wie wir leben dürfen, und dass wir einander gefunden haben.

Schlussendlich muss ich sagen, dass ich es mir nicht vorstellen kann, mit einer Frau zu leben, die zu allem »Ja« sagt und die beruflich keine eigenen Ziele verfolgt, auch wenn es manchmal ein verlockender Gedanke wäre, mit weniger Widerstand und Widerspruch zu leben.

Ich bin davon überzeugt, dass Frauen, die ihr Leben selbst gestalten und individuell bestimmen können, wie auch immer das für jede Frau unterschiedlich aussehen mag, wichtig für das Leben in der Wirtschaft und Zivilgesellschaft sind. Bei Karin und ihrem beruflichen Umfeld trifft das auf alle Fälle zu: In ihrem Team haben tolle Frauen mit unterschiedlichsten Lebenswegen Karriere gemacht – ein klarer Beweis für mich, dass erfolgreiche Frauen viele

Facetten haben und in jedem Fall ein Gewinn für die Gesellschaft, die Wirtschaft und jedes einzelne Unternehmen sind, was in vielen internationalen Studien mittlerweile auch belegt ist. Diversität bringt für Unternehmen bessere Ergebnisse, insbesondere wenn Frauen in Führungspositionen sind.

Michael Kleiter, Jahrgang 1966, Versicherungsbetriebswirt, war bei internationalen Versicherungsunternehmen und einem Versicherungsmakler in Geschäftsführerpositionen bis Mitte 2017 tätig. In diesen Funktionen war er Regional Manager Austria / CEE & EMEA für eine Versicherungsgesellschaft und zeichnete für den strategischen Ausbau des operativen Geschäfts verantwortlich. Als CEO beim Insurancebroker waren insbesondere die Bereiche Reorganisation, Finanzen/Steuern, Recht/Compliance, Personal, Produktentwicklung, System- und Prozessgestaltung, Vertriebsstrategie, Business Continuity sowie externe/interne Kommunikation von seinem Aufgabengebiet umfasst. Ebenso verantwortete er im Rahmen dieser Tätigkeit eine der größten Maklerakquisitionen in Österreich. Herr Kleiter ist Autor von Fachbeiträgen in Versicherungsjournals, Vortragender bei Veranstaltungen und unterstützt ehrenamtlich soziale Projekte. Derzeit ist er für Unternehmen im Bereich Versicherungswesen und Risikomanagement beratend tätig.

Mag. Karin Mair, CFE, Jahrgang 1971, Partner bei Deloitte Österreich und National Leader für Forensic. Im Board von Deloitte Österreich zeichnet sie als Leader für Clients & Industries verantwortlich. In ihrer Funktion als Forensic Leader leitet sie forensische Untersuchungen für internationale Unternehmen und implementiert Compliance Management Systeme unter Berücksichtigung lokaler Anforde-

rungen, der spezifischen Organisationsstrukturen sowie Best Practices am Markt. Aufgrund ihrer Branchenexpertise begleitet sie zudem Finanzinstitute bei der Einhaltung regulatorischer Anforderungen (Datenschutz, Geldwäscheprävention). Karin Mair ist (Co-)Herausgeberin des Standardwerks »Handbuch Compliance« sowie Co-Autorin zahlreicher Publikationen zu Wirtschaftsforensik bzw. Whistleblowing. Sie hält Vorträge bei renommierten internationalen Veranstaltungen. Frau Mair wurde im Februar 2016 vom Bundesminister für Inneres in den Sicherheitsakademiebeirat (SIAK) des BMI berufen. Des Weiteren engagiert sie sich ehrenamtlich beim »International Women's Forum« (IWF) für die Gleichstellung und unterstützt Wiens mobiles Kinderhospiz und Kinderpalliativteam (MOMO).

! **Lessons learned: Weg vom Zuverdiener-Modell**

Die aktuelle Brigitte-Studie aus dem Jahr 2017 belegt die vorangegangenen Aussagen unserer Autorinnen und Autoren zur wirtschaftlichen Unabhängigkeit. Diese sei den Frauen in Deutschland heute genauso wichtig wie den Männern.[25] Sechs Jahre lang, 2008, 2009 und 2013, hat die Frauenzeitschrift gemeinsam mit dem Wissenschaftszentrum Berlin für Sozialforschung (WZB) und mit dem infas Institut für angewandte Sozialwissenschaft die Lebensentwürfe und -verläufe von Frauen und Männern zwischen 21 und 34 Jahren verfolgt. Auch die 2017er Umfrage der Zeitschrift zeigt, dass die Frauen mit den Männern gleichziehen, wenn es um Übernahme von Verantwortung oder berufliche Weiterentwicklung geht. Dabei sei es den Frauen besonders wichtig, unabhängig zu sein. Dies entspricht den Ergebnissen aus den vorangegangenen Studienjahren. Der Wunsch, wirtschaftlich auf eigenen Beinen zu stehen, ist ungebrochen hoch. 91 % der befragten Frauen sind Erwerbsarbeit und eigenes Geld sehr wichtig.«[26] Diese Aussage ist jedoch differenziert zu betrachten. Was bedeutet das eigentlich – wirtschaftliche Unabhängigkeit? Wenn wir den Statistiken Glauben schenken, arbeiten 37,5 % der erwerbstätigen Frauen in Deutschland Teilzeit, mehr als in anderen Ländern. Von den erwerbstätigen Müttern verdient sogar über die Hälfte ihr Geld in Teilzeit.[27] Wenn wir von einem durchschnittlichen Bruttoeinkommen von 3.132 Euro – so der statistische Wert im Datenreport der Bundeszentrale für Politische Bildung 2016[28]

---

25 https://www.brigitte.de/aktuell/gesellschaft/neue-brigitte-studie-zeigt--gleichberechtigung-ist-gewollt-wie-nie---10964204.html

26 Brigitte: Pressemitteilung »Neue Studie Frauen auf dem Sprung – das Update 2013«, 10. September 2013.

27 http://www.spiegel.de/karriere/oecd-studie-frauen-in-deutschland-arbeiten-weniger-als-in-anderen-laendern-a-1135137.html

28 http://www.bpb.de/nachschlagen/datenreport-2016/226220/nettoeinkommen

– ausgehen und wir Teilzeit als 20 Stunden begreifen, müssen wir davon ausgehen, dass wir von einem Einkommen von circa 1.500 Euro sprechen. Vergleich: Der Bruttomonatsverdienst teilzeitbeschäftigter Arbeitnehmer im Gastgewerbe betrug laut Statista im 1. Quartal 2018 durchschnittlich 1.209 Euro. Doch bedeutet dieses Einkommen wirklich finanzielle Unabhängigkeit?[29]

Fakt ist: Der Wunsch nach finanzieller Unabhängigkeit ist zwar legitim, doch sprechen die Zahlen hier eher für ein Zuverdienermodell. Die 2017er OECD Studie bestätigt dies: Zwar seien die öffentlichen Investitionen in frühkindliche Betreuung, in Bildung und Erziehung in den vergangenen Jahren in Deutschland gestiegen und liegen inzwischen über dem OECD-Durchschnitt. »Und doch bleibt Deutschland in Europa in einigen Punkten das Schlusslicht: Nirgendwo tragen etwa Frauen anteilig so wenig zum Familieneinkommen bei. Der durchschnittliche Anteil am Familieneinkommen beträgt in Deutschland 22,4 %, in Dänemark sind es beispielsweise 42 %.«[30]

Genau dies zeigt: Wir kämpfen mit Begrifflichkeiten und einer Sprache, die kein realistisches Bild von dem widerspiegelt, was tatsächlich ist. Wenn wir von finanzieller Unabhängigkeit sprechen, müssen wir definieren, wie viel eine Frau verdienen muss, damit sie tatsächlich unabhängig ist.

Einen unbändigen Willen unabhängig zu sein, zeigte Angelika Pohlenz. Ihr Weg vorbei an Hunderten von Nadelstreifen in den Aufsichtsrat von MAN wäre nicht zu bewältigen gewesen, ohne den Willen unabhängig zu sein. Beruf und Kinder miteinander zu vereinen, glich einer Absurdität, schreibt sie in ihrem Beitrag. Diese Absurdität meisterte Pohlenz dank der loyalen Hilfe ihres Ehemannes und einer Haushälterin. Pohlenz war und ist finanziell nicht abhängig, genau wie Karin Mair. Damit haben sie ein Ziel umgesetzt, wovon die meisten Frauen in Deutschland derzeit leider nur träumen: 94 % der Befragten wollen weder von staatlichen Sozialleistungen noch vom Einkommen des Partners abhängig sein, sondern sich ihren Lebensunterhalt selbst verdienen.

Geld bedeutet Unabhängigkeit, gleichzeitig aber auch Macht. Denn wer das Geld verdient, hat in einer Beziehung meist »die Hosen an«. Selbst die jüngere Generation denkt ähnlich traditionell: Die Shell-Jugend-Studie von 2015, in der 2.558 Jugendliche und junge Erwachsene im Alter zwischen 12 und 25 Jahren befragt wurden, zeigt, dass der Rollentausch zwischen Mann und Frau am Herd auch in Zukunft noch diskussionswürdig ist.[31] Ein Großteil der befragten Männer und Jungen sah sich in der Rolle des Alleinverdieners – die Frau hingegen solle die Rolle

---

29 https://de.statista.com/statistik/daten/studie/2910/umfrage/bruttoverdienst-nach-wirtschaftsbereichen-teilzeit/
30 Ebenda.
31 Die 17. Shell Jugendstudie ist im Fischer Taschenbuch Verlag unter dem Titel »Jugend 2015« erschienen, ISBN 978-3-596-03401-7.

der Hausfrau und Mutter einnehmen. Im Gegensatz dazu streben 80% der befragten Frauen und Mädchen an, sowohl berufstätig als auch Mutter sein zu wollen. Spätestens wenn es um Familienzuwachs geht, muss über die finanzielle Situation einer Partnerschaft gesprochen werden. Das Tabuthema Geld muss also genauso auf den Tisch wie die Frage nach der Organisation des privaten und beruflichen Lebens. Laut der Allensbach-Studie »Weichenstellungen für die Aufgabenteilung in Familie und Beruf« aus dem Dezember 2014 treffen die meisten Paare die Entscheidung, wer wie weiter im Job bleibt, bereits vor oder spätestens in der Schwangerschaft. Meist herrscht bei dem Entschluss Einigkeit; zumindest berichten das 90% der in der Studie befragten 2.080 Paare.[32] Das gängigste Modell sei dabei das Doppelverdiener-Modell mit Müttern in Teilzeit. In Familien, in denen Väter die Karrieremöglichkeiten der Frau bei der Aufteilung besonders wichtig fanden, seien nach der Elternzeit beim ersten Kind 41% der Paare in Konstellationen mit Vollzeitarbeit des Vaters und längerer Teilzeit oder Vollzeit der Mutter berufstätig. Allerdings zementiert dieses Modell meist das weitere Berufsleben der Frauen – die Mehrheit der befragten Frauen ist nur bis etwa zum 30. Lebensjahr in Vollzeit tätig, danach sinke dieser Anteil deutlich, und das obwohl 75% der Mütter zu Protokoll gaben, dass es ihnen wichtig sei, berufstätig zu sein.

Man beachte die Wortwahl: »… dass es ihnen wichtig sei, *berufstätig* zu sein.« Mütter sagen nicht, dass es ihnen wichtig sei, *Karriere* zu machen. Wer nicht bereits vor der Geburt eines Kindes mit einem Karriereweg begonnen hat, wird dies ungleich schwerer schaffen mit Kindern. Die Vorstellung von Kind *und* Karriere ist nicht in den Köpfen deutscher Mütter – und Väter – verankert. Kind und Teilzeit ja, aber nicht Karriere. Zum einen liegt dies an den tradierten Rollenvorstellungen und Zuschreibungen durch das Umfeld der Frauen, zum anderen aber auch an den politischen Vorgaben. Frauen konstatieren zwar, dass sie finanziell unabhängig sein wollen, manche handeln aber diametral entgegengesetzt. Sie geben ihre finanzielle Unabhängigkeit spätestens nach der Geburt des Kindes entweder ganz oder teilweise auf. An dieser Stelle wird sichtbar, dass die Gleichstellung von Mann und Frau eigentlich an zwei Faktoren scheitert: an den Männern, die nicht wirklich eine gleichberechtigte Partnerin suchen, und an den Frauen selbst, die sich Männer mit einem traditionellen Mindset suchen und freiwillig in die zweite Reihe zurücktreten.

Die Gretchenfrage lautet also: Warum machen Frauen das? In einem Land, in dem die Gleichberechtigung von Frau und Mann seit langer Zeit im Grundgesetz verankert ist, mit Kinderbetreuungsangeboten, einer Bundeskanzlerin, die in der vierten Amtsperiode ist, und Gesetzen, die es Männern möglich machen, in Elternzeit zu gehen. Warum nehmen Frauen ihre Chancen nicht wahr?

---

32 https://www.ifd-allensbach.de/uploads/tx_studies/Weichenstellungen.pdf

4   Von der Macht des Geldes

Die Gleichstellung von Frau und Mann muss eine Gesellschaft wirklich wollen. Im Moment leben wir Gleichberechtigung auf dem Papier. Die Realität sieht anders aus. Im wahren Leben müssen Frauen nach wie vor Führungspositionen erkämpfen. Frauen auf dem Weg zu Macht lässt man eher agieren, als sie bewusst zu unterstützen.

Drehen wir also das Szenario einfach mal um und stellen den Papiertiger Gleichberechtigung auf den Kopf: Stellen Sie sich vor, die Männer gehen wie bisher ihrer Beschäftigung weiter nach, während alle Frauen in Deutschland nach der Geburt ihrer Kinder innerhalb von wenigen Wochen oder Monaten wieder in den Beruf einsteigen, und zwar in Vollzeit. Was würde das für Konsequenzen haben? Unternehmen würden begeistert ausrufen: »Wunderbar! Unser Demografieproblem haben wir damit fast gelöst!«. Bei einer Vollbeschäftigung würden wir jedoch ein gesellschaftlich-politisches Problem bekommen, da bisher Tätigkeiten wie Kinderbetreuung und Pflege vielfach unentgeltlich von den Frauen geleistet werden.

Genug des Szenarios. Kehren wir zurück zu unserer Side-by-Side-Konstellation: Vollzeit-Karrierefrau mit Mann, der ihr den Rücken freihält. Hier kippt die traditionelle Rollenverteilung oft, wenn sie mehr verdient als er. Einkommensunterschiede in umgekehrter Richtung seien nach wie vor problematisch, so Henrike von Platen in ihrem folgenden Beitrag. Wenn eine Frau beruflich erfolgreicher ist als ihr Partner, habe das Konsequenzen – und zwar vor allem ökonomische. In diese Kerbe schlägt auch Monika Schulz-Strelow, Präsidentin des Vereins Frauen in die Aufsichtsräte (FidAR): Geld sei Macht und die finanzielle Unabhängigkeit daher »sowohl für Frauen als auch für Männer die Grundvoraussetzung für einen unabhängigen Karriereweg.«

Henrike von Platen: Frauen mit Geld, Männer mit Imageproblem – weshalb Liebe auf Augenhöhe wirtschaftliche Unabhängigkeit braucht

Dass Frauen im Beruf weniger Geld verdienen als Kerle, ist schlimm genug. Doch so richtig kompliziert wird es erst im Privaten: Und zwar dann, wenn SIE mehr verdient als ER. Aber weshalb ist der Einkommensunterschied in umgekehrter Richtung eigentlich so problematisch? Wie schaffen wir es, uns endlich von den überholten Stereotypen zu verabschieden? Und ist Lohngerechtigkeit die Lösung für glückliche Beziehungen auf Augenhöhe?

Wenn eine Frau beruflich erfolgreicher ist als ihr Partner, hat das Konsequenzen – und zwar vor allem ökonomische. Denn in aller Regel steigt im Karriereverlauf auch der Verdienst, so dass SIE früher oder später über ein höheres Einkommen verfügt als ER. Umgekehrt ist das nicht nur kein Problem, sondern eher der Normalfall: Viele Frauen verdienen weniger als ihre Partner. Sie arbeiten sehr viel öfter in Teilzeit, gehen sehr viel seltener in Führung und unterbrechen die Erwerbstätigkeit zugunsten der Familie häufiger und sehr viel länger. Sogar in kinderlosen Haushalten tragen Frauen weniger zum Gesamteinkommen bei und erledigen mehr Hausarbeit als ihre Partner. Nicht selten begeben sie sich in finanzielle Abhängigkeit und/oder steuern auf die Altersarmut zu – gerade dann, wenn sie besser verdienende Partner an ihrer Seite haben.

Eine Frage des Images?
Das geht erstaunlich häufig erstaunlich gut. Problematisch scheint eine solche ökonomische Verflechtung für Paare – Scheidung und Trennung beiseitegelassen – erst zu werden, wenn sich die Verhältnisse umkehren: wenn es der Mann ist, der seiner Frau den Rücken freihält und selbst deutlich weniger verdient als sie oder aus eigener Erwerbstätigkeit nichts zum Haushaltseinkommen beiträgt. Dann hat er nämlich meistens nicht nur eine überdurchschnittlich erfolgreiche und überdurchschnittlich gutverdienende Frau, sondern auch ein handfestes Imageproblem.

Anders als im umgekehrten Fall nützt es ihm dabei auch nicht, besonders jung zu sein oder besonders gut auszusehen. Im Gegensatz zur schönen, jungen Trophy Wife kann er seine Mittellosigkeit nicht durch ein attraktives Erscheinungsbild wettmachen.

Doch weshalb ist so schwer zu ertragen, wenn die Frau mehr verdient als der Mann? Die Krux ist ja nicht das Geld selbst, sondern dass der schlechter verdienende Lebensgefährte eben nicht nur weniger Geld auf dem Konto, sondern in den Augen der anderen auch buchstäblich weniger in der Hose hat. Das ist umso erstaunlicher, als der alleinernährende Mann ohnehin eine aussterbende Art ist – in vielen Fällen reicht ein Einkommen ja längst nicht mehr aus, um eine Familie zu ernähren. Aber, so die Soziologin Jutta Allmendinger: »Die jahrhundertealte Kultur des männlichen Ernährermodells ist noch deutlich zu erkennen. Geld ist für Männer ein Zeichen von Macht.« Und diese wird untergraben, wenn die Frau besser verdient als der Mann, dessen Domäne traditionell die Erwerbsarbeit ist.

Schuld an der Misere sind längst überholte, aber umso hartnäckigere Stereotypen, die unser Paarungsverhalten beeinflussen: Männer, so die Evolutionsforschung, suchen gutaussehende, junge, fortpflanzungsfähige Frauen, Frauen vor allem einen Mann mit Status, sprich: Erfolg, Geld und Macht.

Von Klischees und Vorurteilen
Die Klischees in unserer aller Köpfe sind extrem wirkmächtig. Nicht umsonst kennen wir zwar den »Familienvater« und die »Working Mom«, nicht aber den »Working Dad« oder die »Familienmutter«. Der alleinige Familienernährer und seine Trophy Wife passen ins überholte Rollenbild, während beruflich erfolgreiche Frauen uns noch immer irritieren: Männer mit Erfolg, Geld und Macht gelten als kompetent und sind uns sympathisch. Frauen mit Erfolg, Geld und Macht nehmen wir als eingebildet, machthungrig oder arrogant wahr; wir mögen sie nicht. Wie die Verhaltensökonomin Iris Bohnet in ihrem Gleichstellungs-Revolutions-Buch »What Works« ernüchtert feststellt: »Frauen, die Normen verletzen, bezahlen einen gesellschaftlichen Preis.« Nicht nur im Berufsleben, auch innerhalb der kleinsten sozialen Einheit, dem Paar oder der Familie, kann eine solche Normverletzung zur Zerreißprobe werden. Nicht nur für die Frauen, auch für die Männer ist es eine Herausforderung, sich selbstbewusst von den üblichen Rollenerwartungen freizumachen. Und so sind Paare, bei denen SIE deutlich mehr verdient als ER, eine seltene Ausnahme. Mehr als die Hälfte aller Frauen wünscht sich

explizit, dass der Mann mehr verdient. Und nur etwa 8% der Männer können sich eine deutlich besser verdienende Frau an ihrer Seite vorstellen. Nicht umsonst kennen sich die meisten der Paare in solchen Konstellationen oft schon lange, bevor die Frau den Mann beruflich überholt. Im späteren Karriereverlauf bleiben erfolgreiche Frauen überdurchschnittlich oft Single und haben Schwierigkeiten, einen Partner zu finden.

Dass der nicht erfolgreiche Mann als unmännlich gilt und die erfolgreiche Frau als unattraktiv und unsympathisch, ist mindestens genau so schlicht wie schlecht und mindestens genauso ungerecht wie die Tatsache, dass Frauen in Deutschland für die gleiche Arbeit noch immer 21% weniger verdienen als Männer. Vor allem hängt das alles aufs Engste miteinander zusammen: All diese Ungerechtigkeiten haben exakt die gleichen strukturellen Ursachen – die oft als individuelles Versagen wahrgenommen werden und sich auch deswegen mit so erstaunlicher Hartnäckigkeit halten, weil wir nur ungern zugeben wollen, wie sehr die Verteilung von Macht und Geld bis in unser Privatleben hineinragt.

Sich die ökonomische Dimension des Privaten einzugestehen, hieße auch, das romantische Liebesideal hinterfragen zu müssen, das wir als Basis heutiger Paarbeziehungen ansehen. Es hieße sich einzugestehen, dass wir vielleicht gar nicht so viel Grund haben, stolz darauf zu sein, dass Paare und Familien im Gegensatz zu früher keine nüchternen Versorgungsgemeinschaften mehr sind, sondern nichts als Horte der Geborgenheit, die uns emotionalen Halt geben. Weil sich so viel vielleicht gar nicht geändert hat. Gerade in Paarbeziehungen, in denen ein wirtschaftliches Ungleichgewicht herrscht, zeigt sich der ökonomische Hintergrund privater Beziehungen. Wer wirtschaftlich unabhängig ist, trifft andere Entscheidungen und führt ein anderes Leben als Menschen, die in einem finanziellen Abhängigkeitsverhältnis stehen. Geld ist Macht, und wirtschaftliche Unabhängigkeit bedeutet Freiheit.

Über Geld spricht man nicht, vor allem nicht in Deutschland. Und schon gar nicht, wenn es um die Liebe geht. Noch immer gelten Romantik und Finanzen als unvereinbar. Das ist bei nüchterner Betrachtung umso erstaunlicher, als unser gesamtes Sozial- und Steuersystem das Zusammenleben eines Paares sehr eindeutig als wirtschaftliches Konstrukt mit weitreichenden ökonomischen Konsequenzen auffasst. Doch die wenigsten wollen sich dieser Tatsache stellen. Verständlich, denn es hieße sich einzugestehen, wie dringend wir über Geld sprechen müssen. Es hieße auch sich einzugestehen, dass wir endlich etwas dagegen unternehmen sollten, dass unsere Gehaltshöhe ganz entscheidend davon beeinflusst wird, ob wir als Mann oder als Frau zur Welt kommen.

Jenseits des Üblichen

Und so bleibt es in Deutschland ein größeres Tabu über das Gehalt zu sprechen als über die sexuelle Orientierung. Oft wissen nicht einmal enge Kollegen und Kolleginnen voneinander, was sie verdienen. Viele Beschäftigte unterschreiben Klauseln, die es ihnen explizit untersagen, über die Höhe des Gehalts zu sprechen. Die wenigsten wissen, dass diese Klauseln unwirksam sind. Eine Forsa-Umfrage hat erst kürzlich ergeben, dass 41% der Deutschen noch nicht einmal wissen, was der Partner oder die Partnerin verdient. Die Dunkelziffer der Paare, die gezielt vertuschen, dass ER weniger verdient als SIE, dürfte noch höher ausfallen.

Wer weniger verdient, bleibt zu Hause. Und wer zu Hause bleibt, verdient weniger. Jedenfalls, solange SIE diejenige ist, die zurücksteckt und daheimbleibt. Sobald ER diejenige ist, der das tut, steht die Welt Kopf. Dass sich viele Paare in Deutschland in immer derselben traditionellen Rollenverteilung wiederfinden, ist also keineswegs nur eine Frage der ökonomischen Vernunft.

Die Umkehrung der Stereotype entlarvt unser Schubladendenken. Auch unsere Sprache ist verräterisch: Sätze wie »Mein Mann hilft mir im Haushalt« oder »Mein Mann nimmt mir die Kinder ab«, sagen vor allem eines: Die Frau hat Kinder und einen Haushalt, der Mann ist offenbar nicht zuständig. Wenn umgekehrt ein Mann erzählt: »Meine Frau hilft mir im Haushalt.«, lässt uns das stutzen, was gleichzeitig das tief in uns verankerte traditionelle Rollenbild zeigt. Solange wir keine Gleichstellung erreicht haben, ist es für Paare unabhängig vom ökonomischen Hintergrund nicht leicht, individuelle Lebensentwürfe zu gestalten, die den herrschenden Vorstellungen widersprechen.

Damit Paare jenseits des Üblichen individuell aushandeln können, wer welchen Anteil an der Erwerbstätigkeit und an der Familienarbeit übernehmen möchte, braucht es erstens wirtschaftliche Unabhängigkeit und zweitens die Bereitschaft, sich selbst und die Klischees im eigenen Kopf zu hinterfragen. Gerade weil diese so wirkmächtig sind, sind gesellschaftliche und steuerrechtliche Strukturen notwendig, in denen die Umkehrung der Verhältnisse keine Ausnahmeerscheinung mehr ist, sondern das Ergebnis von Wahlfreiheit und einer Partnerschaft auf Augenhöhe – was auch heißt, mit offenen Karten zu spielen und über Geld zu sprechen.

Letztlich sollte es vollkommen egal sein, wer von beiden mehr oder weniger verdient. Allerdings brauchen beide das gleiche Recht und die gleichen Chancen auf wirtschaftliche Unabhängigkeit. Es mag überholt sein, männliche Potenz vom Kontostand abhängig zu machen, aber richtig ist: Nichts im Leben gibt dir so viel Freiheit wie wirtschaftliche Unabhängigkeit. Und die sollte nicht vom Geschlecht abhängig sein.

Foto © Oliver Betke

Henrike von Platen gründete 2017 das FPI Fair Pay Innovation Lab, das Unternehmen bei der praktischen Umsetzung nachhaltiger Entgeltstrategien unterstützt. Die Finanzexpertin war von 2010 bis 2016 Präsidentin der Business and Professional Women Germany, gründete einen Fraueninvestmentclub, ist Hochschulrätin an der Hochschule München und engagiert sich im Arbeitskreis deutscher Aufsichtsrat e. V. sowie bei FidAR, der Initiative für Frauen in die Aufsichtsräte. Ihr Ziel: Lohngerechtigkeit für alle. Mehr zur Autorin unter www.von-platen.de.

Monika Schulz-Strelow: Warum wir Frauen in Führung brauchen!

Frauen in Führung sind derzeit kein »echtes« Anliegen der deutschen Regierung und Wirtschaft. Was der kanadische Premierminister Justin Trudeau und der französische Präsident Emmanuel Macron können, nämlich Gleichberechtigung als einen Schwerpunkt ihrer Amtszeit zu deklarieren, sollte in Deutschland eigentlich auch möglich sein. Sollte. Eigentlich. Nun werden die Führungsgremien großer Konzerne in Deutschland zwar zunehmend weiblicher. Einer der Hauptgründe: Seit 2016 gilt in börsennotierten und voll mitbestimmungspflichtigen Unternehmen bei Neubesetzungen in Aufsichtsräten eine Frauenquote von mindestens 30%. Doch ändert die Quote eines nicht: dies als Normalität vorauszusetzen. Frauen in Führung gehören in Deutschland nun mal nicht zur Normalität. Umso erfreulicher, wenn es sie dennoch gibt. Doch der Preis für das Erklimmen der Karriereleiter ist in vielen Fällen hoch. Viele Frauen in Führung haben keinen Partner an ihrer Seite oder sind geschieden. *Den* Partner hinter oder neben einer erfolgreichen Frau beschreiben zu wollen, gleicht daher – mit großer Wahrscheinlichkeit – einem unmöglichen Unterfangen. Ich will es dennoch versuchen.

Einen Schritt vor – einen zurück?

Blickt man auf Frauen in Führung und deren zugehörige Partner, muss ganz klar unterschieden werden zwischen geografischer Verortung, sozialer Schicht und Generationenzugehörigkeit. Blickt man in Ballungszentren wie Berlin, Frankfurt, München, Hamburg, so hat sich dort in den vergangenen Jahren ein Wertewandel vollzogen, der sich vor allem auch auf das althergebrachte Rollenverständnis, Paarbeziehungen und Karrieren deutlich auswirkt: weg vom Statusdenken, weniger Auto und materielle Symbole hin zu einer gesunden Work-Life-Balance. Kinder sind wichtiger Bestandteil im Leben dieser städtischen Generation der Mitte 30-Jährigen. Hier empfinde ich einen Hoffnungsschimmer, denn viele Partnerschaften leben Gleichberechtigung – sowohl in der Familie als auch im Beruf. Beide Partner tragen zu gleichen oder ähnlichen Teilen zum Familieneinkommen bei. Männer unterstützen ihre Partnerinnen, auch nach der Kinderpause, aktiv in der Karrieregestaltung.

Allerdings sehe ich bei vielen jungen Frauen auch die Tendenz, nach der Kinderpause nicht wieder in den Beruf einzusteigen. Sie entscheiden sich ganz aktiv für die Mutterrolle. Und dass trotz profunder Ausbildung und bereits gelebter Verantwortung im Beruf. Dies hängt meines Erachtens zum einen mit einer zunehmend überhöhten, teils romantischen Bedeutung von Familie zusammen, zum anderen aber – und das ist die Falle – mit einer fehlenden Weitsicht hinsichtlich eigener Rentenversorgung oder Unterhaltsansprüche im Falle einer Scheidung.

Seien wir realistisch: Fast 50% aller deutschen Ehen werden geschieden. Was dann von der gemeinsamen Partnerschaft bleibt, ist der Zwang, arbeiten gehen zu müssen. Bereits nach Erreichen des dritten Lebensjahres des Kindes besteht eine grundsätzliche Verpflichtung zur eigenständigen Erwerbstätigkeit, sofern eine Betreuung durch Dritte möglich ist.

Alles eine Frage der Generation?
Doch kommen wir zurück zum Thema Mann: Männer sind, was den Blick auf die Karrieren ihrer Frauen betrifft, eine ebenso heterogene Gruppe wie Frauen, die hinter erfolgreichen Männern stehen. In der Generation der 40- bis 55-Jährigen gibt es sicherlich eine nicht unerhebliche Anzahl von Männern, die sich nicht mehr am tradierten Rollenbild des Alleinverdieners orientieren. Sie sehen es als selbstverständlich, dass die Ehefrau ihre eigene Karriere hat, selbstständig und oftmals auch finanziell unabhängig ist. Hier bleibt allerdings zu beachten, dass dies fast ausschließlich für Akademiker gilt. Geringverdiener-Paare wie der klassische Facharbeiter und die Pflegekraft stellen sich nicht die Frage: Wer macht Karriere – du oder ich? Wer unterstützt wen zu welchen Anteilen? Am Ende des Monats müssen Rechnungen beglichen werden. Statussymbole wie ein neues Auto oder ein Urlaub werden gemeinsam erarbeitet.

In den oberen Führungsetagen der Generation 60 plus hingegen herrscht ein gewisser Stolz vor, dass die Partnerin nicht arbeiten gehen muss. Die Frau ist seit jeher Fels in der Brandung im Familienmanagement und hält dem Mann den Rücken frei.

Stellt man sich die Frage, wie Männer, die zur Gruppe der oben beschriebenen 40- bis 50-Jährigen gehören, die finanzielle Selbstständigkeit der Partnerin empfinden, dreht es sich meines Erachtens nicht so sehr um einen Status- und Anerkennungsverlust in der Gesellschaft, der mit der erfolgreichen Berufstätigkeit einer Frau einhergeht. Vielmehr geht es um finanzielle Unabhängigkeit. Geld bedeutet Macht. Im Umkehrschluss bedeutet das für den Partner an der Seite einer erfolgreichen Frau: Im Falle einer Trennung kann das auch für ihn, wenn er beruflich zurückgesteckt hat, finanzielle Probleme bedeuten.

Finanzielle Unabhängigkeit ist meiner Meinung nach – sowohl für Frauen als auch für Männer – die Grundvoraussetzung für einen unabhängigen Lebens- und Karriereweg. Leuchtendes Beispiel für eine solche Chancengleichheit zwischen Frau und Mann sind die skandinavischen Länder. Im Gegensatz zum deutschen Wohlfahrtsstaat fördert Schweden die unabhängige Existenzsicherung von Frauen. Das schwedische Modell zeichnet sich durch eine starke Betonung der Erwerbsgesellschaft aus. Jeder Mensch soll seinen Lebensunterhalt in erster Linie durch eigene Arbeit sichern. Auf dieser Annahme fußt auch die schwedische Gleichstellungspolitik. Bereits 1921 räumte man Frauen in Schweden durch das Ehe-Gesetz in Bezug auf rechtliche und ökonomische Angelegenheiten eine gleichberechtigte Stellung ein.[33] Dem Ehepaar wurde die gemeinsame Verantwortung für Hausarbeit, Kindererziehung und die finanzielle Versorgung aufgetragen. Eine patriarchale Abhängigkeitsstruktur, wie sie in Deutschland vorherrscht, ist in Schweden undenkbar.

In Deutschland scheitern weibliche Karrieren aus meiner Sicht weniger an der mangelnden Unterstützung des Partners, der unzureichenden Kinderbetreuung oder dem fehlenden Willen der Frau, sondern häufiger an den undurchlässigen Strukturen in den Unternehmen, der fehlenden, eigenen Karriereplanung, der mangelnden Vernetzung und geringen Sichtbarkeit im Unternehmen. Viele Frauen bemühen sich nicht um Netzwerke, sehen diese als zeitraubend an. Der häufig zitierte Satz »Männer werden befördert, Frauen gefördert« bewahrheitet sich vor allem in Mentoring-Programmen. Sie helfen Frauen nur, wenn seitens des Unternehmens die genuine Absicht besteht, Frauen zu befördern. Alles andere ist Augenwischerei.

Bei all dem kann auch der Partner behilflich sein. Erfolgreiche Männer können und sollen ihre Netzwerke dafür nutzen, ihre Partnerinnen entsprechend zu

---

33 http://doku.iab.de/ibv/2001/ibv3801_3017.pdf

positionieren und in ihrer Karriere, sei es der Wiedereinstieg nach der Familienpause oder der Wunsch nach beruflicher Veränderung, zu unterstützen. Daran ist nichts verwerflich, doch Frauen möchten zumeist alles aus eigener Leistung schaffen. Und darin liegt auch die Krux: genau wie Frauen bei Niederlagen die Gründe bei sich suchen, lehnen sie oftmals Hilfestellungen ab.

Wie der ideale Partner hinter oder neben einer erfolgreichen Frau aussieht, vermag ich nicht zu sagen. Ich appelliere aber an die Politik und die Wirtschaft für Chancengleichheit. Der Gewinn für unsere Wirtschaft ist deutlich: Frauen in Führung bedeutet, dass wir unsere gesellschaftliche Schichtung abbilden. Unsere Wirtschaft kann nur dann mittelfristig erfolgreich sein, wenn sie alle notwendigen Ressourcen ausschöpft und Führung teilt. Und zwar jetzt. Das Warten auf den demografischen Wandel, den Fachkräftemangel und die daraus angeblich entstehenden Chancen für Frauen fungiert eher wie ein Trostpflaster. Durch das Leben echter Gleichberechtigung in leistungsstarken Teams sehe ich für Arbeitnehmer und Arbeitnehmerinnen eine weitaus höhere Zufriedenheit, die künftig andere Arbeits- und Lebenszeiträume schafft. Frauen in Führungspositionen müssen eine Selbstverständlichkeit werden – ob mit oder ohne starken Mann an der Seite. Denn wie schon Johann Wolfgang von Goethe sagte: »Toleranz sollte eigentlich nur eine vorübergehende Gesinnung sein: sie muss zur Anerkennung führen. Dulden heißt beleidigen.«

Monika Schulz-Strelow studierte Politische Wissenschaften und Sprachen an den Universitäten in Bonn und Berlin. Als langjährige Geschäftsführerin der BAO Berlin International oblag ihr die Förderung und Internationalisierung der Berliner Wirtschaft. Nach der Fusion des Unternehmens mit der Wirtschaftsförderung Berlin gründete sie 2006 die private Unternehmensberatung b-international group. Sie berät Investoren aus dem In- und Ausland und ausländische Wirtschaftsförderungsgesellschaften. Seit 2006 leitet sie als ehrenamtliche Präsidentin den von ihr mitgegründeten Verein Frauen in die Aufsichtsräte (FidAR). Die in Berlin ansässige Organisation setzt sich für die nachhaltige Erhöhung des Frauenanteils in den Aufsichtsräten

deutscher Unternehmen ein. Unter ihrer Leitung entwickelte sich die Initiative zu einem wichtigen deutschen Wirtschaftsnetzwerk. Seit 2011 gibt FidAR den »Women-on-Board-Index« heraus, in dem die 160 im DAX, MDAX, SDAX und TecDAX notierten Unternehmen nach dem Frauenanteil in Aufsichtsrat und Vorstand gelistet werden. Für ihren unermüdlichen Einsatz, qualifizierten Frauen den Zugang zu Führungspositionen in der deutschen Wirtschaft konsequenter zu öffnen, bekam sie 2013 das Bundesverdienstkreuz verliehen. Sie gehört laut manager magazin zu den 50 wichtigsten Frauen der Deutschen Wirtschaft. Monika Schulz-Strelow ist verheiratet und lebt in Berlin.

Lessons learned: Wer das Geld hat, hat die Macht   !

Welche Schlüsse ziehen wir aus den Beiträgen von Henrike von Platen und Monika Schulz-Strelow? Sicherlich vor allem einen: Geld ist immer noch ein Machtfaktor in einer Beziehung. Wer das Geld verdient, hat das Sagen – in guten wie in schlechten Zeiten, ob in der gelebten Partnerschaft oder bei Scheidung.

Wie zuvor beschrieben, arbeitet mehr als ein Drittel aller erwerbstätigen Frauen, davon fast 50 % aller Mütter in Teilzeit. Also könnte man im Umkehrschluss davon ausgehen, dass Frauen nicht unbedingt nach Geld und damit nach Macht streben. Doch das stimmt nur bedingt. Frauen streben nach Macht – das zeigen nicht zuletzt auch die hier dargestellten Paarporträts. Die Mehrzahl aller Frauen versucht ihre Machtansprüche allerdings »nur« im familiären Umfeld umzusetzen: Sie haben Macht über ihre Kinder, sie entscheiden, welche Wohnzimmereinrichtung gekauft wird oder ob die Schwiegermutter zum Weihnachtsessen eingeladen wird oder nicht. Diese Art der Macht ist gesellschaftlich anerkannt, allerdings ist sie zeitlich begrenzt.

Entschwinden die Kinder, schwindet meist auch der Bindungswunsch der Männer an ihre Frauen – womit deren Machtbereich empfindlich schrumpft. Evolutiv sei damit der Zweck der Ehe als Reproduktionswerkstatt erfüllt. Evolutionsbiologe und Verhaltensforscher Karl Grammer findet hierzu klare Worte gegenüber Cicero: »Ein Blick auf die Scheidungsraten zeigt, dass eine Beziehung von zwei Menschen durchschnittlich so lange hält, wie es dauert, den Nachwuchs aufzuziehen. Das sind circa drei bis sechs Jahre.«[34]

Was bedeutet aber diese Sicht für den Wunsch nach einem guten Einkommen, nach finanzieller Unabhängigkeit, die nach unserem Ermessen ein Erfolgsfaktor für die eigene Karriere und die eigene Partnerschaft darstellt? Wenig. Denn die

---

34 https://www.cicero.de/kultur/verhaltensforscher-und-evolutionsbiologe-liebe-ist-eine-kosten-nutzen-analyse/57040

Vorstellung eines richtig guten Einkommens und finanzieller Unabhängigkeit ist für viele Frauen vielleicht wünschenswert, allerdings ist die Macht, die an das Einkommen gebunden ist, für sie nicht greifbar, nicht vorstellbar und der Weg dorthin unklar.

Die Identifikation mit Geld und Macht hat im Laufe der Entwicklung für viele Frauen noch nicht stattgefunden. Sie hängen an der Macht im familiären Kreis. Monika Schulz-Strelow berichtete hierzu: »Allerdings sehe ich bei vielen jungen Frauen auch die Tendenz, nach der Kinderpause nicht wieder in den Beruf einzusteigen. Sie entscheiden sich ganz aktiv für die Mutterrolle. Und dass trotz profunder Ausbildung und bereits gelebter Verantwortung im Beruf. Dies hängt meines Erachtens zum einen mit einer zunehmend überhöhten teils romantischen Bedeutung von Familie zusammen, zum anderen aber – und das ist die Falle – mit einer fehlenden Weitsicht hinsichtlich eigener Rentenversorgung oder Unterhaltsansprüche im Falle einer Scheidung.«

5 Erfolg im Doppelpack

Karriere als Partnererfolg neu definieren – so lautet die Aufforderung von Ulrich Goldschmidt im folgenden Beitrag. Ein partnerschaftlicher Ansatz in der Karriereplanung ist wohl das Modell, mit dem Gleichberechtigung in einer Paarbeziehung am besten gelebt werden kann. Oftmals wirken sich die Karrieren der Partner befruchtend aus – der eine erklimmt die Karriereleiter, den anderen beflügelt der Erfolg des Partners und er macht sich auf in die Selbstständigkeit. So erging es auch Werner Conin, der nach Ulrich Goldschmidt zu Wort kommt.

Nach einer Studie der Universität Hohenheim wünschen sich karriereorientierte Menschen auch karriereorientierte Partner, so Studienleiterin Marion Büttgen.[35]

Sogenannte Double-Career-Paare sind Paare, bei denen meist beide Partner akademisch ausgebildet sind und hohe berufliche Ambitionen haben – die beide auch umsetzen wollen. Doppelkarriere-Paare stehen damit vor der Herausforderung, zwei Individualkarrieren miteinander zu vereinbaren, ohne dabei die gemeinsame Partnerschaft aufs Spiel zu setzen. Schwieriges Unterfangen oder ein Kinderspiel? Das kommt vor allem auf das Umfeld an, aber dazu später.

Dr. Ulrich Goldschmidt: Karriere als Partnererfolg neu definieren

Wenn wir heute kritisieren müssen, dass wir noch immer zu wenig Frauen in den Führungspositionen unserer Unternehmen haben, hat das nichts mit etwaigen gender-romantischen Anwandlungen zu tun. Dahinter stehen vielmehr handfeste ökonomische Gründe. Dieser Gender Career Gap ist inzwischen eine ernst zu nehmende Gefahr für unsere Wirtschaft. Es ist höchst

---

35 https://www.uni-hohenheim.de/pressemitteilung?tx_ttnews%5Btt_news%5D=33570&cHash=fd65ef8edc632ea7bc4ef0918ceb345c

fahrlässig, bei der Besetzung von Führungspositionen auf Frauen und damit auf mindestens 50% des intellektuellen Potenzials unserer Gesellschaft zu verzichten. Weder Volkswirtschaften noch Unternehmen können sich das in einem immer globaler werdenden Wettbewerbsumfeld auf Dauer erlauben.

Der Gender Career Gap hält sich

Trotzdem hält sich der Gender Career Gap hartnäckig. Gewiss, es gibt Fortschritte, aber 2017 lag der Frauenanteil in den Führungsfunktionen der Unternehmen in Deutschland bei gerade einmal 22%. Ein Wert, der weder dem Anteil der Frauen an der Bevölkerung noch ihrer Qualifikation für Führungsaufgaben entspricht. Dafür gibt es zweifellos Gründe, die auch in den Unternehmen zu finden sind. Mitunter wird der Aufstieg von Frauen in Führungspositionen sogar gezielt verhindert. Nach einer Untersuchung des Berufsverbandes DFK – DIE FÜHRUNGSKRÄFTE geben rund 75% der weiblichen Führungskräfte an, schon einmal aufgrund ihres Geschlechts am Arbeitsplatz diskriminiert worden zu sein – eine erschreckend hohe Zahl. Unverständlich ist dabei, dass das Thema auf der Prioritätenliste der Unternehmen im Tagesgeschäft nicht weit oben platziert zu sein scheint. Oft wird es der Einfachheit halber unter »Diversity« gleich mit abgehandelt. Nachhaltigkeit ist dabei nur selten zu erkennen. Die Bereitschaft, sich auch als Unternehmensleitung mit der Frage zu beschäftigen, wie es denn nun gelingen kann, mehr Frauen in Führungspositionen zu bringen, dort zu halten und dafür Verantwortung zu übernehmen, ist eher schwach ausgeprägt.

Die Ursachen hierfür liegen zwar in Fehleinschätzungen in den Unternehmen begründet. Aber diese sind oft auch nur das Echo auf überkommene gesellschaftliche Normen und Verhaltensweisen. Solange man Männern einredet, nach einer erfolgreich abgeschlossenen Ausbildung an einer Hochschule sei man regelrecht verpflichtet, nun auch den Weg auf der Karriereleiter nach oben zielstrebig zu erklimmen, wenn man die gesellschaftliche Anerkennung nicht verlieren wolle, darf man sich nicht darüber wundern, dass diese Männer wenig Bereitschaft zeigen, auf eine Karriere zugunsten ihrer Partnerin zu verzichten. Den gleichermaßen qualifizierten Frauen bleiben in diesem Gesellschaftsmodell dann in der Tat die Aufgaben Kinder und Küche. Frauen, die sich damit intellektuell unterfordert fühlen, mögen sich dann eventuell noch ehrenamtlich in Schule oder Kirche engagieren. Eine eigene Karriere findet oft genug nicht statt. Welch eine Verschwendung von Potenzial!

Nun mag es so sein, dass nach den unlängst veröffentlichten Zahlen des Statistischen Bundesamtes inzwischen rund 72% der Frauen im Alter zwischen 25 und 55 Jahren ihren überwiegenden Lebensunterhalt aus eigener Erwerbstätigkeit bestreiten. Dagegen lag der Anteil der Männer, welche vorrangig von einem Einkommen eines Partners oder eines anderen Angehörigen lebten, zuletzt bei rund 3%. Damit ist aber noch keine Aussage darüber getroffen, ob eine gleichberechtigte Karriereentwicklung für beide Partner der Regelfall ist. Schaut man sich den Anteil von Frauen in Führungspositionen an, darf dies getrost bezweifelt werden. Zwischen der Zahl erwerbstätiger Frauen und der Teilhabe von Frauen an Führungsfunktionen klafft nach wie vor der Gender Career Gap wie ein personalwirtschaftlicher Grand Canyon. Und das hat nicht nur, aber eben auch damit zu tun, dass Karriereplanungen und Karriereentwicklungen in der Partnerschaft nicht austariert sind.

Karrierevorrang oder partnerschaftlicher Ansatz?
Es wäre allerdings eine grobe Fehleinschätzung, wollte man den Gender Career Gap nun handstreichartig dadurch schließen, dass man das Denken in traditionellen Strukturen, das im »Normalfall« von der Ehe als reiner Versorgungsgemeinschaft mit einem »Mann ernährt Frau«-Modell ausgeht, umstandslos ersetzt durch ein Modell, in dem die Berufskarrieren der Frauen ausnahmslos Vorrang genießen würden. Gesellschaftliche Prägungen wird man nur verändern können, wenn man für alle Beteiligten Angebote unterbreitet, mit denen gesellschaftliche Akzeptanz geschaffen wird.

Bislang ist die Situation bei Paaren, die gleichermaßen über erfolgreich abgeschlossene Ausbildungen und nach ihrer Qualifikation grundsätzlich gleiche Karrierechancen verfügen, immer noch maßgeblich dadurch beeinflusst, dass spätestens nach der Geburt des ersten Kindes oder des Eintretens einer Pflegesituation in der Familie, Karriereentscheidungen zugunsten des einen und zulasten des anderen Partners getroffen werden. In der Regel gehen dabei die Karriereaussichten des Mannes vor. In den seltensten Fällen ist es so, dass die Frau ihre Karriereerwartungen umsetzt und der Mann, der zwar durchaus berufsorientiert und -interessiert ist, zugunsten seiner Partnerin zurücksteckt, weil er entweder nicht karriereinteressiert ist, oder eher geringe Karriereaussichten hat.

Sowohl das eine als auch das andere ist heute immer noch mit einem gewissen gesellschaftlichen Makel versehen, auch wenn dies gegenüber den Betroffenen üblicherweise nicht offen ausgesprochen wird. Solche gesellschaftlichen Vorbehalte und Wertungen beruhen im Wesentlichen auf einem überkommenen Karriere- und Rollenverständnis. Gedacht wird an den Einzelkämpfer, der sich unter angemessenen Mühen nach oben arbeitet. Alles, was außerhalb des Betriebes stattfindet, ist Hobby und Privatvergnügen und damit nicht wirklich ernst zu nehmen. Die Lösung: Wir müssen dringend Abschied nehmen von diesem Entweder-oder-Denken.

Selbst in den Unternehmen definieren wir Erfolg immer seltener als das Ergebnis individueller Anstrengungen. Im Vordergrund steht das Gesamtergebnis, der Teamerfolg. Seien wir also einmal revolutionär und denken dies in die Partnerschaft hinein. Definieren wir Karriere neu.

Karrieren neu definiert
Wenn wir in diesem Sinne die Partnerschaft, die Familie als Team verstehen, können wir den Karrierebegriff als Partnererfolg neu definieren. Hier geht es nicht mehr um die Karriere nur eines Teils dieser Partnerschaft, dieses Teams. Setzen wir den traditionellen Gender-Vorstellungen nicht-traditionelle Modelle entgegen, die auf Verhandlungslösungen der Partner beruhen. Die Partner definieren für sich, was sie gemeinsam unter einer Karriere ihres Teams, d.h. ihrer Partnerschaft verstehen. Wesentlich ist dabei das gemeinsame Verständnis, dass jeder Beitrag der beiden Partner für die gemeinsame Karriere gleichgewichtig ist und nicht in Euro-Beträge aufgerechnet wird. Diese Verhandlungslösungen müssen so flexibel sein, dass sie auf unterschiedliche Entwicklungen in der Familie ebenso wie im Beruf reagieren können.

Eine mögliche Hierarchisierung in dieser Karrieredefinition darf nicht endgültig festgelegt sein. So kann am Anfang durchaus eine Koordinierung von Doppelkarrieren stehen. Das Denken in solchen Doppelstrategien kann dann abgelöst werden durch die, möglicherweise auch nur vorübergehende, Priorisierung des Berufsweges einer der Partner. Eine solche Priorisierung darf aber niemals genderspezifisch vorgegeben sein. Das gemeinsame Verständnis und die gemeinsame Kommunikation dieses Verständnisses müssen immer darauf abzielen, dass jeder der Partner wesentlicher Teil der gemeinsamen Karrierestrategie und -umsetzung ist. Wechselseitige Unterstützung durch das Teilen von Wissen, Erfahrung, Netzwerk etc. muss selbstverständlich sein.

Veränderungen der gemeinsamen Karrierestrategie sind nur gemeinsam zu entscheiden. Dabei kann sich auch die Priorisierung grundlegend ändern. Wichtig ist, dass die Konfektionierung der gemeinsamen Karriere nicht nur für beide Partner der richtige Weg ist, sondern dass solche Modelle auch die gesellschaftliche Akzeptanz erfahren. Fehlt die gesellschaftliche Akzeptanz, schlägt dies auch auf die Akzeptanz innerhalb der Partnerschaft zurück. Fehlt die Akzeptanz in der Partnerschaft, sind alle Überlegungen, Karriere als Partnererfolg neu definieren zu wollen, von vornherein zum Scheitern verurteilt, weil sich dann immer einer der Beteiligten zurückgesetzt und nicht genügend wertgeschätzt fühlen wird.

Deshalb sollten wir uns auch von veralteten Karriere-Vorstellungen des letzten Jahrhunderts verabschieden, die uns vorgaukeln wollen, Karriere sei nur in Vollzeit möglich. Heute wissen wir, dass Führung auch in Teilzeit funktioniert. Es ist nur eine Frage des Wollens und der Organisation dieses Wollens. Der gern vorgebrachte Einwand »Verantwortung ist nicht teilbar«, ist in diesem Zusammenhang nur ein schwaches Scheinargument. Verantwortung mag nicht teilbar sein. Die Führungsaufgabe ist es aber schon.

Teilzeit darf deshalb nicht das Ende der Karriere bedeuten. Weder für Frauen noch für Männer. Es ist ein unsägliches, aber noch immer weitverbreitetes Vorurteil, Teilzeit sei nur etwas für Mütter und Low Performer. Auch High Performer würden aber vielleicht gern ein Teilzeit-Modell für sich vereinbaren, wenn das Image von Teilzeit besser wäre. Hier bewegt sich etwas, aber noch viel zu langsam.

Teilzeit ist dabei nur ein Beispiel. Alle Formen von flexibler Arbeitsgestaltung, auch über Arbeitszeit und -ort hinausgedacht, sollten als Werkzeuge des partnerschaftlichen Vereinbarungsmanagements in Betracht kommen. Die Digitalisierung wird hier helfen, sowohl das familiäre Tagesgeschäft als auch die gemeinsame Karriereplanung besser zu organisieren.

Im Ergebnis wird sich hoffentlich der Gender Career Gap etwas zügiger schließen, als dies bisher geschehen ist.

Schluss mit genderspezifischen Vorprägungen

Neben allen Bemühungen in der Partnerschaft selbst, brauchen wir aber auch weitere grundlegende Veränderungen im Denken und in der Einstellung unserer Gesellschaft. Genderspezifische Vorprägungen, die schon Mädchen und Jungen in bestimmte Rollen drängen und ihnen andere Pläne verbauen wollen, müssen der Vergangenheit angehören. Dazu können die Familie, aber auch die Schulen beitragen. Arbeitgeber und Politik sind gefordert, die Rahmenbedingungen zu schaffen, die Frauen und Männern gleichermaßen die Vereinbarung von Beruf und Familie ermöglichen. Und die Gesellschaft insgesamt muss lernen, die in der Partnerschaft herausgearbeiteten gemeinsamen Karrierestrategien vorbehaltlos zu akzeptieren. Männer werden viel eher bereit sein, zugunsten ihrer Partnerinnen auf eine allein für sie selbst zugeschnittene Karrierestrategie zu verzichten und stattdessen partnerschaftliche Vereinbarungslösungen zu finden, wenn damit für sie kein gesellschaftliches Statusgefälle verbunden ist.

Der neu definierte Karrierebegriff im Sinne einer partnerschaftlichen Gemeinschaftskarriere lässt Männer und Frauen, die Unternehmen und letztlich die gesamte Volkswirtschaft davon profitieren, dass niemand vom Karriereweg ausgeschlossen wird, weil es immer schon so war.

*Dr. **Ulrich Goldschmidt** ist Vorstandsvorsitzender des Berufsverbandes DFK – DIE FÜHRUNGSKRÄFTE mit rund 25.000 Mitgliedern im Bundesgebiet. Der Jurist ist Spezialist für Führungsfragen, Vergütung und Corporate Governance. Außerdem ist er Ansprechpartner für die Sprecherausschüsse der Leitenden Angestellten sowie Berater und Coach für Vorstände und Aufsichtsratsmitglieder. Ulrich Goldschmidt ist Autor zahlreicher Fachpublikationen und war Mitglied in verschiedenen Kommissionen des Bundesarbeitsministeriums. Er hat zum Beispiel an der Novellierung des Mitbestimmungsgesetzes und des Aktiengesetzes mitgearbeitet.*

Werner Conin: »Seite an Seite schaffen wir das!«

Dieser Beitrag stellt Werner Conin vor, ein Ehemann einer der Herausgeberinnen und ein Gegenentwurf zu Martin Zaiser, aber auf seine Weise ebenfalls sehr erfolgreich: Vater zweier Kinder, Ehemann einer Vollblut-Unternehmerin und Leiter eines eigenen Weingutes, in dem er mit seiner Familie lebt. Dabei fing sein Leben ganz anders an. In Kolumbien geboren und sozialisiert, war auch der Start in das Arbeitsleben als Betriebswirt eher klassisch im Sinne einer nach oben zielenden Industriekarriere. Durch Zufall lernte er jemanden kennen, der durch und durch Unternehmer war – bedingungslos, immer, in absoluter Totalität. Ein Typ Mann, den er bewunderte, vor dem er Respekt hatte und dessen Art ihn faszinierte. Und in dessen Unternehmen er einen Job für den Auslandsvertrieb bekam. Dass die quirlige Kollegin die Unternehmertochter war, fand er erst heraus, als er schon ziemlich verliebt war. Es war zunächst schwierig, wirklich in die Familie reinzukommen. Zudem wurde er am Anfang auch blöd von den Kollegen angeschaut, die ihm Berechnung unterstellten. Die Herausforderung kam, als seine Frau die Unternehmensnachfolge antrat. Es waren Umbruchzeiten für das Unternehmen. Hinzu gesellte sich, dass für beide die Konstellationen als Ehepaar und als Angestellter und Chefin nicht so einfach vereinbar waren. »Ich selbst fühlte mich in zweiter Reihe unwohl.« Seine Frau lebte mit Leib und Seele das Unternehmertun, er empfand das Bedürfnis Eigenes zu schaffen.

Trotzdem, etwas war und ist unverrückbar: Seine Frau wollte mit ihrem Unternehmen erfolgreich sein, das brauchte mehr als 100 % Engagement und Einsatz von ihr. Dieses Ziel mit allen Sonnen- und Schattenseiten trägt er mit. Bedingungslos.

»›Seite an Seite schaffen wir das‹, ist unsere Devise, wir unterstützen uns gegenseitig, mit allen unseren Möglichkeiten. So gut es nur immer geht. Kommunikation und Informationsaustausch finden auf hohem Niveau statt, eher fragmentarisch und schnell, viel gefragt wird nicht.«, erzählt Werner Conin. Wichtig ist dabei, sich zu verinnerlichen, dass es absolut auch Zeiten braucht, in denen Raum zur Kommunikation da sein muss. Die muss man sich nehmen – ohne Kompromisse.

»Ich bringe auch meinen Teil in den häuslichen Bereich ein, aber das, was meine Frau hinkriegt, schaffe ich nicht. Sie ist ein Wirbelwind und hat ungeheure Energie. Wenn sie abends nach Hause kommt, ist in Nullkomma-nichts gekocht, und wir sitzen gemeinsam am Familientisch. Ich bin da eher schludrig und habe kein Zeitgefühl. Dadurch komme ich dann auch mal zwei Stunden später, was meine Frau ziemlich nervös macht.«

Das man immer weiter wachsen kann, das hat Conin mit seiner Frau zusam-men gelernt. Freitagabends mal schnell nach Berlin fahren, ein Meeting, ein Empfang und noch kurz was für die Kinder gekauft – das gemeinsame Leben ist dicht und intensiv. Ohne sie wäre er niemals da, wo er heute ist. Wahr-scheinlich hätte er auch diesen Ehrgeiz, den er heute hat, ohne sie nicht entwickelt. Sein Horizont ist unendlich viel weiter geworden.

Heute leitet er erfolgreich ein eigenes Weingut. Seine Frau nimmt er als seine ebenbürtige Partnerin wahr, nicht als überlegen: »Wenn ich mich in unserem Bekannten- und Freundeskreis umschaue, dann sind fast alle Frauen beruf-lich ambitioniert und teilweise auch monetär erfolgreicher als ihre Männer. Das ist für mich normal. Wichtig für mich war mein eigener Schritt ins Unter-nehmertum. In dem Moment, als ich mein Hobby ›Wein und Weinbau‹ zum Beruf gemacht habe mit all den Investitionen, hat sich mein Leben noch ein-mal sehr gewandelt.« Und er weiß, dass seine Liebe und Emotionalität und insbesondere seine Verlässlichkeit ein ganz wichtiger Stützpfeiler für seine Frau sind. »Sie kann ohne Zirkus meinerseits ihr Ding machen.«

Werner Conin wurde 1967 in dritter Generation deutscher Auswanderer in Kolumbien geboren. Er verbrachte einen Großteil seiner Kindheit dort. In Deutschland absolvierte er eine kaufmännische Ausbildung bei der Hoechst AG, das Studium zum Diplom-Betriebswirt (FH) und ein Senior Executive Programm am Insead. Bis 1996 war Werner als Assistent der Geschäftsführung für ein auf Phar-madienstleistungen spezialisiertes Unternehmen und als Vertriebsverantwortlicher für den Aus-bau des Europageschäfts tätig. Ab 1996 begann er nebenberuflich im Weinbau seines Schwieger-vaters Dr. Hans Ohnsorge mitzuarbeiten, der zu dieser Zeit eine relativ kleine Anbaufläche hatte.

Das Thema Wein begeisterte ihn zunehmend, sodass er sich für Ausbildungen im Weinbau entschloss. So folgten von 2004 bis 2007 die Ausbildungen »Staatlich geprüfter Wirtschafter mit der Fachrichtung Weinbau und Oenologie«, »Staatlich anerkannter Winzer« und schließlich »Winzermeister«. Ab 2003 erfolgten sukzessive die Vergrößerung der Flächen und der Ausbau des Weinguts, was den Übergang vom Nebenerwerb in den Vollerwerb mit sich zog.

Die Vielfältigkeit der Arbeiten in der Natur, im Weinkeller und der Unternehmensführung begeistern ihn ebenso, wie das Ergebnis seiner Arbeit in schönen Stunden gemeinsam mit Gästen, Kunden und Freunden zu genießen.

Lessons learned: Es funktioniert nur Seite an Seite !

»Seite an Seite schaffen wir das«, sagt Werner Conin. Auch in den Medien hört, sieht und liest man immer wieder vom prozentual steigenden Einsatz von Vätern in Sachen Hausarbeit & Co. Doch bedeutet das wirklich, dass die Väterzeit auf dem Vormarsch ist? Wir finden: nein! Die Medienberichterstattung gaukelt uns Gleichberechtigung vor. Männer wollten auch Väter sein, treten im Job kürzer, um an der Heimatfront ihren Mann zu stehen. Doch sind zwei Monate, die Väter durchschnittlich dort verbringen, bereits gelebte Gleichberechtigung? Wir finden erneut: nein! »Vier von fünf Vätern (79 Prozent) wählten lediglich die Mindestbezugsdauer von zwei Monaten, während die überwiegende Mehrheit der Mütter (87 Prozent) die maximale Bezugsdauer *(des Elterngeldes)* von zwölf Monaten ausschöpfte«, so das Statistische Bundesamt 2016.[14]

»Dieses Miteinander auf Augenhöhe ist für viele keine Selbstverständlichkeit. Das habe ich oft genug selbst erfahren. Es mangelt an gelebter Gleichberechtigung. Viele Menschen, Männer wie Frauen, streben in der Familienphase zurück in die tradierten Rollen.« Diese Aussage von Christel Röttinger, die sich im nächsten Kapitel wiederfindet, bestätigt unsere bereits beschriebene Annahme, dass die in den Medien allgegenwärtige Gleichberechtigung durch Elternzeitmodelle oder Teilzeitangebote tatsächlich nicht oder nur in geringem Maße existiert. Im Väterreport der Bundesregierung bewerten die befragten Männer die Väter-Auszeit als Fortschritt. »82 Prozent der Bevölkerung finden es gut, wenn Väter eine Auszeit nehmen oder Arbeitszeiten reduzieren, um sich um die Kinderbetreuung zu kümmern. Fast jeder fünfte Vater hätte gerne Elternzeit genommen, hat aber aus Angst vor Einkommensverlusten und/oder beruflichen Nachteilen sowie organisatorischen Problemen im Betrieb darauf verzichtet.«[36]

---

36 https://www.destatis.de/DE/PresseService/Presse/Pressemitteilungen/2016/06/PD16_212_22922.html

6 Rollentausch: Wenn der Mann kein Ernährer (mehr) ist

Auch wenn vieles auf die Modernisierung der Geschlechterverhältnisse hinweist, sind wir noch lange nicht da, wo wir sein könnten. Dies zeigt auch das Buch von Cornelia Koppetsch und Sarah Speck »Wenn der Mann kein Ernährer mehr ist«. In rund 10 % aller Paarhaushalte erwirtschaften die Frauen den größten Teil des Familieneinkommens.[37] Doch was passiert dann in der Paarbeziehung?

Dieser Frage gingen Speck und Koppetsch in 29 Paarinterviews nach. Für ihre Stichprobe unterscheiden die beiden Wissenschaftlerinnen die Zugehörigkeit der Befragten nach drei sozialen Milieus: ein individualisierbares urbanes, ein wertkonservatives familistisches und ein traditionelles Arbeitermilieu. Um nicht zu tief in den beschriebenen soziologischen Schubladen zu wühlen, reicht es, den zentralen Befund der Untersuchung zu highlighten: »Die Aufhebung von Geschlechterungleichheiten in absehbarer Zeit ist nicht sehr wahrscheinlich.«[38]

Cornelia Behnke, die das Buch rezensierte, geht mit ihrem Schluss sogar noch weiter: »Egalität in den Geschlechterbeziehungen ist nicht zu erwarten, solange männliche Dominanz noch sexy ist«.[39] Die Position der Frau als Familienernährerin gereiche der Frau nicht zum Vorteil, weil sie sich insgesamt als emotional bedürftiger erweise und der Mann somit ihrer Ressourcenmacht seine Bindungsmacht entgegensetzen kann. Gerade bei jüngeren Frauen vollziehe sich dadurch paradoxerweise die Modernisierung des Geschlechterarrangements mit dem Ziel, mittelfristig wieder in alte Rollenmuster zurückzufallen – dies stellt eine Gefahr dar und hat Tradition. »Besonders den männlich-konservativen Eliten der jungen Bundesrepublik galt es als gesellschaftliches Ziel des Wirtschaftswunders, die alte Ordnung in

---

37 Vgl. Klenner, Chr./Menke, K./Pfahl, S.: Flexible Familienernährerinnen. Moderne Geschlechterarrangements oder prekäre Konstellationen? Opladen 2012.
38 https://soziopolis.de/lesen/buecher/artikel/wenn-der-mann-kein-ernaehrer-mehr-ist/
39 Ebenda.

der Familie wieder herzustellen«, so Carsten Wippermann in seinem Beitrag »Familienernährerinnen«.[40] Eine Umkehrung der traditionellen Rollenverteilung war in den Nachkriegsjahren – dem Jahrzehnt der Trümmerfrauen – gelebte Realität. Heute seien Familienernährerinnen »merkwürdig unsichtbar« so Wippermann, und das obwohl die Zahl der Familienernährerinnen kontinuierlich wachse.

Das hinterlässt uns, als Herausgeberinnen dieses Buches, ratlos. Unsere nun folgende Autorin Christel Röttinger nimmt den Mangel an gelebter Gleichberechtigung unter die Lupe und kommt zu dem Schluss, dass es nur wenige Männer gibt, die wirklich gut mit den »vertauschten« Rollen klarkommen. Dem Thema der unterschiedlichen Biologien von Frauen und Männern nimmt sich Robert Egger an.

Christel Röttinger: Nur Mut!

Wie sich Erfolgsfrauen positionieren und wie (deren) Männer damit umgehen, ist eine ebenso spannende wie aktuelle Frage. Man kann dieses Thema als zu vernachlässigendes Luxusproblem einer privilegierten Minderheit abtun. Doch für Frauen, die es betrifft, ist es sehr real – und konfliktträchtig obendrein. Denn was Wissenschaftler bislang über männliche Einstellungen herausgefunden haben, ist aus Frauensicht ernüchternd: Nur jeder fünfte Mann ist der Meinung, dass sich beide zu gleichen Teilen um Haushalt und Kindererziehung kümmern sollten und dass die Partnerin beruflich Karriere machen sollte[41]. Ist die Frau noch dazu die Topverdienerin in der Partnerschaft, führt dies bei den Männern meist zur Krise: ihr Selbstwertgefühl ist vermindert, ihre Selbstzweifel steigen ebenso wie Existenz- und Versagensängste. Sind Männer also völlig ungeeignet für einen Platz in der zweiten Reihe? Nein. Aber um es dort auszuhalten, müssen sie – übrigens genauso wie wir Frauen – gegen ein altes Erbe ankämpfen: Seit Jahrtausenden ist in

---

40 Wippermann, C.: Familienernährerinnen. Wechselfälle im Lebenslauf – Vielfalt gesellschaftlicher Wirklichkeit. In: Kramp-Karrenbauer, A./Schröder, Kr. (Hrsg.): »Mama zahlt! – Familienernährerinnen berichten«, Freiburg/Basel/Wien 2013.
41 Volz, R./Zulehner, P.M.: Männer in Bewegung. Zehn Jahre Männerentwicklung in Deutschland, Baden-Baden 2009.

unseren Genen hinterlegt, dass der Mann der Ernährer ist, nicht die Frau. Wir sind in der Regel mit klassischen Rollenverteilungen aufgewachsen, unsere Gesellschaft löst sich nur langsam von alten Überzeugungen. Es erfordert ein klares Bewusstsein und Offenheit, um »Side by Side« zu leben statt »Bottom to Top«.

Side by Side: für viele keine Selbstverständlichkeit

Mir war früh klar, dass ich nicht in Abhängigkeit leben will. Als ich meinen Mann mit 43 Jahren kennenlernte, lebten wir am selben Ort und waren beruflich quasi auf Augenhöhe: mein Mann als Generalintendant zweier Staatsorchester, ich als gerade durchgestartete Unternehmerin. Er wechselte an ein Theater ins Ruhrgebiet. Plötzlich waren wir fast 300 Kilometer voneinander entfernt – eine Fernbeziehung, die uns beiden schnell zu schaffen machte. Nach weniger als zwei Jahren kündigte mein Mann diese von ihm sehr geschätzte Position zugunsten unserer Beziehung und wechselte in eine deutlich geringer dotierte Position an ein Theater in der Nähe unseres Wohnortes. Die Gehaltswaage hatte sich damit endgültig und sehr deutlich zu meiner Seite geneigt. Seither profitieren wir gemeinsam von dem Geld, das ich als Unternehmerin mehr verdiene als er. Mein Einkommen sichert uns einen sehr angenehmen Lebensstandard. Und ich profitiere vor allem von den immateriellen, geistig-kulturellen Schätzen, die mir dank des Berufs meines Mannes zugänglich sind – seien es der Gedankenaustausch mit Künstlern oder der regelmäßige Besuch wunderbarer Opern und Schauspielaufführungen. Wir sind stolz aufeinander. Die Frage der Einkommensverteilung spielt für uns überhaupt keine Rolle.

Dieses Miteinander auf Augenhöhe ist für viele keine Selbstverständlichkeit. Das habe ich oft genug selbst erfahren. Es mangelt an gelebter Gleichberechtigung. Viele Menschen, Männer wie Frauen, streben in der Familienphase zurück in die tradierten Rollen. Wie sehr diese eine Beziehung prägen, darüber wird geschwiegen. Ein weitverbreitetes Tabuthema. Mit der Reife – dieser schwer zu definierenden Mischung aus steigendem Lebensalter und -erfahrung – entwickeln sich andere Werte und Einstellungen. C. G. Jung hat einst gesagt: »Mit 40 fängt die Nachtfahrt an.« Für den Schweizer Psychiater ist die Nachtfahrt eine Chiffre dafür, den bisherigen Lebensweg infrage zu stellen. Frauen fangen an, sich gegen althergebrachte Rollenzuweisungen zu wehren und für ihr Leben neue Ziele zu setzen. Männer sehen sich damit neuen Ansprüchen gegenüber.

Wenn es Männern zu gefährlich wird

Vor meiner Selbstständigkeit war ich lange in Großkonzernen tätig. Solange ich nicht eine Position anstrebte, auf die auch ein männlicher Kollege ein Auge geworfen hatte, gab es keine Probleme. Doch meistens war es anders: Männer fühlten sich zur Führungsposition berufen, wir Frauen hingegen, egal wie hochqualifiziert, hatten das Nachsehen. Der Psychologe Werner Dopfer sagt:»Eine grundlegende Angst bei Männern ist, an Bedeutung zu verlieren. Außerdem haben viele Angst vor dem Verlust der Leistungsfähigkeit und vor der weiblichen Emotionalität. An diesen zentralen Ängsten wird gerüttelt, wenn eine Frau den Ton angibt. Männer sind es einfach nicht gewöhnt, Macht mit Frauen zu teilen.«[42]. Diese Ängste führen, so Dopfer, zur Abwehr, entweder durch fachliche oder persönliche Abwertung der Frau, oder – wesentlich häufiger – zu unbewussten Mechanismen, das heißt, Männer gehen in den Widerstand und verweigern sich der Zusammenarbeit. Meine Selbstständigkeit ist das Resultat einer solchen Situation: Ich hatte bereits eine für Frauen zum damaligen Zeitpunkt ungewöhnlich hohe Vertriebsposition erreicht, als eine männlich dominierte Umstrukturierung meine Konzernkarriere zu blockieren drohte. Ich wurde in meiner Handlungs- und Entscheidungskompetenz massiv beschnitten. Nach einem halben Jahr des Widerstands zog ich die Konsequenzen: Ich entschied mich für die Neuorientierung und kaufte mich mit 40 Jahren in meine erste Firma ein.

Der Wille zur Karriere entsteht im Innersten, egal ob Mann oder Frau. »Side by Side« kann nur entstehen, wenn Frauen ihren Willen, vorwärts zu kommen und finanzielle Unabhängigkeit zu erreichen, auch umsetzen. Dabei sollten sie sich Menschen im Umfeld suchen, die sie unterstützen und auf ihrem Weg begleiten. Nur weil es dem einen oder anderen Mann zu gefährlich erscheint, muss das weibliche Erfolgsstreben nicht abgewürgt werden. Und nur, weil mancher Mann Probleme damit hat, dass sie viel, mitunter sogar mehr als er verdient, dürfen Frauen ihr Licht nicht unter den Scheffel stellen.

---

42 Lissok, N.: »Die braucht man nicht fördern, die wird bald schwanger«, Interview mit Werner Dopfer, Süddeutsche Zeitung, 29. September 2016; http://www.sueddeutsche.de/karriere/frauen-und-karriere-die-braucht-man-nicht-foerdern-die-wird-bald-schwanger-1.3180864-2

Ich erlebe immer wieder gestandene Geschäftsfrauen, die angesichts ihres eigenen hohen Verdienstes um den Frieden in der Partnerschaft bangen und mir leise gestehen: »Ich darf nicht mehr verdienen als mein Mann. Das könnte er nicht ertragen!« Wenn Männer hinter Frauen zurückstehen müssen, aus welchen Gründen auch immer, fühlen sie sich nicht gut. Denn dann beginnt der innere Kampf gegen das in den Genen gespeicherte kollektive Wissen um die Geschlechterhierarchie.

Es gibt nur wenige Männer, die wirklich gut mit den »vertauschten« Rollen klarkommen. Männer, denen dies gelingt, sind in ihrer Mitte und können dadurch das vorherrschende Rollenverständnis hinter sich lassen. Sie fühlen sich nicht erniedrigt. In meinem Umfeld haben solche Männer bereits etwas in ihrem Leben erreicht, was es ihnen leicht macht, einen Schritt hinter die Frau zurückzutreten. Sie nehmen sich nun Zeit für ihre Interessen oder suchen sich eine Aufgabe, die für sie sinnstiftend ist. In diesen Paarbeziehungen funktioniert die Kommunikation meistens gut; es gibt keinen Machtkampf. Wenn der Mann beruflich beispielsweise zugunsten der Erziehung eigener Kinder zurücksteckt, ist dies eine ganz besondere Herausforderung – und zwar für beide! Für ihn, wenn er auf keine beruflichen Erfolge zurückblicken kann. Und für sie, wenn es ihr nicht gelingt, ihn weiter als gleichberechtigten Partner anzusehen. Was es mindestens braucht, um mit dieser schwierigen Konstellation umzugehen, ist eine besondere innere Reife – auf beiden Seiten.

Let's play – wie Männer ticken

Verhaltensmuster begleiten uns seit Adam und Eva. Wer als Frau in männerdominierte Riegen vorstößt und sich dort behaupten will, tut gut daran, sich üblicher Verhaltensweisen von Männern bewusst zu sein und einen geeigneten Umgang damit zu finden. Anderenfalls bleibt FRAU auf der Strecke und fragt sich verwundert, warum sie bei der Vergabe von Führungspositionen mal wieder übergangen wurde.

> **Beispiel**
> Team-Meeting: Das Alphatier sitzt am Kopfende, die Kollegen scharen sich um den Tisch. Das Meeting beginnt. Während ihre männlichen Kollegen noch mit Geplänkel, Scherzen oder ihren Unterlagen beschäftigt sind, bringt SIE sich bereits in Position. Im Sinne eines effizienten Meetings präsentiert sie gleich zu

Beginn ihre Analyse und Vorschläge – und verschießt damit bereits in den ersten zehn Minuten ihr gesamtes Pulver. Minuten, in denen sich ihre männlichen Kollegen noch sortieren, sich warmlaufen.

IHR Problem: Wenn alle dann auf Betriebstemperatur sind, hat sie nichts mehr nachzusetzen; vorher findet sie jedoch wenig Gehör. Stattdessen muss sie staunend zur Kenntnis nehmen, dass ein Kollege ihre Ideen in seine Worte kleidet und für sich beansprucht – und damit jetzt, wo alle Aufmerksamkeit auf ihm ruht, auch beim Chef punktet.

Es gilt, die ungeschriebenen männlichen Rituale zu kennen. Gerade die Vergabe der höheren Posten kungeln Männer immer noch gerne unter sich aus. Wer als Frau hierbei nicht von vornherein auf verlorenem Posten stehen will, muss das Spiel der Männer mitspielen – mit selbstverständlicher Leichtigkeit. Das bedeutet nicht, die eigene Weiblichkeit zu negieren. Vielmehr muss FRAU dem Selbstbewusstsein der Männer ihr eigenes Selbstbewusstsein entgegensetzen und dies klar nach außen signalisieren: mit Selbstverständlichkeit, Souveränität und Stehvermögen. Der Psychologe Werner Dopfer, Autor des Buches »Das Mama-Trauma«, rät davon ab, sich als Frau betont männlich zu verhalten. »Sie sollten eher mehr lernen, wie Männer ticken, wenn sie sie führen wollen. Zum Beispiel sollten sie öfter hart verhandeln, damit sie den Männern das Gefühl geben, eine ebenbürtige Partnerin zu sein. Ich bekomme von weiblichen Führungskräften, die ich berate, häufig die Frage gestellt: ›Wie sehen Sie das als Mann?‹. Das finde ich wichtig. So machen sich die Frauen zu Nutze, dass sie sich gut in andere hineinversetzen können und haben damit mehr Führungserfolge.«[43]

Das kollegiale Netzwerk ist für das Vorankommen im Konzern unverzichtbar. Doch wir Frauen tun uns mit dem Netzwerken aus unterschiedlichsten Gründen häufig noch schwer. Dabei können wir uns vom männlichen Miteinander einiges abschauen – innerhalb wie außerhalb der Unternehmensmauern. Männer, die sich gerade noch am Konferenztisch mächtig in die Haare geraten sind, sitzen kurz darauf einträchtig beim Feierabendbier zusammen. Das machen Frauen eher weniger. Und bringen sich damit um potenzielle

---

43 Lissok, N.: »Die braucht man nicht fördern, die wird bald schwanger«, Interview mit Werner Dopfer, Süddeutsche Zeitung, 29. September 2016; http://www.sueddeutsche.de/karriere/frauen-und-karriere-die-braucht-man-nicht-foerdern-die-wird-bald-schwanger-1.3180864-2

Chancen: Denn in entspannter After-Work-Atmosphäre werden oft mehr Weichen fürs eigene Vorankommen gestellt als durch perfekte Präsentationen im Meeting.

Karrierekiller oder Förderer – die Rolle des Mannes beim weiblichen Vorankommen

Opfert die Frau allzu oft ihre Abende fürs Büro oder Geschäftsessen, herrscht Unmut zu Hause. Nach meiner Einschätzung sind zwischen 60 und 70% der Männer über eine mangelnde häusliche Präsenz ihrer Partnerin genervt. Warum? Weil sie an Bequemlichkeit einbüßen. Sie müssen sich selbst verpflegen, allein die Kinder ins Bett bringen oder sich um den Haushalt kümmern. Lästige Pflichten. Und wieder zeigt sich ein gegensätzliches Reaktionsmuster: Während Frauen bei sich häufenden Abendterminen schnell damit beginnen sich zu rechtfertigen, betrachten Männer es umgekehrt eher als selbstverständlich, dass der Karrierejob solche Zugeständnisse von ihnen verlangt. Ob beide die Veränderungen, die der berufliche Aufstieg der Frau fürs gemeinsame Privatleben mit sich bringt, bewältigen können, hängt stark von der Qualität der Paarbeziehung ab. In meinen Augen ist es eher eine Frage der Mentalität, ob Männer Frauen auf ihrem Karriereweg unterstützen. Respekt, Toleranz und Offenheit sind hier die Grundpfeiler. Andererseits ist für das berufliche Fortkommen der Frau auch ihre Hartnäckigkeit beim Verfolgen eigener Ziele ein entscheidendes Kriterium. Ich habe schon oft erlebt, dass eine Frau auf den nächsten Karriereschritt zugunsten ihres Partners verzichtet, vor allem, wenn Kinder im Spiel sind.

> **Beispiele**
>
> Ich hatte ein Jahr lang als Mentorin mit einer jungen Frau Anfang 30 darauf hingearbeitet, dass sie den Sprung in eine richtig gute Position schafft. Dies war allerdings verbunden mit dem Umzug in eine andere Stadt, ohne ihren Mann. Sie war vier Jahre älter als ihr Partner. Der Druck des privaten Umfelds, auch ihrer besten Freundinnen, in Sachen Familienplanung vergrößerte sich zusehends. Ich empfahl ihr, der emotionalen Belastung standzuhalten und mit einer Schwangerschaft noch zu warten. Erst solle sie sich in ihrem neuen Umfeld etablieren, so mein Rat. Was geschah? Nach einem Dreivierteljahr wurde sie schwanger. Der Karriereschritt war damit Makulatur, sie zog zurück zu ihrem Mann. Mittlerweile ist sie nun in einem Unternehmen angestellt, das es ihr ermöglicht, die meiste Zeit von zu Hause aus zu arbeiten.

Ein anderes Beispiel: Der Mann einer meiner Kooperationspartnerinnen, einer zweifachen Mutter, im Job sehr professionell und tough, ging in Absprache mit ihr für seinen Arbeitgeber nach Asien. Die Konsequenz: Sie hat ihre Führungsposition gekündigt und zieht mit der Familie nach. Auch wenn sie den Wechsel in die Fremde als Abenteuer sieht, auf das sie sich freut, markiert er eine Zäsur: Zum ersten Mal in ihrem Leben verdient sie nun kein eigenes Geld mehr. Ich riet ihr, mit ihrem Mann ein fiktives Gehalt für ihre häusliche Arbeit zu vereinbaren und dieses Geld auf ein eigenes Konto einzuzahlen, auf das sie alleinigen Zugriff hat. Außerdem schlug ich ihr vor, sich nicht nur auf Kinderbetreuung und Haushalt zu beschränken, sondern sich ihrer brachliegenden Talente zu erinnern und diese zu entwickeln.

So wie hier muss es jedoch nicht laufen. Auf einen kurzen Nenner gebracht: Berufsbedingte Veränderungen können beiden Partnern eine Neuausrichtung ermöglichen. Der vermeintliche Karrierekiller kann auch für die Frau zur Chance werden. Flexibilität und Offenheit spielen eine Schlüsselrolle für gelebtes »Side by Side«. Bekommt nicht der Mann, sondern die Frau den Ruf in die Ferne, kann auch er sich damit gewinnbringend arrangieren, wie folgendes Beispiel zeigt.

Beispiel
Er war selbstständiger Pharmareferent, sie bekleidete eine Führungsposition bei einer großen Modemarke. Als sie mit 60 Jahren für ihr Unternehmen nach Thailand ging, passte sich ihr Ehemann der veränderten Situation an. Er beendete vorzeitig seine berufliche Tätigkeit und zog mit ihr nach Bangkok. Nachdem er die ersten zwei Jahre das Nichtstun genossen hatte, suchte er sich eine neue Betätigung als Hobbymusiker in einer Jazzband. Zusätzlich engagierte er sich in sozialen Projekten vor Ort. Beide haben Freude am neuen Lebensentwurf mit neuem Standort.

Männerperformance unterscheidet sich von Frauenperformance
Der Weg nach oben ist nie bequem. Führungspositionen muss man wirklich von sich aus wollen; es ist eine Frage der intrinsischen Motivation. Nur so lassen sich Hindernisse und Widrigkeiten überwinden. Der Wille, gepaart mit Leidenschaft und Hartnäckigkeit, bildet das Fundament des Erfolges. Die innere Haltung stellt die Weichen.

Ein Stolperstein ist der Mut, besser gesagt die Mutlosigkeit. Sie ist einer der häufigsten Gründe, warum Karrieren scheitern. Denn Voranzuschreiten braucht Mut, um offen, selbstbewusst, konsequent und risikobereit zu sein. Wer aus Angst vor einem Fehler nichts riskiert, hat schon verloren.

Ein Aspekt, der davor schützt, nicht aufs Karriereabstellgleis zu geraten, ist die Bereitschaft, genügend Zeit in die persönliche Entwicklung zu investieren. Coaching, gezielte Fortbildung, gerade auch außerhalb des rein Fachlichen, eigene Imagebildung und Selbstvermarktung – all das sind Faktoren, die Männer immer noch viel selbstverständlicher in Anspruch nehmen und nutzen als Frauen. Um es auf den Punkt zu bringen: Es ist in aller Regel nicht mangelnde Fachkompetenz, an der weibliche Karrieren scheitern, sondern das fehlende Bewusstsein für die sogenannten Sekundärtugenden. Der Bogen spannt sich hier von der eigenen Performance (Wie bewege ich mich, wie erreiche ich mein Ziel?) bis hin zur Reflexion: Welche Attribute bringe ich mit, damit es sich leicht anfühlt für mich? Und am Ende steht ein großes mentales Ausrufezeichen: Mein Herz sollte vor Freude hüpfen bei dem, was ich tue!

In Großkonzernen stellt sich das Ranking der Karrierefaktoren noch etwas differenzierter dar. Hier gilt in ganz besonderer Weise das Credo: »Ich muss dafür sorgen, dass ich wahrgenommen werde (siehe das Beispiel mit dem Meeting), auch von den Entscheidern der Konzernmutter.« Das bedeutet konkret, das Vertrauen in die eigenen Fähigkeiten aufzubauen und dieses gleichzeitig überzeugend auszustrahlen. Andere müssen an mich glauben können und mir folgen wollen. Und ich muss in der Lage sein, »Politik« zu machen und dabei Netzwerke zu bedienen. Wer dieses Regelwerk nicht beherrscht, scheitert im Großkonzern schnell.

High Performance erfordert, sehr stark mit dem Kopf im Job verankert zu sein. Da bleibt nicht viel Raum für anderes. Arbeiten beide Partner in Spitzenpositionen, so ist das Outsourcing häuslicher Aufgaben die Regel. Anders kann es wohl nicht funktionieren – erst recht nicht, wenn Kinder da sind. Doch ob Kinder oder nicht: In jedem Fall brauchen beide Partner die rare Zeit – für die Beziehung und für die Familie und nicht fürs Wäsche waschen, bügeln, putzen, Rasen mähen etc. Ist die Beziehung belastbar, hält sie auch Karrieren aus.

Der Mann in der zweiten Reihe
Ich erlebe Männer, die souverän ihren Platz in der zweiten Reihe einnehmen, und ich erlebe Männer, die versuchen, ihren untergeordneten Status auszu-

gleichen, so zum Beispiel durch intensives Golfspiel. Solche Männer erzählen dann bei Partys die ganze Zeit von ihrem Handicap. Damit versuchen sie sich neben ihrer Erfolgsfrau gebührend in Szene zu setzen. Wenn der golferische Redeschwall nicht abebbt, kann das ziemlich ermüdend für alle anderen werden. Und dann fragt sich der- oder diejenige: Wie konnte sich diese kluge und sympathische Frau in diesen aufgeblasenen Mann verlieben? Wären solche Männer weniger verzweifelt bemüht, sich hervorzutun, sondern einfach authentisch, würden sie wesentlich anerkannter sein.

Grundsätzlich gilt: Wenn der Mann gefestigt und in seiner Mitte ist, dann funktioniert diese Lebensform für ihn gut. Unsere Gesellschaft bewertet Hausarbeit leider immer noch gering. Bei Hausfrauen gibt es Ansätze für ein Umdenken; sie genießen mittlerweile auch Anerkennung für ihren Job im Hintergrund. Bei Hausmännern ist solches Verständnis noch in weiter Ferne. Hinter vorgehaltener Hand kursieren Begriffe wie »Weichei« oder »Frauenversteher«. Oder man bedauert die Frauen, weil ihr Mann ihnen nicht »mehr« zu bieten vermag. »Hinter jedem erfolgreichen Mann steht eine starke Frau«, ist zum geflügelten Wort geworden. Das habe ich umgekehrt noch nie gehört.

Das Plus an Weiblichkeit
Obwohl wir in Deutschland viele Regierungsjahre einer Kanzlerin kennen, sind die meisten Bereiche der Wirtschaft und Politik noch wenig weiblich geprägt. Für uns Frauen ist es wichtig, dass wir auch in den Chefetagen, Vorständen und Aufsichtsräten gleichberechtigt vertreten sind. Ich wünsche mir, dass wir in naher Zukunft über dieses Thema nicht mehr reden müssen, sondern die Geschlechterparität in Führungspositionen zur Selbstverständlichkeit geworden ist. Der enorme Gewinn für unsere Gesellschaft liegt zum einen in der Vielfalt, zum anderen im Vorleben für nachfolgende Generationen. Männer und Frauen haben unterschiedliche Vorgehensweisen, doch diese Unterschiede können sich gut ergänzen. Weibliche Führungskräfte geben der Führungskultur im Unternehmen neue Impulse und erweitern die Perspektiven im oberen Management. Studien haben längst belegt, dass Unternehmen mit einem höheren Frauenanteil eine erheblich höhere Rentabilität erreichen.[44]

---

44 Vgl. Noland, M./Moran, T.: Peterson Institute for International Economics, Washington D.C., USA, »Study: Firms with More Women in the C-Suite Are More Profitable«, published by Harvard Business Review, February 8th, 2016.

Es wird wohl noch dauern, bis Männer, die im Hintergrund ihre erfolgreiche Frau unterstützen, die ihnen gebührende Wertschätzung erhalten. Übrigens nicht nur von Frauen, sondern auch von ihren eigenen Geschlechtsgenossen. Es ist Zeit für einen Paradigmenwechsel in der »Umgangs«-Kultur. Letztendlich muss der Makrokosmos Gesellschaft ebenso wie der Mikrokosmos Paarbeziehung diesem veränderten Rollenmodell positiv gegenüberstehen. Dann ist es möglich, den Rollentausch offen zu leben und ebenso offen darüber zu sprechen. Das erreicht zu haben wäre ein wichtiger Schritt in Richtung freierer Gestaltung unserer Vorstellungen vom Zusammen- und Arbeitsleben.

Christel Röttinger, Jahrgang 1960, ist Mitgründerin und geschäftsführende Gesellschafterin von Pharma K, einem auf Impfstoffe und Nahrungsergänzungsmittel im Bereich Kinderwunsch und Schwangerschaft spezialisierten Pharmaunternehmen, das gleichzeitig auch als Dienstleister in den Bereichen Arbeitnehmerüberlassung, Direktvermittlung und strategische Unterstützung agiert. Zuvor war Röttinger im Management verschiedener medizinischer Einrichtungen und Unternehmen der Pharmabranche, darunter GlaxoSmithKline, tätig. Neben ihrem Beruf engagiert sich Röttinger im Business-Netzwerk Healthcare Frauen e. V., wo sie als Mentorin junge Frauen auf ihrem Karriereweg unterstützt und im Beirat sitzt. Sie lebt mit ihrem Mann Rainer Neumann in Weinheim an der Bergstrasse. Weitere Infos unter www.pharma-k.com.

Robert Egger: Der mächtige kleine Unterschied

Obwohl Frauen die effektiveren Führungskräfte sind, sind noch immer mehr Männer in den obersten Chefetagen zu finden. Und trotz der Einführung von Quoten in den Vorstandsetagen steigt der Anteil an weiblichen Vorständen nur langsam an.

Wenn wir bei gleichem oder mehr Wohlstandsfortschritt ein ökologischeres, empathischeres Führungs- und Sozialverständnis in Entscheidungsgremien wünschen, dann werden die Stärken sowohl von Frauen als auch Männern in die wesentlichen Entscheidungen einfließen müssen. Über biologische Unterschiede zwischen Frauen und Männern zu sprechen, galt lange Zeit als »politisch inkorrekt«. Obwohl es zwischen den beiden Geschlechtern viele Gemeinsamkeiten gibt, sind auch die Unterschiede erheblich. Frauen denken, fühlen, entscheiden und handeln anders als Männer. Wer eine ausgewogene Frauen-Männer-Bilanz in Entscheidungsgremien unterstützen möchte, ist gut beraten, das Verhalten von Frauen und Männern besser zu hinterfragen und zu verstehen. Viele Fakten und evidenzbasiertes Wissen weisen nach, dass dabei die Unisex-Brille abzulegen ist. Wenige, aber wesentliche Voraussetzungen sind zu verbessern, damit Frauen in einer privaten Beziehung die nötigen Ressourcen erschließen, um auch in wirtschaftlichen Spitzenpositionen erfolgreicher, umsichtiger, sozial gerechter und empathischer die Zukunft zu gestalten.

Unsere moderne Wirtschaft: immer noch eine Männerdomäne?
Die wirtschaftliche Welt entwickelt sich in unglaublicher Geschwindigkeit. Besonders stolz sind viele Gewinnerinnen und Gewinner auf eine prosperierende Wachstumskultur, auf eine Steigerung der Effizienz, auf eine Gleichstellung von Frauen und Männern durch Quoten. Übersehen wird dabei in vielen Bereichen, dass eine dogmatische, eindimensionale Steigerung der Effizienz soziale, ökologische und in weiterer Folge politische Spannungen aufbaut. Gerne übersehen wird, dass eine wachstumsmaximierte Wirtschaftskultur zulasten der Umwelt und zulasten der Schwächeren und weniger Durchsetzungsstarken geht. Gerne übersehen wird auch, dass die Einführung einer Quote zu keiner Anpassung auf Augenhöhe führt, sondern vielmehr als Deckmantel benutzt werden kann.

Sehr viele von diesen, den Weg bestimmenden Entscheidungen werden von Gremien getroffen, welche überwiegend von Männern dominiert werden. Wenn wir eine Veränderung von Entscheidungen erreichen wollen, dann bedeutet das, dass diese Gremien ein ausgewogenes Verhältnis in der Anzahl von Frauen und Männern brauchen. Hiermit stellt sich die Frage, welches Umfeld unterstützt werden soll, damit Frauen sich auch in höchsten Positionen in ausreichender Zahl etablieren.

Die Gleichstellung von Frau und Mann
Wenn die Besetzung von Vorständen in DAX-Unternehmen in der aktuellen Geschwindigkeit voranschreitet, wird 2038 jeder dritte Vorstandsposten mit einer Frau besetzt sein, sagt Ana-Cristina Grohnert, Mitglied der Geschäftsführung bei EY, nach einer Analyse der Struktur der Vorstände in den DAX-Unternehmen im Jahr 2016[45].

Ein besseres Gleichgewicht in der Verteilung ist wünschenswert, und dieses Gleichgewicht sollte auch noch rascher erreicht werden. Frauen und Männer sollten gleich an Recht und Würde sein. Sie sollten die gleichen Chancen haben. Frauen und Männer sollten für die gleiche Leistung die gleiche Entlohnung bekommen. Frauen und Männer sind aber biologisch nicht gleich. Frauen und Männer wenden unterschiedliche Lösungsstrategien für ihre Ergebnisrealisierung an.

Unterschiedliche Biologien
Diese auf jeweils anderen Biologien basierenden unterschiedlichen Strategien sind vielen Menschen wenig geläufig. Viel Energie und Zeit wird aufgewendet, um der unisexuellen Betrachtung Vorschub zu leisten.

Wir sprechen hier von Verhalten, welches Frauen und Männer statistisch öfter verwenden. Natürlich gibt es von diesem Verhalten immer positive und negative Abweichungen. Aber diese Abweichungen sind für eine allgemeine Betrachtung nicht relevant.

Eine zukunftsfähige Gesellschaft braucht eine wirtschaftliche, politische und kulturelle Führung, welche nicht nur dem vorherrschenden männlichen Denken geschuldet sein darf. Diese moderne Gesellschaft braucht eine kooperativ-erweiterte Führung, in welcher eine ausgewogene Zusammensetzung der polaren Struktur weiblicher und männlicher Entscheidungsträger sich konsensual zusammenfügt.

---

45 http://blog.wiwo.de/management/2016/07/07/dax-unternehmen-2038-wird-jeder-dritte-vor-standsposten-mit-einer-frau-besetzt-sein/

Plädoyer für ein polares Prinzip

Das tiefere Verständnis eines polaren Prinzips verdeutlicht das Zusammenspiel unterschiedlicher, sich zu einem Ganzen zusammenfügenden Teile. Das wahrscheinlich bekannteste Beispiel eines polaren Prinzips ist die Philosophie des Yin und Yang. Das Symbol des Yin Yang ist ☯. In der westlichen Welt wird dieses Symbol sehr oft einer esoterischen Weltsicht zugerechnet.

Aus der Entwicklung des Yin Yang ist diese Vereinnahmung nicht stimmig. Aus Sicht der chinesischen Tradition stehen Yin und Yang vielmehr für polar entgegengesetzte und dennoch einander notwendig unterstützende Kräfte oder Prinzipien[46]. Die Yin-Yang-Philosophie verbindet zwei komplementäre und doch zusammengehörige unterschiedliche Kräfte in einer rhythmischen Art zu einem vollständigen Ganzen, die sich in der Erfüllung des Ganzen polar unterstützen und wechselweise in den Vordergrund treten.

Dieses polare Verständnis ist nicht mit dem Gegensatz zu vergleichen, in welchem ein Prinzip gegenüber dem zweiten Prinzip einen Vorzug hätte. Das polare Konzept drückt das Verständnis aus, dass das gewünschte Ganze nur dann erreicht werden kann, wenn beide Prinzipien oder Kräfte sich konsensual gegenseitig unterstützen, ohne dass eine Kraft oder ein Prinzip bevorzugt wird.

In der chinesischen Tradition steht Yin für das weibliche Prinzip und Yang für das männliche Prinzip. Yin steht für einen empathischen, integrativen und effektiven Weg. Das männliche Prinzip des Yang bevorzugt das Sich-Durchsetzen, den aggressiveren und effizienten Weg.

Yin-Strategie: die richtigen Dinge tun

Lange Zeit war es politisch nicht korrekt, über biologische Unterschiede von Menschen zu sprechen. Es ist jedoch schwer nachvollziehbar, warum Chancengleichheit und das Anrecht auf gleiches Recht und Würde von Frauen und Männern gleichgestellt werden sollen mit der biologischen Gleichheit.

Die ausgewogene, polare Zusammenarbeit zwischen dem weiblichen und dem männlichen Prinzip bedeutet, dass vergleichbare Leistungen auf unter-

---

46 Wikipedia: https://de.wikipedia.org/wiki/Yin_und_Yang, 14. Februar 2018.

schiedlichen Wegen vollbracht werden können. Es besagt nicht, dass die gleichen Ergebnisse auf dem gleichen Weg realisiert werden müssen. Es drückt aus, dass das weibliche Prinzip als weibliches Prinzip auftreten kann und soll und sich nicht als männliches Prinzip tarnen oder verhüllen muss, um Chancengleichheit zu erhalten.

Dass sich unterschiedliche Prinzipien unterschiedlich verhalten sollen, ist nachvollziehbar. Die Historie des Menschen zeigt, dass das Zusammenleben von Menschen eine Aufgabenteilung vorgesehen hat. Das männliche, jagende, effiziente und tötende Prinzip war für die Fleischbeschaffung verantwortlich. Der für die Jagd vorbereitete männliche Körper hat eine stärker entwickelte Muskulatur, hat einen anderen Stoffwechsel als ein weiblicher Körper und auch sein Bindegewebe ist für die dynamische und gefährliche Jagd optimiert.

Das empathische, effektive, kommunikative und nährende Verhalten ist dem weiblichen Prinzip zugerechnet. Frauen sind von Natur aus für die Aufzucht ihrer eigenen Nachkommen besser ausgerüstet als Männer. Das hat auch weitreichende Folgen in der weiblichen Biophysik und Biochemie.

Biosphäre Mensch

Das Verstehen der »Biosphäre Mensch« ist ein effektiver Schlüssel, um das Verhalten von Frauen und Männern besser zu verstehen. Die moderne Hirnforschung, unter anderem die des Wirtschaftsnobelpreisträgers Daniel Kahnemann zeigt, dass Menschen nicht immer rational handeln. Vielmehr weicht das menschliche Verhalten mehr oder weniger stark vom rationalen Verständnis ab. Und das menschliche Verhalten korreliert nur teilweise mit dem Bildungsstand.

Das limbische Gehirn, über das – gehirngeschichtlich betrachtet – bereits die Vorfahren der Menschen verfügten, ist für viele unserer Handlungen verantwortlich. Es beurteilt eine Situation emotional, subjektiv und situativ und veranlasst den Menschen zu einer Handlung. Im entscheidenden Handlungsimpuls ist die limbisch-emotionale Komponente wesentlich stärker verankert als das gebildete Denken.

Dass Wissen das menschliche Handeln nur sehr beschränkt steuern kann, ist sehr gut erkennbar am Suchtverhalten. Die meisten Raucher wissen, dass der Zigarettenkonsum die Gesundheit gefährden kann, und rauchen trotzdem weiter. Die meisten Menschen wissen, dass sie mehr Sport machen und sich mehr bewegen sollten, und trotzdem nehmen sie bei ersten Anzeichen eines Bewegungsdranges vor dem Fernseher Platz.

Moderne Gehirnforschung

Menschliches Verhalten wird zunehmend von der modernen Hirnforschung untersucht. Dabei werden Verhaltensmuster mit unterschiedlichen Messmethoden erforscht und ausgewertet. Besonders interessant: Messergebnisse belegen, dass Frauen tendenziell ein empathischeres Verhalten zeigen als Männer. Die moderne Gehirnforschung kommt zum Ergebnis, dass dieses Verhalten nicht nur von der Erziehung abhängig ist. Vielmehr ist das neuronale Entscheidungsverhalten unterschiedlich.

Die Unterschiede zwischen Frau und Mann sind allerdings kein Entweder-oder. Es handelt sich vielmehr um Bevorzugungen von unterschiedlichem Denken, Fühlen und Verhalten. Wer das Verhalten von Frauen und Männern besser verstehen will, sollte sich vom Unisex-Denken verabschieden und aktuelle Fakten zum Gehirn als Kompass verwenden.

Weibliches und männliches Gehirn

Unterschiedliche Gefühls- und Denkprozesse basieren einerseits auf unterschiedlichen Gehirnstrukturen und andererseits auf einem unterschiedlichen Mix verschiedenster Nervenbotenstoffe. Beide beeinflussen die Denkprozesse. Die Gehirnforschung hat in den letzten Jahren viele Unterschiede in den Strukturen männlicher und weiblicher Gehirne gefunden.

- Teile des Corpus callosum, dem Balken, der die beiden Gehirnhälften verbindet und für den Austausch zwischen den zwei Gehirnhemisphären sorgt, sind bei Frauen dicker als bei Männern.
- Viele Kerne im limbischen System, insbesondere jene, die für Sexualität und Säuglingspflege zuständig sind, sind bei Männern und Frauen unterschiedlich ausgeprägt.
- Das Dominanz- und Aggressionszentrum in Amygdala und Hypothalamus ist bei Männern fast doppelt so groß wie bei Frauen.
- Jene Hirnbereiche, welche für Fürsorge und Sozialverhalten zuständig sind, sind bei Frauen fast doppelt so groß wie bei Männern.

- Für die Geruchs- und Geschmackswahrnehmungen zuständige Gehirn-areale sind bei Frauen anders ausgeprägt als bei Männern.
- Das Gehirngewebe ist bei Frauen und Männern unterschiedlich aufge-baut. Frauen haben etwas mehr graue Masse (Nervenzellen-Körper) und etwas weniger weiße Masse (Nervenzellen-Verbindungen) als Männer.[47]
- Zudem ist die Zusammenarbeit der Gehirnbereiche teilweise unterschied-lich. Auch wenn bei der Lösung von Denkaufgaben Frauen und Männer zum gleichen Ergebnis kommen, sind jeweils unterschiedliche Gehirnbe-reiche aktiv.

Dass das Fühlen, Denken und Handeln bei Frauen und Männern unterschied-lich ist, wird allerdings nur zum Teil durch diese strukturellen Unterschiede erklärt. Botenstoffe, Neurotransmitter und Hormone sind in diesem Zusam-menhang von weit größerer Bedeutung. Eine tragende Rolle spielen hier An-drogene, deren wichtigster Vertreter das Testosteron ist, und Östrogene mit dem wichtigen Östradiol. Ebenfalls von besonderer Bedeutung sind Oxyto-cin und Vasopressin. Dass es nicht um Entweder-oder-Verhalten geht, ist hier daran erkennbar, dass sowohl Frauen als auch Männer über Androgene und über Östrogene verfügen, wenn auch teilweise in großen Konzentrations-unterschieden.

Oxytocin ist als Kuschel- oder Treuehormon bekannt. Es wirkt als Hormon und Neurotransmitter, welche das soziale Verhalten beeinflussen. Oxytocin mindert das subjektive Empfinden von Stress. Empathisches Verhalten, Liebe, Vertrauen und Ruhe steigern die Ausschüttung von Oxytocin. Oxytocin ist dafür mitverantwortlich, dass Mitglieder der eigenen Gruppe gegenüber Aggression durch Außenstehende besser beschützt werden.

Angenehme Sinneseindrücke wie Berührungen, Essen, Wärme sowie ange-nehme Düfte, Klänge und Farben sowie Meditation bewirken eine höhere Oxytocin-Ausschüttung. Es ist bei Frauen in weit stärkerem Maße vorhan-den. Es sorgt beispielsweise dafür, dass man sich anderen Menschen zuwen-det und belohnt dieses Verhalten wiederum durch ein angenehmes positives

---

47 Häusel, H-G: Brain View, 4. Auflage, Freiburg 2016.

Gefühl. Oxytocin ist gleichzeitig auch das »Vertrauenshormon«; es stärkt menschliche Bindungen.

Die Vorteile des Bindungshormons Oxytocin auf einen Blick:
- Es reduziert Stress → entspannt
- Es aktiviert das Belohnungssystem → gutes Gefühl
- Es macht einen vertrauteren Umgang mit Mitmenschen möglich → besseres Miteinander

Frauen brauchen weniger Testosteron

Testosteron sorgt für viele Kontroversen zwischen der humanistisch orientierten Sozialwissenschaft und der wissenschaftlich orientierten neurobiologischen Forschung. Insbesondere die Anhänger der aufklärerisch geprägten Idee des freien, guten und vernünftigen Menschen können den starken Einfluss von Hormonen auf unser Verhalten nur schlecht akzeptieren. Dies gilt umso mehr, wenn ein Hormon wie Testosteron einen großen Einfluss auf das »Böse« im Menschen hat. Dann wächst der Widerstand gegen diese biologische Weltsicht.

Verleugnen hilft aber nicht, denn die Zahlen sprechen für sich:

83 % der deutschen Gefängnisinsassen sind Männer[48], im Zeitraum von 1984 bis 2016 waren lediglich 7,7 % aller in der Schweiz Inhaftierten Frauen[49].

Bis in das Jahr 2017 wurden nur 48, das entspricht 5,2 %, aller Nobelpreise an Frauen vergeben, und zwar 16 in der Kategorie »Frieden«, 14 Nobelpreise in der Kategorie »Literatur« und 12 Nobelpreise in der Kategorie »Medizin«. Nur ein Nobelpreis wurde in der Kategorie »Wirtschaft« an eine Frau überreicht.

Mit ein Grund für diese sehr ungleiche Verteilung ist Testosteron. Besonders interessant ist, wie sich Testosteron im Fühlen und Entscheiden bemerkbar

---

48 Statistisches Bundesamt: Rechtspflege, Bestand der Gefangenen und Verwahrten in den deutschen Justizvollzugsanstalten nach ihrer Unterbringung auf Haftplätzen des geschlossenen und offenen Vollzugs jeweils zu den Stichtagen 31. März, 31. August und 30. November eines Jahres.
49 Maßnahmenvollzug: Einweisungen nach Geschlecht, Nationalität und Alter, https://www.bfs.admin.ch/bfs/de/home/statistiken/kriminalitaet-strafrecht.assetdetail.3524368.html

macht. Es sorgt für einfacheres und euphorischeres Denken. Das Hormon ermöglicht es uns, im täglichen Leben eindimensionaler zu denken und die Welt zu vereinfachen, indem wir ordnen oder systematisieren. Es sorgt dafür, dass wir, wenn wir ein einmal erkanntes Ziel im Fokus haben, andere ablenkende oder störende Einflüsse weniger wahrnehmen. Im wirtschaftlichen Kontext bedeutet das, dass vom ökonomischen effizienten Wachstumsgedanken ablenkende oder störende Ideen ausgeblendet werden. Vernetztes Denken, wie es das Erweitern eines ökonomischen Wachstumsmodells um ökologische und soziale Elemente brauchen würde, wird von einer testosterongesteuerten effizienten Strategie nur sehr vage und ungern unterstützt.

Das weibliche Östrogen aktiviert vernetztes Denken stärker. Die weibliche Strategie ist kommunikativer und effektiver aufgebaut. Das erklärt auch, warum Frauen vernetzter denken als Männer. Männer denken »step-by-step«. Sie sind »Step-Thinker«. Frauen können mehrere Dinge zugleich tun und mehrere Informationen getrennt wahrnehmen. Sie sind »Web-Thinker«.

Sowohl der weibliche als auch der männliche Denk- und Entscheidungsstil haben Vor- und Nachteile. Die konsequente Ausblendung von scheinbar nebensächlichen Aspekten im männlichen Denken und das Vertrauen auf einfache Kausalitäten haben den Vorteil, dass Entscheidungsprozesse beschleunigt werden. Sie ziehen aber den Nachteil nach sich, dass wichtige Aspekte nicht berücksichtigt werden.

Die konsequente Anwendung effektiver und kommunikativer Aspekte im weiblichen Denken braucht mehr Zeit. Der Blick auf das Wesentliche ist oft mit dem Denken über den nächsten Schritt verbunden. Unter Umständen kann das dazu führen, dass die großen Aspekte des Long Runs aus den Augen verloren werden. Das Ausblenden einzelner Details – das männliche Denkmodell – unterstützt, die großen Dinge am mentalen Radar zu halten und zielgerichtet darauf hinzusteuern.

Vorreiterinnen

Im aktuellen Wirtschaftsleben sind derzeit noch effizienzbasierte Strategien vorherrschend. In diesen Denkstrukturen ist das männliche Denken bevorzugt. Diese Strategien sind aus der Tradition des letzten Jahrhunderts gewachsen, in denen männliche Verhaltensweisen wegweisend gewesen sind.

Gleichzeitig sehen wir die Schwierigkeiten, welche dieses moderne, effizienzbasierte Wirtschaften auslöst. Die ökologischen und sozialen Spannungen nehmen geopolitisch zu. »Nur mit wirtschaftlichem Wachstum werden wir diese Spannungen nicht lösen«, stellte der Abt des Shaolin Tempels 2012 in seinem damals neu erschienenen Buch »Die Shaolin Mönche« fest[50].

Wir werden ein erweitertes Verständnis von Wirtschaft brauchen, welches Effektivität – also Yin, das weibliche Prinzip – und Effizienz – Yang, das männliche Prinzip – miteinander vereint. Es ist daher besonders zu begrüßen, dass immer mehr Frauen in einer männerdominierten Welt auf hohen und höchsten Ebenen Platz finden. Sie machen vor, dass es möglich ist, auch in einer männerdominierten Welt an die Spitze zu gelangen.

Den prinzipiellen Vorteil der weiblichen Yin-Strategie – also des Effektivitätsprinzips – hat bereits niemand Geringerer als der Doyen des modernen Managements, Peter Drucker, in den Vordergrund gerückt. Er hat im Besonderen auf die Unterschiede zwischen Effektivität und Effizienz hingewiesen.

> *»It is fundamentally the confusion between effectiveness and efficiency that stands between doing the right things and doing things right. There is surely nothing quite so useless as doing with great efficiency what should not be done at all.«*
> (Peter Ferdinand Drucker: Managing for Business Effectiveness, in: Harvard Business Review. 3, Mai/Juni 1963, S. 53–60)

Damit sehen wir, dass enormes Potenzial zur Verfügung steht, wenn sich Frauen mit ihren Prinzipen verstärkt in das Wirtschaftsleben und in Entscheidungsgremien einbringen. Warum passiert dieses gewünschte Verhalten in der Realität noch zu selten?

Das liegt an den oben genannten neurobiologischen Faktoren. Für ein mit der Aufzucht betrautes Wesen ist es oberste Priorität, die Bedürfnisse der eigenen Nachkommen zu verstehen und zu erkennen, und die zweitwichtigste Priorität, die wichtigen und richtigen Bedürfnisse zu erfüllen. Diese

---

50 Kress, S./Kurz, F.: Die Shaolin-Mönche, Edition Braus 2012.

Anforderungen erfüllt ein mehrdimensionales Denken besser als ein linear testosterongesteuertes, eindimensionales Denken. Effektivität ist in diesem Fall die Lösung, denn es geht nicht darum, eine eindimensionale Meinung effizient auf die Spitze zu treiben. Wenn die falschen Dinge effizienter gemacht werden, werden diese falschen Dinge nicht besser, sondern falscher.

In der chinesischen Tradition steht »Shen« für »Mut« und »Beherztheit«. In der westlichen Welt verbinden viele Menschen den Begriff des Mutes mit einer adrenalinträchtigen, männerdominierten Aktion. In der chinesischen Tradition benötigen Menschen Mut in der Umsetzung von Effektivität – dem weiblichen Yin-Prinzip. Die Frage nach der Effektivität lautet: »Tun wir die richtigen Dinge?«. Wenn die Antwort auf diese Frage »Nein« ist, dann brauchen Menschen Mut, vom aktuellen Verhalten abzukommen und Neues auszuprobieren. Sie benötigen zudem ein ausgeprägt vernetztes Denken, um mehrdeutige Situationen richtig zu erkennen und ergebnisorientiert zu lösen. Sie brauchen auch höhere empathische Fertigkeiten, um angespannte und potenzielle Konfliktsituationen kommunikativ zu entspannen. Alle diese Fertigkeiten werden einer weiblichen Yin-Strategie, einer effektiven Strategie, zugerechnet.

Es ist wichtig, alle wesentlichen Aspekte für eine effektive Entscheidung zu erfassen. Es werden also auch scheinbar unnütze Ablenkungen mitberücksichtigt. Damit öffnet sich der geistig/mentale Horizont und es werden zudem neue Chancen und Möglichkeiten in das engere Kalkül gezogen.

Auch das Durchsetzen altbekannter Lösungen, welche sich am mentalen Radar befinden und mit der aktuellen Situation nur wenig übereinstimmen, wird in dieser Entscheidungssituation nur eingeschränkt unterstützt.

In der statistischen Masse der weiblichen Effektivitätsstrategie ist der Wille, ein wirtschaftliches Long Run Goal mit der nötigen Klarheit und Konsequenz unter Ausblendung möglicher alltäglicher Rivalitäten zu realisieren und in letzter Instanz auch in einem direkten Duell den Sieg für sich in Anspruch nehmen zu wollen, weniger stark ausgeprägt. Das ist wahrscheinlich mit einer der wichtigsten Gründe, warum Frauen in den höchsten Gremien derzeit noch unterproportional vertreten sind. Doch die Effektivitätsstrategie hat auch Vorteile: Wenn sich der Wille zum Sieg und damit das Long Run Goal verfestigt, dann stehen aufgrund des Effektivitätsprinzips alle Möglichkeiten für den Erfolg offen. Diese guten Aussichten zahlen auf eine günstigere wirtschaftliche, soziale und ökologische Prognose ein.

Soziales Umfeld

Damit die volle Performance und das Wachstumspotenzial einer weiblichen Strategie umgesetzt werden können, ist es sinnvoll, ein gutes Umfeld zu schaffen. Im persönlichen, privaten Umfeld erfolgreicher Frauen sollte ein empathisches Verhältnis bestehen, so beispielsweise eine Familie, in der die weiblichen Stärken sinnvoll gebraucht, aber nicht ausgenützt werden, und es genug Anerkennung als Feedback gibt. Darüber hinaus ist es hilfreich, wenn eine kooperative Zusammenarbeit im familiären Umfeld sowohl von der Frau als auch vom Mann als wertvoll erkannt wird. Nur weil Frau effektiver und energiestärker ist, bedeutet das nicht, dass sie für die berufliche und familiäre Doppelbelastung vorgesehen ist. »Erfolgreicher Mann – starke Frau«, ist die deutsche Übersetzung des Yin-Yang-Prinzips. Das bedeutet aber nicht, dass eine Frau hinter ihrem Mann stehen muss. Matriarchalische soziale Systeme – also soziale Systeme unter ausgewogener weiblicher Führung – sind in der Rückschau immer die erfolgreichsten Gesellschaftsstrukturen gewesen. In diesen erfolgreichen Strukturen stand die Frau an der Spitze. Mit effektivem und erweitertem, antrainiertem Effizienzverhalten führt sie zum Wohle der gesamten Gruppe. Mit einem natürlichen neurobiologischen Gruppenschutz ausgerüstet versteht sie es, die eigenen Gruppenmitglieder integrativ zu fördern und zu fordern. Eindringende externe Bedrohungen wehrt sie erfolgreich, sanft, klar und defensiv-aggressiv zum Schutz der eigenen Gruppe ab, ohne dabei sinnloses, testosterongesteuertes Aggressionsverhalten zu strapazieren.

Dieses Verhalten in wirtschaftlichen und politischen Entscheidungsgremien zu integrieren, ist erwünscht und mittlerweile auch notwendig. Die Verwendung der Unisex-Brille ist dabei nur wenig hilfreich. Die Anerkennung anderer Denk-, Fühl-, Kommunikations- und Entscheidungsstrategien als gleichwertig ist eine Erweiterung der sozialen Kompetenz.

> *»Wir sind das, was wir wiederholt tun. Vorzüglichkeit ist daher*
> *keine Handlung, sondern eine Gewohnheit.«*
> (Aristoteles, griechischer Philosoph, 384 v. Chr. bis 322 v. Chr.)

Dipl. Ing. Robert Egger entwickelte das Challenge Management Programm. Er ist Speaker, Trainer und Berater in Wirtschaft und Politik. Als Neurophysiker und ehemaliger Projektmanager in der Raumfahrttechnik ist er ein pragmatischer Vordenker und kompetenter Businesspartner. Neben seiner Coaching-Tätigkeit ist er Botschafter des Shaolin Tempels. Mehr zum Autor unter www.robbertegger.at.

Lessons learned: Unternehmen sollten Diversität nutzen   **!**

Sind das männliche und weibliche Gehirn unterschiedlich aufgebaut? Wie wirken Hormone und Geschlecht zusammen?

»Bei Männern gibt es einen klaren Zusammenhang zwischen Gehirnstruktur und Persönlichkeit«, erklärt der Neurowissenschaftler Simon Eickhoff, »Bei Frauen existiert diese Kausalität nicht, bei ihnen schaffen die Geschlechtshormone eine zusätzliche Varianz.«[51] Auch Robert Egger beschreibt in seinem Beitrag den unterschiedlichen Denk- und Aktionsstil von Männern und Frauen. Rollen sind uns biologisch zugeordnet, doch wie wirkt sich das in der beruflichen Realität aus?

Aus unserer Perspektive sind die Fähigkeiten und Kompetenzen von Frauen und Männern durchaus unterschiedlich gelagert – ein Vorteil, von dem Unternehmen eigentlich profitieren könnten, wenn sie es nur zuließen.

Ebenso profitieren könnten Frauen von einem geänderten und geändert gelebten Rollenbild, wie Christel Röttinger es beschreibt. Das Selbstwertgefühl von Frauen ist aufgrund des tradierten Rollenmodells in den Kinderschuhen stecken geblieben, und zwar nach wie vor. Eine Frau, die ihren eigenen Wert nicht erkennt, wird den Wert über den Partner suchen. Dieser Weg ist leichter und letztendlich auch bequemer. Einen Mann zu finden, der den Versorgerstatus einnimmt, ist für viele Frauen immer noch erstrebenswerter, als sich über eine eigene berufliche Identität Gedanken zu machen.

Denn den eigenen Karriereweg einzuschlagen bedeutet gegen Widerstände zu gehen: gegen den Widerstand des eigenen Partners, wenn FRAU sich vertan hat, gegen den Widerstand von Eltern und Schwiegereltern, die noch in alten Rollen-

---

51 http://www.fr.de/wissen/neurowissenschaft-frauengehirne-ticken-anders-a-332192

mustern verhaftet sind, gegen den Widerstand in den Unternehmen, der Frauen entgegenweht, wenn sie Führungsaufgaben übernehmen wollen. Und dann ist da auch noch der Widerstand gegen die eigenen Schuldgefühle: wenn die Kinder krank sind, schlechte Noten nach Hause bringen oder irgendwie auffällig werden. Die Verantwortung dafür wird ihnen nicht nur gerne von außen zugeschrieben, sondern sie nehmen diese auch oftmals an.

Doch kommen wir nun zu einem neuen Aspekt in der Betrachtung des Partners an der Seite von erfolgreichen Frauen – dem der örtlichen Autarkie, in der Theorie und der Praxis.

7 Ortswechsel: Wenn Eine eine Reise macht ... kommt Mann dann mit?

Noch schwieriger gestaltet sich eine Beziehung auf Augenhöhe, wenn ein Partner (in unserem Fall die Frau) vor die Wahl gestellt wird: Koffer packen oder nicht. Meist entscheidet sich der Mann einer durch ein Unternehmen entsandte Frau gegen den Mitzug. Denn der Mann ist in seiner Rolle als Homebase-Organisator gesellschaftlich noch immer eine Rarität – im In- und im Ausland: Zwar wären laut Statistik knapp 80% der deutschen Männer bereit, zugunsten ihrer Partnerin auf berufliche Karriereschritte zu verzichten und für längere Zeit die Verantwortung für den Haushalt und alles, was damit zusammenhängt, zu übernehmen, doch in der Realität tut dies nur jeder achte Mann.[52]

In unserer folgenden Perspektive widmen sich unsere Autoren genau diesem Thema. Sie nehmen das Lebensmodell der örtlichen Autarkie – im In- wie im Ausland – unter die Lupe. Das Modell der getrennten Wohnorte von Partnern kann, so unsere Autoren, autarke Karrieren fördern. Der Lebensentwurf von Familie und Partnerschaft wird – jedenfalls, wenn es ideal läuft – durch eine Multilokalität nicht oder nur geringfügig irritiert. Im Gegenteil: Getrennte Wohnorte können sich, wie wir in den kommenden Beiträgen sehen werden, positiv auf das berufliche Fortkommen auswirken und fördern dabei die Bereitwilligkeit zur gemeinsamen Auszeit. Ein weiterer Vorteil unterschiedlicher Lebensweisen und -orte besteht in der Möglichkeit, die Angebote verschiedener Örtlichkeiten miteinander zu verknüpfen.

Multilokalität scheint daher als Strategie zur Verwirklichung von Lebensentwürfen und zur Erreichung von beruflichen Zielen zu funktionieren. Ein lebendiges Beispiel hierfür bietet das Porträt der Familie Hoffmann-Lücke, das zig Umzüge ins europäische Ausland gekonnt meistert – trotz schulpflichtiger Kinder und dank flexiblem Ehemann.

---

52 https://de.statista.com/statistik/daten/studie/249951/umfrage/bereitschaft-von-maennern-auf-ihre-karriere-zu-verzichten-und-hausmann-sein/

Wer profitiert nun am meisten von verschiedenen Wohnorten? Die Karrierefrau, der mitreisende Partner, die Kinder oder gar das Unternehmen? Nutznießer einer Multilokalität sind aus unserer Sicht vor allem die entsendenden Unternehmen und Einrichtungen, an denen multilokal Lebende – oder neudeutsch: Expats – erst durch ihre Fähigkeit und Bereitschaft zur Mobilität ihre Arbeitskraft zur Verfügung stellen. Multilokalität[53] gilt daher auch als wesentlicher Wirtschaftsfaktor, wie Nela Novakovic im nun folgenden Beitrag belegt.

Nela Novakovic: Der Ruf der Ferne, oder: Wenn die Karriere über Grenzen geht

Wer Karriere machen will, muss flexibel sein, heißt es. Warum formulieren wir es nicht ein wenig anders: Wer Karriere machen will, DARF flexibel sein? Flexibel sein zu dürfen ist doch ein Geschenk. Denn nur wer frei ist, hat auch die Möglichkeit, flexibel zu sein. Für mich ist Flexibilität das höchste Gut. Man ist nicht festgelegt auf eine Sache, einen Standort, eine Sprache. Man übernimmt verschiedene Aufgaben, lernt immer wieder neu dazu und ganz nebenbei auch die Welt kennen. Mit dieser Einstellung bin ich groß geworden und habe sie mir bis heute bewahrt. Geboren und aufgewachsen in Serbien, zog es mich nach meinem Schulabschluss nach Paris zum Studieren. Anschließend habe ich für verschiedene internationale Unternehmen in Europa gearbeitet und weltweit neue Märkte in 35 Ländern erschlossen. Und auch als Ehefrau und Mutter von zwei Kindern, die heute zehn und elf Jahre alt sind, waren bzw. sind meine Auslandseinsätze keineswegs beendet. Zugegeben ist das nicht immer leicht. Aber Hand aufs Herz: Wer Partnerschaft, Familie und Karriere vereinbaren will, steht immer vor einer großen Herausforderung. Dies gilt natürlich umso mehr, wenn Auslandseinsätze geplant sind. Um diese Herausforderung zu meistern, in meinem Fall mit Mann und zwei Kindern, braucht es Kreativität und Kompromisse, Teamwork und Timing, Offenheit und Opferbereitschaft. Aber vor allen Dingen ganz viel Spaß an der Sache!

Teamwork ist alles
Nach vielen beruflichen Stationen innerhalb und außerhalb Europas haben mein Mann und ich uns für Deutschland als Standort entschieden. Hier können wir

---

53   https://de.wikipedia.org/wiki/Multilokalität

uns erfolgreich entfalten und sind glücklich mit unserem Umfeld. Deutschland ist unsere Wahlheimat, unsere Basis. Von hier aus breche ich regelmäßig auf zu meinen Auslandseinsätzen, um anschließend zu meiner Homebase und meiner Familie zurückzukehren. Oft bin ich fünf Tage am Stück, manchmal auch 14 Tage lang in verschiedenen Ländern unterwegs. Und weil ohne Teamwork nichts geht, übernimmt mein Mann in dieser Zeit sämtliche Termine mit den Kindern, die jenseits der Schule anfallen, wie zum Beispiel Zahnarztbesuche, Tauchstunden, Verabredungen. Und es gibt eine Regel: um 18 Uhr ist Facetime! Dann bespreche ich mit meinen Kindern den Tag. Was gab es Neues? Wie lief es in der Schule? Ich höre zu, gebe Ratschläge, tröste bei Liebeskummer und erzähle auch von mir, von dem, was ich erlebt habe. Wir erfreuen uns jedes Mal sehr an unserem gegenseitigen Anblick und unserem Austausch. Natürlich ist die gemeinsame Zeit bei meinen Auslandseinsätzen sehr begrenzt. Deshalb genießen wir sie, wenn ich zurückgekehrt bin, umso mehr: Dann kümmere ich mich um alles Familiäre, um sämtliche Termine etc. Dann bin ich Frau und Mutter. Meine Familie und ich essen zusammen, wir erzählen, sitzen auf dem Sofa, schmusen, hören zu und haben ganz viel Zeit füreinander. Zeit, die wir ganz bewusst erleben, für die wir dankbar sind. Was unsere Familie und unseren Zusammenhalt aber vor allen Dingen ausmacht, ist der Humor. Wir lachen viel und haben Spaß. Aber wir sind auch ein pragmatisches Team. Anders geht es nicht. Man muss den ganzen Laden ja organisiert kriegen. Mein Mann und ich werfen deshalb immer einen Blick auf die vorhandenen Möglichkeiten. Wir überlegen gemeinsam, was das Beste für uns als Team ist und setzen dies dann um. Platz für Eitelkeiten gibt es nicht. Da sind wir uns einig und so funktioniert es seit Jahr und Tag hervorragend.

Der Mann als Homebase-Organisator

Ich bin dankbar für diese gelebte Flexibilität, die mir Raum für meine Karriere schenkt. Tatsächlich verzichten Frauen nämlich zugunsten ihrer Angehörigen eher auf einen Karriereschritt ins Ausland als Männer. Das liegt daran, dass die Rollenverteilung in puncto Kinderbetreuung oft immer noch ziemlich klassisch ist. Zwar sind knapp 80% der deutschen Männer *theoretisch* bereit, zugunsten ihrer Partnerin auf berufliche Karriereschritte zu verzichten und für längere Zeit die Verantwortung für den Haushalt zu übernehmen, doch in der Realität tut dies nur jeder achte Mann.[54] Mein Mann gehört zum

---

54 https://de.statista.com/statistik/daten/studie/249951/umfrage/bereitschaft-von-maennern-auf-ihre-karriere-zu-verzichten-und-hausmann-sein/

Glück zu den wenigen, die dazu bereit sind. Aber ganz ehrlich: Es gibt immer wieder Momente, wo ich ihn »beruhigen« muss, dass wir den privaten Anforderungen ausreichend gerecht werden. Schließlich ist er wie gesagt als »Homebase-Organisator« gesellschaftlich noch immer eine Rarität. Aber nicht mehr lange, davon bin ich überzeugt. Denn die Zahl der Frauen, die der Karriere wegen ins Ausland gehen, wächst immens. 2017 waren über die Hälfte, nämlich 56 % aller im Ausland arbeitenden Mitarbeiter, die sogenannten Expatriates, weiblich[55]. Frauen nutzen immer mehr die Chance, die Welt zu bereisen und Auslandserfahrung zu sammeln. Da wird den Männern am Ende nichts anderes übrigbleiben, als sich an diese neue Welt anzupassen. Übrigens: In Europa zählen die Schweiz, Großbritannien, Spanien und Frankreich zu den Haupteinsatzorten deutscher Expat-Frauen. In Übersee sind es die USA und China.[56]

Klar ist es als Single einfacher, die Karriere mit Auslandseinsätzen zu managen. Doch auch mit Familie ist dies möglich – wenn wie gesagt alle damit zufrieden sind und an einem Strang ziehen.

Sollte man nicht wie ich nur temporäre Auslandseinsätze wahrnehmen, sondern mit seiner Familie komplett ins Ausland wechseln, sind die Herausforderungen nochmal andere. Entscheidend ist dann vor allem die Frage, ob auch der Partner im Ausland einen Job findet oder bereit ist, seine Karriere erst einmal ruhen zu lassen. Für Kinder ist ein Wechsel ins Ausland oft eine wunderbare Erfahrung. Sie lernen ebenso wie die Erwachsenen neue Kulturen und Sprachen kennen, werden weltoffen und finden neue Freunde aus unterschiedlichen Kulturkreisen.

Zahlen, Daten, Fakten

Laut einer Studie von InterNations, dem weltweit größten Netzwerk für Expatriates, haben nur 16 % der befragten weiblichen Expatriates minderjährige Kinder. Bei den männlichen Expatriates sind es mit 35 % mehr als doppelt so viele.[57]

55 https://de.statista.com/statistik/daten/studie/526316/umfrage/demografie-von-expatriates/, Studie Expat Insider 2017, InterNations.
56 Terpitz, K.: »Frauen in der Ferne«, http://www.karriere.de/karriere/frauen-in-der-ferne-167556/2/
57 Terpitz, K.: »Frauen in der Ferne«, http://www.karriere.de/karriere/frauen-in-der-ferne-167556/2/

Die Zahlen sprechen eine deutliche Sprache: Wir hinken den modernen Zeiten in puncto Rollenverteilung noch ordentlich hinterher. Denn genauso »klassisch« oder besser gesagt altmodisch wie die Rollenverteilung bei temporären Auslandseinsätzen ist auch die Verteilung bei Familien, die dauerhaft ins Ausland gehen. Zwar arbeiten fast genauso viele Frauen (48 %) wie Männer (52 %) im Ausland, doch der mitreisende Ehepartner, der sogenannte »Traveling Spouse«, ist meistens die Frau. Während 87 % der Ehefrauen ihren Partner ins Ausland begleiten, sind es nur 13 % der Ehemänner! Sind Kinder mit im Spiel, verschiebt sich das Verhältnis nur gering: Dann sind es 62 % Frauen und 38 % Männer.[58]

Es gibt auch noch ein drittes Modell: die internationale Fernbeziehung. Hierbei arbeitet der eine Part dauerhaft im Ausland, während der andere Part zu Hause bleibt. 2017 führten 13 % aller Expatriates eine solche Form der Beziehung. Und auch hier sind es mehr Männer (16 %) als Frauen (10 %), die allein ins Ausland gehen und den Partner und die Kinder, die in gut der Hälfte aller dieser Beziehungen vorhanden sind, zurücklassen. Die meisten gehen von einem Aufenthalt zwischen einem und fünf Jahren aus, jedoch plant immerhin knapp jeder Fünfte, länger als fünf Jahre im Ausland zu bleiben. Ein knappes Drittel geht sogar vom Rest seines Lebens aus.[59] Meiner Meinung nach stellt die internationale Fernbeziehung die größte Herausforderung dar. Die Zahlen sprechen für sich: Vier von fünf Expatriates kommen mit der Situation gut zurecht, doch immerhin jeder Fünfte leidet unter der Situation. Und je länger ein Auslandsaufenthalt geplant ist, desto belastender ist er für die Beziehung. »Side by Side« wird hier auf einen harten Prüfstand gestellt.

Kreativität statt Kompromisse

Bevor wir Kinder hatten, hat mein Mann mich bei meinen Reisen begleitet, wenn sein Job es zuließ. Als unsere Kinder noch klein waren, habe ich sie auch mal auf längere Reisen mitgenommen. Tagsüber waren sie dann sogar manchmal bei Terminen dabei. Wenn ich abends noch zu einem Meeting musste, passte mein Mann auf sie auf. »Side by Side« war für uns immer der Schlüssel: Anforderungen und Pflichten Seite an Seite bewältigen, als Team – und flexi-

---

58 Studie Expat Insider 2017, The World Through Expat Eyes, InterNations.
59 Ebenda.

bel. Die Arbeitswelt steht nun mal nicht still, es wird immer mehr Flexibilität abverlangt, aber auch geboten. Und genau an diese Art und Weise muss bzw. darf sich auch die Familie anpassen, um erfolgreich zu sein. Ich spreche von einer modernen Welt, in der auch die Familie modern »funktioniert«. Dafür braucht es männliche Partner, die ihren Selbstwert nicht allein aus ihrem Erfolg im Job generieren, sondern auch aus der Vereinbarkeit beider Karrieren sowie dem Erfolg ihrer Partnerin schöpfen können. Und es braucht Arbeitgeber, die flexible Arbeitszeiten und -orte anbieten, die auch mit Blick auf die Familie des Arbeitnehmers dessen Karriere planen und strukturieren. Nicht für jeden ist diese Form der Karriere geeignet. Nur wer es wirklich will und Spaß daran hat, sollte sich dieser Herausforderung stellen. Aus Spaß schöpft man nicht nur den Antrieb und die Kraft, sondern auch Ideenreichtum. Und der ist bei solch einem Leben überlebenswichtig. Ein Beispiel: Einmal, als mein Mann selbst zu Meetings musste und ich eine Messe in Rom betreute, stattete ich die Kinder kurzerhand mit Luftballons aus und nahm sie mit zum Messestand. Für die Kinder war es ein großes Abenteuer, für die Messebesucher waren sie die Maskottchen unseres Standes, ein echter Hingucker. Alle hatten unglaublichen Spaß. Ja, Flexibilität hat eben viele Gesichter.

> **Tipp**
>
> Ein wichtiger Erfolgsfaktor für die Vereinbarkeit von Beziehung bzw. Familie und Karriere ist für mich der gemeinsame Spaß und eine positive Herangehensweise. Statt nur die »Wenn« und »Aber« in den Fokus zu nehmen, hilft es vielmehr zu sagen: Alles geht, wenn sich jeder ein bisschen bewegt.

Natürlich kann mein Vorgesetzter mir entgegenhalten: »Was meinst du, was geschähe, wenn alle ihre Kinder mitbringen würden?« Und nicht wenige Männer in der Geschäftswelt sagen: »Wenn sie Kinder hat, sollte sie besser zu Hause sitzen.« Tatsächlich zählt aber doch vor allem eines: Solange ich meinen Job erfolgreich erledige, lösungsorientiert und flexibel agiere, gibt es keinen Grund dafür. Im Gegenteil: Ich kann diese flexible Haltung ebenso von meinem Chef erwarten. Für diese Position habe ich im Konzern und im Unternehmen gekämpft. Der Erfolg gibt mir recht – und meine Kinder werden mit dieser modernen Rollenverteilung, mit dieser Flexibilität und der Freude daran groß. Das macht sie hoffentlich auch später, wenn sie vielleicht selbst eine Familie gründen, im Denken groß. So wie mich meine Erfahrungen bei Auslandseinsätzen haben groß werden lassen: Ich habe gelernt, neugierig und offen auf andere Menschen zuzugehen, selbstständig zu sein, verschiedene Kulturen zu entdecken. Ich bin selbstbewusster und toleranter geworden und habe viele beeindruckende Leute kennengelernt. All das lebe ich meinen Kindern vor und gebe es an sie weiter.

Ziemlich gut ... für eine Frau

Als Frau in einer Führungsposition musst du dich ständig beweisen: bei der Arbeit, zu Hause und in deinem erweiterten Umfeld. Es gilt, den Chefs zu beweisen, dass man den Job trotz aller privaten Verpflichtungen gut schafft. Es gilt, dem Partner zu beweisen, dass Zeit genug für die Beziehung und die Familie bleibt. Und es gilt, sich selbst und seine sozialen Kontakte in der Flut von Ansprüchen und Verpflichtungen nicht zu vergessen und zu vernachlässigen. Das sind Herausforderungen, die jede arbeitende Frau (und Mutter) kennt – beim Auslandseinsatz werden sie nur größer, weil die räumliche Distanz hinzukommt. Gut bezahlte Jobs im Ausland bringen zwar viel Geld, nehmen aber auch viel Zeit in Anspruch. Das muss jedem Paar – egal, wie es die Aufteilung in Sachen Homebase regelt – klar sein. Und dort, wo der Mann in der Heimat zurückbleibt, sind weibliche Expatriates mit Kindern ohne Unterstützung und damit auf fremde Hilfe angewiesen. Wie alle arbeitenden Mütter leisten sie einen ständigen Spagat zwischen den Bedürfnissen der Familie und des Jobs. Welcher Weg dabei der richtige ist, muss jeder selbst für sich herausfinden. Wichtig ist, dass sich alle als Team begreifen und getroffene Entscheidungen gemeinsam tragen – mit allen Konsequenzen.

Nela Novakovic, Jahrgang 1974, ist als Financial & Operations Director bei einem internationalen Konzern im In- und Ausland tätig. Novakovic ist verheiratet und Mutter zweier Kinder. In der Freizeit ist sie passionierte Läuferin. Mit ihrer langjährigen Führungserfahrung im internationalen Umfeld ist sie als Autorin und Speakerin gleichermaßen gefragt.

Thomas Lücke und Manuela Hoffmann-Lücke:
Home is where the family is

Naturwissenschaftlerin trifft auf Geisteswissenschaftler – heraus kommt ein erfolgreiches modernes Paar, das zig Umzüge ins europäische Ausland gekonnt meistert, intensive Berufstätigkeit und Familie miteinander verbindet, auch wenn dazwischen zeitweise einige Flugstunden liegen. Manuela Hoffmann-Lücke erklimmt als Diplom-Chemikerin die Karriereleiter, Ehemann Thomas Lücke ist Lehrer, Hausmann und vor allen Dingen eines: sich treu geblieben!

Getroffen haben wir uns in Erlangen. Manuela arbeitete bereits seit zwei Jahren als Produktmanagerin bei einer pharmazeutischen Firma und ich hatte gerade mein 1. Staatsexamen absolviert und stand mitten im Referendariat. Bei genauerer Betrachtung passten wir nicht unbedingt zusammen, sie, die sehr strukturiert und lösungsorientiert denkende Naturwissenschaftlerin und ich, der Geisteswissenschaftler, welcher noch gesellschaftlichen Utopien nachhing. Auch die berufliche Perspektive unterschied sich dahingehend, dass Manuela bereits konkrete Ziele ehrgeizig und mit Power verfolgte und ich lediglich Deutsch und Geschichte unterrichten wollte. Daraus resultierten auch sehr interessante Diskussionen, die für beide Seiten gewinnbringend waren. Aufgrund meiner Versetzung an eine neue Schule und damit in eine andere Stadt, führten wir ein Jahr lang eine Wochenendbeziehung. Eine Situation, die uns noch häufiger begegnen sollte.

Unser erster Sohn Lasse kam im Dezember 1996 zur Welt und im Februar 1997 absolvierte ich mein 2. Staatsexamen. Die Anstellungschancen für Lehrer mit meiner Fächerkombination waren aber eher marginal. Somit war es keine bewusste, sondern eher eine aus den Gegebenheiten geborene Entscheidung, dass ich mich um unseren Sohn kümmerte und Manuela die ökonomische Verantwortung übernahm. Hier zeigte sich frühzeitig unsere große Gemeinsamkeit und vielleicht auch Stärke, immer die bestmöglichste Lösung für die Familie zu finden, unabhängig vom Rollenverständnis. Modernität nicht ganz freiwillig. Manuela arbeitete und war gleichzeitig Kleinkindmama und ich übernahm die Betreuung von Lasse, da es Kindertagesstätten für unter Dreijährige noch nicht gab. Wir tauschten sozusagen die Rollen. Dieses Rollenmodell war noch nicht sehr verbreitet. Ich empfand mich als Teil einer gesellschaftlichen Avantgarde und genoss nebenbei auch die Tatsache, der einzige Papa unter all den Müttern an der Sandkiste zu sein.

Um selbst einen beruflichen Einstieg zu finden, nahm ich im September 1997 eine befristete Stelle an einem Gymnasium in Hof/Oberfranken an und wir mussten recht zügig eine Tagesmutter finden, da ich nun für drei Tage die Woche nicht zu Hause sein konnte. Unser Organisationstalent war jetzt sehr gefordert. Manuela war voll eingespannt in ihrem Job und musste in meiner Abwesenheit noch zusätzlich alles mit Lasse organisieren. Nahm sie an einer mehrtägigen Tagung teil, was recht häufig vorkam, fuhr Lasse mit mir nach Hof. Wir wohnten in einem Hotel und er war häufig mit mir Unterricht. Ich kann mich noch sehr gut daran erinnern, wie er mit seiner Flasche und seinem Lieblingsstofftier auf dem Boden saß und mir bei der Arbeit zusah. Die Schüler bekamen zudem ein neues Rollenverständnis präsentiert. Es war eine spannende Zeit.

Zu Beginn des Jahres 2000 erhielt Manuela ein Angebot von Fresenius, nach Uppsala, Schweden, zu gehen. Unsere Abenteuerlust, der Wunsch nach einer Veränderung und das Versprechen der schwedischen Seite, uns bei der Kinderplanung zu unterstützen, ließ uns das Angebot annehmen. Denn das Leben als Familie, wenn auch mit Belastungen und Unwägbarkeiten, gefiel uns sehr gut und wir planten ein zweites Kind.

Unsere Erwartungen wurden nicht enttäuscht. Schweden war zu dieser Zeit wesentlich fortschrittlicher in der Familienpolitik als die Bundesrepublik. Kinder gehörten stärker ins gesellschaftliche Bewusstsein. Berufstätige Mütter erfuhren eine große Unterstützung. Der Kindergarten lag in unmittelbarer Nähe zur Firma, die tägliche Organisation fiel uns daher wesentlich leichter. Ich konnte morgens Manuela und Lasse zur Arbeit bzw. zum Kindergarten fahren und danach meine Schwedisch-Kurse belegen. Zudem fand ich eine Anstellung als Deutschlehrer an einer schwedischen Schule und konnte vor Ort für mich neue schulische und pädagogische Konzepte kennenlernen. Mein beruflicher Horizont erweiterte sich dadurch erheblich. Leider erfuhr meine gesellschaftliche Anerkennung als Hausmann und Papa einen Knick. Da es unser »Modell« dort bereits sehr häufig gab, saß ich als Papa nun nicht mehr alleine unter all den Müttern an der Sandkiste. Insgesamt fühlten wir uns sehr wohl und waren froh, den Schritt ins Ausland gewagt und dabei andere Perspektiven und eine neue Mentalität kennengelernt zu haben. Lasse lernte die fremde Sprache in kürzester Zeit und entwickelte ein gesundes Selbstbewusstsein, da er nun etwas besser konnte als seine Eltern. Alle drei waren sehr zufrieden mit der neuen Familiensituation. Die Geburt unseres zweiten Sohnes Finn, der im Juli 2001 auf die Welt kam, war das Ergebnis.

Leider beschloss Fresenius wenig später den Standort zu verlegen. Die eine Tür ging zu, aber andere gingen dafür auf. Es bedeutete zunächst einmal das Ende unserer »Schwedenzeit«, aber Manuela erhielt ein sehr gutes Angebot und wechselte im Januar 2002 nach Erlangen. Ich blieb für ein halbes Jahr alleine mit den Kindern in Uppsala. Eine Trennung war für uns nichts Neues, die Pendelei auch nicht, dass es aber jetzt europaweit sein musste, war eine Herausforderung. Alle zwei Wochen flog Manuela von Nürnberg nach Stockholm und wir drei Männer versuchten währenddessen ohne die Mama klar zu kommen. Diese schwierige Situation entpuppte sich jedoch für mich als großer Vorteil. Auch in Schweden waren Väter an der Seite erfolgreicher Frauen sehr selten und ich genoss wiederum die Aufmerksamkeit, die mir nun als »moderner Mann« von überall her zuteilwurde.

Ende Mai zog ich mit den Kindern nach und wir wohnten in Herzogenaurach. In diesem Umfeld war ich als Hausmann eher ein Exot und ich konnte mich wahrhaftig wieder als »Avantgarde« einer gesellschaftlichen Entwicklung sehen. Die Resozialisierung nach Deutschland fiel uns insgesamt recht schwer und wir versuchten unsere Schweden-Sehnsucht mit einem Saab und dem Jahresurlaub in den Schären zu kompensieren. Glücklicherweise entpuppte sich Herzogenaurach als Glücksfall, da eine neu gegründete internationale Schule ihre Pforten öffnete. Wir konnten dort internationale Familien treffen, die ebenfalls bereits häufig umgezogen waren, und Lasse lernte Kinder kennen, die wie er neu anfangen mussten und bilingual aufgewachsen waren. Diese Kontakte erleichterten uns in den kommenden Monaten das Wurzelnschlagen in Deutschland. Zudem fanden wir für Finn eine ebenfalls neu gegründete Kindertagesstätte, die auch Einjährige aufnahm. Diese Bedingungen ermöglichten es mir, wieder eine Stelle an einem Gymnasium in Erlangen anzutreten.

Insgesamt hatten wir uns mittlerweile als Team sehr gut eingespielt. Manuela war wie immer sehr eingespannt und ich organisierte größtenteils den familiären Alltag. Eine klassische Familiensituation – eben nur mit umgekehrten Rollen. Die »Doppelbelastung« Arbeit und Familie empfand ich dabei eher als entlastend, da ich immer einen recht abwechslungsreichen Alltag hatte. Zudem war unsere Labradorhündin »Smilla« als ruhender Pol in dem ganzen Trubel eine große Hilfe.

Nach fünf Jahren in Franken erhielt Manuela von ihrer Firma das Angebot, nach Stockholm zu wechseln. Wir brauchten nicht lange zu überlegen und nahmen das Angebot an. Der gemeinsame Wunsch, nochmals im Ausland zu leben, war entscheidend. Ich kündigte meine feste Stelle und blieb zunächst ein halbes Jahr mit den Kindern alleine in Deutschland, da Manuela bereits im Januar 2007 in Stockholm begann, Lasse jedoch sein fünftes Schuljahr vollenden sollte. Der Abschied von unseren Freunden fiel uns schwer, doch die Möglichkeit, weitere Auslandserfahrungen zu sammeln, wollten wir uns nicht vorenthalten.

Im Sommer 2007 begannen wir erneut gemeinsam in Stockholm. Die Kinder gingen in die schwedische Schule, um sich schnell zu integrieren. Für mich gab es ebenfalls Möglichkeiten, berufstätig zu werden. Ab Herbst 2007 arbeitete ich an einem schwedischen Gymnasium als Deutschlehrer und ab 2009 an der Deutschen Schule in Stockholm. Hier hatte ich nun Möglich-keiten, die sich mir in dieser Form in Deutschland nicht boten. Bilingualer Unterricht, eine spannende Zusammensetzung der deutsch-schwedischen Schülerschaft, ein sehr interessantes Lehrerkollegium, da die Kollegen aus den unterschiedlichsten Bundesländern stammten – und das alles mitten in einer der schönsten Städte Europas. Mir gefiel es sehr gut, da ich meinen beruflichen Erfahrungshorizont erweitern konnte.

2010 ging es für Manuela weiter aufwärts und sie bekam das Angebot, als General Manager in Helsinki anzufangen. Die Kinder und ich fühlten uns je-doch in Stockholm sehr wohl, sodass der Gedanke an einen weiteren Umzug keine Begeisterung auslöste, obgleich wir alle der Mama den Karriereschritt gönnten. Manuela nahm das Angebot auch an und pendelte nun von Stock-holm nach Helsinki per Flugzeug oder Schiff. Unser Familienalltag wurde da-durch nicht gerade erleichtert, doch auch dieses Mal zeigte sich schnell ein großer Vorteil: Wir kamen dadurch wesentlich häufiger nach Finnland und lernten dort Land und Leute kennen. Insgesamt klappte alles recht gut, ob-wohl die permanente Trennung keine optimale Lösung war.

Mitte 2013 gab es für Manuela das Angebot, General Manager in Griechenland zu werden. Nach den Jahren im Norden reizte uns jetzt ein Leben in Südeuropa. Schweden ist sehr schön, hatte aber auch im Lauf der Jahre seine negativen Seiten gezeigt. Die Periode von November bis April ist aufgrund der Dunkelheit und der Witterungsverhältnisse eine Herausforderung, die wir gerne jetzt mit dem mediterranen Klima tauschen wollten. Zudem wollten wir wieder als Familie zusammenleben. Manuela nahm dementsprechend an und zog mit den Kindern im September nach Athen. Ich blieb bis Juni 2014 in Schweden zurück, da ich so kurzfristig meine Stelle nicht kündigen konnte. In den folgenden Wochen und Monaten erlebten wir dadurch eine extrem skurrile und schwierige Familiensituation. Manuela wollte in Deutschland sozialversichert sein, was einen dreitägigen Aufenthalt pro Woche in München bedeutete, und zwar für drei Monate. Die Konsequenz war, dass von Oktober bis Dezember Manuela für drei Tage in München arbeitete, Lasse und Finn in Athen in die Schule gingen und ich in Stockholm weilte. Vor allem die Jungs meisterten die Phase hervorragend. Wenn jemand von Europa reden darf, dann wir!

Im Juni 2014 folgte ich nach und traf am Tag des WM-Endspiels in Athen ein. Götzes Tor konnten wir in einem griechischen Restaurant verfolgen und waren mit unserer Begeisterung recht alleine. Auch dieser Schritt, wenngleich außergewöhnlich schwierig in der Startphase, entpuppte sich als Glücksfall. Lasse und Finn besuchten die American Community School in Athen und konnten wichtige und prägende Erfahrungen mit Mentalität, Menschen und Gesellschaft sammeln. Die griechischen Wahlen und die daraus resultierenden politischen Spannungen zwischen der EU und Griechenland erlebten wir live mit. Jede Taxifahrt war verknüpft mit einer Diskussion über Varoufakis, Tsipras, Schäuble und Co. Es war wieder eine spannende Zeit.»Leider« erhielt Manuela bereits im November des gleichen Jahres das Stellenangebot, General Manager für Deutschland, Österreich und die Schweiz zu werden, was wiederum einen großen Karriereschritt bedeutete. Sie zog im Januar 2015 nach München und ich blieb wieder einmal mit den Kindern alleine zurück, damit Finn in Athen das Schuljahr beenden und Lasse sein IB an der American Community School machen konnte.

Seit Sommer 2015 sind wir nun zusammen in München. Die Rückkehr nach Deutschland fiel uns, nach all den Jahren im Ausland, nicht leicht. Insgesamt sehe ich rückblickend unseren Weg für mich und die Familie als absolut positiv. Natürlich wären mir in Deutschland andere Wege innerhalb meines Berufes offen gewesen, doch die Erfahrungen, die ich persönlich und die wir als Familie machen durften, überwiegen alles.

Ansichten: Seite an Seite mit Thomas Lücke

Verbunden hat uns am ehesten unsere Verschiedenartigkeit. Sie arbeitete bereits und war voll in der Berufswelt integriert, zudem kam sie aus dem naturwissenschaftlichen Bereich. Ihre Art zu denken war neu für mich und eine Herausforderung. Ihre Zielorientiertheit und ihr Wille zur Umsetzung war von Anfang an spannend zu beobachten. Gleichzeitig versuchte sie immer die bestmögliche Lösung für das Gesamte zu finden. Darin lag unsere Verbundenheit.

Offenheit und Lösungsorientierung

Wir reden miteinander und bringen Probleme auf den Tisch, für die wir dann gemeinsam eine Lösung finden. In den meisten Fällen wird jedoch der Lösungsvorschlag von Manuela mit breiter Mehrheit angenommen. Wir verstehen Familie als großes gemeinsames Konstrukt, für das jeder auch Verantwortung trägt.

Grenzsituationen

Ich trat im September 1997 eine Stelle in Hof an, während wir in Erlangen lebten. Wir mussten in Erlangen bleiben, da die Stelle befristet war und wir auf Manuelas Einkommen angewiesen waren. Von Mittwoch bis Freitag arbeitete ich nun in Hof, während Manuela mit der Tagesmutter Lasse zu versorgen hatte. Ein Problem waren die Abwesenheiten von Manuela, die oft Konferenzen auswärts besuchen musste. Dies bedeutete für mich, den Kleinen um 4 Uhr früh in den Zug nach Hof mitzunehmen. Ich nahm ihn in den Unterricht mit, ließ ihn bei einem Kollegen im Lehrerzimmer oder im Hotel bei der Managerin. Eine weitere schwierige Phase war von Oktober bis Dezember 2013, als wir alle in Europa verstreut waren. Ich war stark verärgert über mich, dass ich meinen Job nicht gekündigt hatte, um bei den Kindern zu sein. Denn für die Kinder war es immer wichtig, dass jemand von uns da war. Die Stellung in Gesellschaft und Beruf ist für sie erst einmal zweitrangig. Ich empfinde uns daher nicht als Powerpaar. Als Lasse und Finn dann später auf meine Schule gingen, war es nicht ganz unwichtig für sie zu sehen, dass ich meinen Job recht gut ausübe und es mir Spaß macht, Kindern und jungen Erwachsenen etwas beizubringen. Meine Popularität unter den Schülern trug zum Verständnis bei, warum ich gerne Lehrer bin. Für mich blieb im Grunde genommen alles gleich. Ich wollte immer Literatur und Geschichte unterrichten. Das habe ich getan und tue es noch immer. Meine Karriereambitionen beschränkten sich lediglich darauf, eine Möglichkeit zum Unterrichten zu bekommen.

»Meine Frau muss arbeiten können, sonst wird es kritisch!«
Eigentlich mache ich mir keine Gedanken darüber, was gewesen wäre, hätten wir keine Kinder. Ich wäre dann wahrscheinlich jetzt verbeamteter Lehrer mit Pensionsberechtigung und viel Urlaub an einem Gymnasium irgendwo in Bayern. Das meine ich absolut positiv, es gibt schlechtere Perspektiven. Aber für uns als Paar war klar, Manuela muss arbeiten können, sonst wird es für sie als Workaholic kritisch. Der Rest kommt von alleine. Zwar knirscht es ständig in unserem Konstrukt, doch das gehört dazu.

Hürden mussten wir in unserem gemeinsamen Leben viele nehmen. Wenn eine Beziehung funktionieren soll, bedeutet das vor allem Arbeit und der Wille zum Kompromiss. Natürlich ist beruflicher Erfolg wichtig. Karriere ist jedoch nicht ein Selbstzweck. Ob der Mann oder die Frau erfolgreicher in ihrem Beruf ist, ist irgendwann nur noch gleichgültig. Die Gesundheit und Entwicklung der Kinder nahm bei uns einen gravierenden Teil der Überlegungen ein. Wir haben Paare kennengelernt, deren Kind an Krebs erkrankte. Wenn man so etwas mitbekommt, ist der Begriff Demut keine leere Floskel.

Ortswechsel halten flexibel
Auch wenn ich zwei Mal meine Festanstellung kündigen musste, ziehe ich ein positives Resümee unter all unsere Ortswechsel. Ein großer Vorteil ist, man bleibt flexibel – die Unsicherheit ist der Nachteil. Das Leben bedeutet aber auch Herausforderung. Und immer, wenn hinter uns eine Tür zuging, ergaben sich neue spannende Möglichkeiten. Neue Perspektiven, neue Lebensansichten und andere Lösungsansätze lernten wir im Ausland kennen. Nicht alle fanden wir gut, doch gerade für die Kinder waren diese Erfahrungen gewinnbringend. Ein Ortswechsel mit all seinen Unwägbarkeiten stellt für sie kein emotionales oder rationales Problem mehr dar. Sich den Mut bewahren, sich offen auf neue Situationen einzustellen, sehen wir als großen Gewinn unseres gemeinsamen Weges an.

»An meiner Frau schätze ich am meisten ihre Bodenständigkeit.«
Ich weiß, dass meine »Problemchen« mit denen meiner Frau nicht konkurrieren können. Ich schätze aber nach wie vor, sie bei der Bewältigung ihrer Aufgaben zu beobachten. Ihre Disziplin und Lösungsorientiertheit sind dabei herausragend. Bei allem, was sie tut, schätze ich am meisten ihre Bodenständigkeit. Daher streiten oder diskutieren wir eher selten. In Einrichtungs-

fragen und allem, was mit der Wohnung oder dem Haus zu tun hat, halte ich mich raus. Zu den Kindern haben wir die gleiche Einstellung. Zu ihrem Job weiß ich selten etwas Konstruktives beizutragen. Über Literatur und Geschichte versucht sie es manchmal, bekommt dann aber einen längeren Vortrag, was abschreckend wirkt. Leider ist sie seit geraumer Zeit regelmäßig beim FC Bayern in der Allianz-Arena, da bröckelt gerade meine Meinungs-führerschaft in Sachen Fußball etwas. Für den Rest erstellt sie mir eine »To do«-Liste. Unser Wunsch ist es, dass Lasse und Finn sich hoffentlich nicht zu lange selbst verwirklichen und uns bald zu Oma und Opa befördern.

Thomas Lücke, geboren 1965 in Karlsruhe, wuchs in Speyer auf und machte dort 1984 sein Abitur. In der Bundeswehr blieb er zwei Jahre und absolvierte die Ausbildung bei den Fallschirmjägern zum Reserveoffizier. 1986 begann Thomas Lücke zunächst Psychologie in Marburg zu studieren, wechselte jedoch nach einem Jahr auf das gymnasiale Lehramt Deutsch/Geschichte und schloss es 1994 in München ab. Bis heute ist er als Lehrer tätig. Nach über 20 Jahren übt er diesen Beruf noch immer gerne aus.

Manuela Hoffmann-Lücke wurde 1964 in Vanderbjl Park/Südafrika geboren und wuchs in Emden/Ostfriesland auf. 1983 absolvierte sie ihr Abitur und begann in Mainz Chemie zu studieren. Frühzeitig zog es sie ins Ausland, ein Studienjahr verbrachte sie in Toronto/Kanada. 1993 nahm sie eine PM-Stelle bei Pharmacia in Erlangen an und arbeitet mittlerweile als General Manager bei Baxter mit dem Verantwortungsbereich Deutschland, Österreich und Schweiz.

Karl Schaeff und Prof. Dr. Helga Rübsamen-Schaeff: Powerpaar trotz räumlicher Trennung

Sie sind das, was man gemeinhin als Powerpaar bezeichnet: Prof. Dr. Helga Rübsamen-Schaeff, vielfach ausgezeichnete Chemikerin, Mitglied in der Nationalen Akademie der Wissenschaften, Leopoldina, Virologin und Managerin, und ihr Ehemann Karl Schaeff, gestandener Unternehmer der international tätigen Schaeff Gruppe. Beide verbindet neben ihrer Zielstrebigkeit und ihrem Unternehmergeist ein festes emotionales Band. Sie begegnen sich auf Augenhöhe, sind trotz ihres Erfolges bodenständig geblieben, achten und lieben einander. Ihr Erfolgsrezept für 20 gemeinsame Jahre klingt einfach: »Zu wissen, dass man von seinem Partner jederzeit emotionale Unterstützung bekommt – trotz räumlicher Trennung.«

Lebenslinien

Karl Schaeff wächst in Langenburg, Kreis Schwäbisch Hall, auf. Der Vater stellt Landmaschinen her und führt Industrie-Reparaturen durch. Der jüngste von insgesamt vier Brüdern besucht die Schule in Langenburg und Crailsheim. Statt des ersehnten Chemiestudiums bestimmt die Familie, dass er eine kaufmännische Lehre bei der Heinrich Lanz AG in Mannheim macht – ein zukunftsweisender Schritt, denn Karl Schaeff tritt schon mit 19 Jahren in die unternehmerischen Fußstapfen seines Vaters. Karl übernimmt die kaufmännische Leitung und baut die Schaeff Gruppe auf.

Helga Rübsamen-Schaeff wird in Münchberg, Oberfranken, geboren und wächst mit einer älteren Schwester in Düsseldorf auf. Mit 18 Jahren zieht sie zum Studium der Chemie nach Münster. Bereits sechs Jahre später schließt sie ihr Studium mit der Promotion ab. Als Postdoktorandin in Münster, dem amerikanischen Ithaca (Cornell University), Gießen und Frankfurt wendet sie sich den Lebenswissenschaften zu und spezialisiert sich auf die Erforschung der Krebsentstehung. Hierzu nutzt sie ein Virus als Modellsystem, das mit den damals noch unbekannten humanen Immundefizienz Viren (HIV) verwandt ist.

Karl Schaeff erklimmt derweil die Karriereleiter und wird zum geschäftsführenden Gesellschafter. Dabei setzt er auf die Internationalisierung des

Familienunternehmens: Schaeff entwickelt sich vom schwäbischen Bauma-
schinenhersteller zum Global Player mit Werken in den USA, China, Japan,
Großbritannien und Irland.

Auch Helga Rübsamen sucht die internationale Herausforderung: Nach ihrer
Habilitation in Biochemie an der Goethe Universität Frankfurt geht sie in die
USA an die renommierte Harvard University und erfährt dort 1983 erstmals
von der damals noch relativ unbekannten Immunschwächekrankheit AIDS.
Zurück in Frankfurt gelingt der Wissenschaftlerin mit ihrer Forschungsgruppe
als erste in Deutschland, mehrere unterschiedliche HIV-Stämme zu isolieren
und die extreme Wandlungsfähigkeit des Erregers zu dokumentieren.

Schaeff ist zu diesem Zeitpunkt erfolgreicher Kopf der stetig expandieren-
den Schaeff Gruppe und engagiert sich zunehmend auch im sozialen und
gesellschaftlichen Bereich: Er ist aktiv im Arbeitgeberverband, dem Verband
der Metallindustrie und bei Südwest-Metall, betätigt sich ehrenamtlich als
Richter in der Arbeitsgerichtsbarkeit, zuletzt am Bundesarbeitsgericht. Darüber hinaus engagiert sich Schaeff im Rotary Club und in verschiedenen
lokalen Vereinen.

1987 wird die inzwischen verheiratete Helga Rübsamen-Waigmann zur Di-
rektorin des Chemotherapeutischen Forschungsinstituts Georg-Speyer-Haus
in Frankfurt berufen. 1993 bietet ihr dann der Pharma-Gigant Bayer die Leitung der Virusforschung an. Acht Jahre später übernimmt sie die Leitung
der gesamten Infektionsforschung von Bayer. Genau in diese Herausforderung fällt das Zusammentreffen mit Karl Schaeff. Beide kommen von einer
Dienstreise aus New York zurück. Karl Schaeff hat zu diesem Zeitpunkt zwei
erwachsene Söhne, Helga Rübsamen einen zehnjährigen Sohn. Beide verfolgen ihre Karrieren weiter, treffen sich an den Wochenenden abwechselnd in
Wuppertal oder Langenburg.

2004 entschließt sich Bayer, die Infektionsforschung aufzugeben und die
Forschung in eine Firma auszulagern – Rübsamen-Waigmann soll dabei die
Ausgründung durchführen und die Geschäftsführung übernehmen. Aus der
Wissenschaftlerin wird eine Unternehmerin. Helga Rübsamen-Schaeff grün-
det 2006 die neue Firma AiCuris, finanziert durch die Hexal-Gründer Andreas
und Thomas Strüngmann. Ihre Arbeit an Medikamenten gegen Infektions-

krankheiten setzt sie erfolgreich fort. Von den 13 Wirkstoffen, die AiCuris in der Pipeline hat, hat inzwischen ein Medikament die Marktzulassung erhalten (Prevymis™), ein weiteres (Pritelivir) ist bereits erfolgreich in späten klinischen Tests geprüft worden. Als die letzte Studie zur Zulassung von Prevymis glattläuft und die Firma steht, übergibt Helga Rübsamen-Schaeff 2015 die Geschäftsführung der AiCuris an ihren Nachfolger. Heute arbeitet die Wissenschaftlerin als Vorsitzende des Beirats und in unterschiedlichen strategischen Funktionen für AiCuris sowie als Aufsichtsrätin in verschiedenen Organisationen.

Bis zum Verkauf der Firma Schaeff im Jahr 2001 und dem Aufbau einer Beteiligungsgesellschaft, der heutigen Schaeff Group, arbeitet Karl Schaeff aktiv im Unternehmen mit. Heute steht er seinen beiden Söhnen als Senior-Ratgeber für die Schaeff Group und die Hydrotechnik, einem Unternehmen für Hydraulik-Messtechnik, aktiv zur Seite.

Ansichten: Karl Schaeff erzählt

»Hinter jedem erfolgreichen Mann steht eine erfolgreiche Frau.« Bei mir übertrifft diese Redewendung die Realität. Ich lebe seit mehr als 20 Jahren an der Seite einer Frau, die eine spektakuläre Wissenschaftskarriere hingelegt hat. Meine Frau strahlt die Souveränität eines Menschen aus, der weder sich noch mir etwas beweisen muss, um wahrgenommen zu werden. Sie ist, wie sie ist, und hat damit Erfolg – in ihrem Beruf gleichermaßen wie in unserer Beziehung.

Selbstbewusste Frauen motivieren mich, weil ich selbst erfolgreich und selbstbewusst agiere

Ich habe mich in eine starke Frau verliebt, die autark lebt und mich versteht. Mich hat Helga als selbstständige Frau motiviert und fasziniert. An ihr schätze ich ihre Geradlinigkeit, ihre Neugier, die schließlich auch einen Aspekt ihres Berufes als Forscherin und Unternehmerin ausmacht. Vom Forschen selbst, der Pharmabranche und all ihren Herausforderungen habe ich nur eine vage Ahnung, ich habe lediglich einmal Zentrifugen zur Trocken-Flüssigtrennung für die Pharmaindustrie hergestellt.

Keine Karriere auf Kosten des anderen

Keiner von uns beiden hat seinen Karriereweg wegen des anderen verlassen. Wir hatten und haben da immer ein sehr ausgewogenes Verhältnis. Unser gemeinsamer Lebensweg ist davon geprägt, dass jeder seinen Interessen nachgehen kann, gleichzeitig aber die Interessen des anderen achtet. Keiner hat also zugunsten des anderen beruflich auf etwas verzichten müssen. Bis heute leben wir an zwei unterschiedlichen Orten und führen dadurch überwiegend eine Wochenend-Ehe, aber das ist kein Nachteil. Natürlich bedeutet das, dass wir uns abstimmen müssen – mit Terminen beruflich und privat. Dazu führen wir einen gemeinsamen Kalender. Wir versuchen in der Woche alle Arbeiten zu erledigen, so dass wir am Wochenende Zeit füreinander haben. Trotzdem sitzt meine Frau aber oft auch am Wochenende noch am Computer.

Helga ist genau dahin gekommen, wo sie jetzt ist, weil sie immer bereit war, für ihre Ideen zu kämpfen, aber auch etwas Neues anzufangen und sich dafür zu engagieren. Ich glaube, dass in ihrer dritten Karriere, der Leitung von AiCuris, das meiste Herzblut steckt. Das ist verständlich, denn bei AiCuris konnte sie die Wirkstoffe aus ihrer Bayer-Zeit weiterentwickeln und mit ihrem Team neue Substanzen entdecken. Zu ihrer größten Freude hat ein Medikament, Prevymis™, nun die Marktzulassung erhalten. Das Bemerkenswerte ist – mal ganz abgesehen von der innovativen Forschung, die dazu notwendig war –, dass es dieses Medikament sehr wahrscheinlich nicht gäbe, wäre ihr nicht die Gründung von AiCuris gelungen. Auch ich kenne das Erfolgserlebnis, die Früchte der eigenen Arbeit ernten zu können, und weiß wie es ist, daran teilzuhaben, wenn aus einer Produktentwicklung ein marktreifes Produkt wird.

Auch außerhalb ihres Berufes ist meine Frau vielfältig engagiert. Wir erhalten jede Menge Einladungen und müssen viele davon absagen. Wenn möglich, begleite ich sie aber, wenn es zeitlich passt. Bei meinen Eltern war die Rollenverteilung auf den ersten Blick sehr klassisch. Mein Vater hat die Firma geführt, meine Mutter war Hausfrau. Aber sie war auch für Vieles in der Firma zuständig. Sie führte das Büro und überwachte die Finanzen, kümmerte sich zudem um die Probleme der Mitarbeiter. Sie war zuständig für den »Kummerkasten« bis hin zur Behandlung von kleineren Verletzungen.

Wir hatten häufig Mitarbeiter, die bei uns aßen, so dass sie immer auch für das Essen sehr vieler Menschen sorgen musste. Heute greife ich ebenfalls ab und an zum Kochlöffel. An den Wochenenden teilen wir uns die Hausarbeit: Ich mache Frühstück, meine Frau das Abendessen – aber ich helfe natürlich beim Kochen und räume auch das Geschirr in die Spülmaschine.

Der Gewinn unserer Partnerschaft liegt für mich in der Ergänzung
Der Gewinn in unserer Partnerschaft liegt für mich darin, dass meine Frau etwas völlig anderes macht als ich. Sie arbeitet in der Biotech-Industrie an Medikamenten, ich führe mit meinen Söhnen Firmen in der metallverarbeitenden Industrie. Wenn wir uns nach einer Woche wiedersehen, gibt es immer viel zu erzählen. Wir haben aber auch sehr viele gemeinsame Interessen wie bildende Kunst oder Musik und gehen gern ins Konzert oder in die Oper. Der Gewinn liegt zudem darin, dass jeder von uns interessante Freunde und Geschäftspartner hat und es daher nie langweilig wird und man aus der Welt des Partners immer neue Impulse bekommt.

Als meine Frau vor der Entscheidung stand, eine Firma zu gründen, habe ich ihr gesagt, dass sie diesen Schritt nur dann gehen soll, wenn sie es wirklich will. Mehr nicht. Da ich selbst Unternehmer bin, hatte ich viel Verständnis für ihren Entschluss, Unternehmerin zu werden. Die Wirtschaft braucht qualifizierte Frauen, die ihrem Beruf genauso nachgehen können wie ihren familiären Verpflichtungen. Unsere Wirtschaft kann und darf auf solche Frauen nicht verzichten. Angesichts des Mangels an qualifizierten Fachkräften kann sich die Gesellschaft diese Verschwendung nicht leisten, aber leider ändert sich das nur langsam.

Prof. Dr. Helga Rübsamen-Schaeff *übernahm nach Chemiestudium und Forschungen an den Universitäten Cornell (USA), Gießen Köln und Harvard (USA) die Leitung des Chemotherapeutischen Forschungsinstitutes Georg-Speyer-Haus in Frankfurt, wo sie eine international beachtete AIDS- und Krebsforschung aufbaute. Sechs Jahre später wechselte sie zu Bayer und leitete dort zunächst die Virusforschung, später die gesamte Infektionsforschung. 2006 gründete sie mit Bayer-Mitarbeitern und ihren von Bayer übernommenen Projekten die Firma AiCuris. Der erste große Erfolg, die Zulassung des Medikaments Prevymis aus dieser Pipeline, konnte 2017 gefeiert werden. Nach Übergabe der Geschäftsführung ist Helga Rübsamen-Schaeff heute Vorsitzende des wissenschaftlichen Beirats von AiCuris und Mitglied in Aufsichtsgremien von Merck und 4SC. Die Mutter eines Sohnes lebt mit ihrem zweiten Mann heute in Düsseldorf und in Langenburg. Mehr Informationen unter www.aicuris.com.*

Karl Schaeff *übernahm als Industriekaufmann zusammen mit seinem Bruder den väterlichen Betrieb und baute diesen zu einem international tätigen Baumaschinenkonzern aus. Während dieser Zeit war Karl Schaeff Vorsitzender des Verbandes der Metallindustrie Region Franken und Vorstandsmitglied des Verbandes der Metallindustrie Baden-Württemberg in Stuttgart. Auch war Karl Schaeff in der Arbeitsgerichtsbarkeit tätig, zunächst als Richter am Arbeitsgericht Crailsheim, später beim Landesarbeitsgericht Stuttgart und zum Schluss über viele Jahre als ehrenamtlicher Richter am Bundesarbeitsgericht. 2001 wurde die Schaeff Gruppe an die US-Firma Terrex verkauft. Danach baute Karl Schaeff mit seinen Söhnen die heutige diversifiziertere Schaeffgroup auf. Weitere Informationen unter www.fima.de und www.hydrotechnik.de.*

! **Lessons learned: Ein Ortswechsel und getrennte Wohnorte müssen vom Partner mitgetragen werden**

Was haben wir aus den vorangegangenen Schilderungen gelernt? Vor allem eines: Unternehmen, die fortan mehr weibliche Mitarbeiter ins Ausland entsenden wollen, sollten dem Thema »Side by Side« mehr Aufmerksamkeit schenken. Denn es geht, so unsere Expertin Nela Novakovic, eben nicht nur darum, eine geeignete Wahl von Kandidaten zu treffen, sondern ebenso Abbrüche und damit kostenintensive Fehlbesetzungen zu vermeiden. Und auch die Psychologin Kappelhoff stellt fest: »Übersteigen die Belastungen das Bewältigungspotenzial der betroffenen Personen, sind negative Auswirkungen auf die Lebens- und Arbeitszufriedenheit und nicht selten auch gesundheitliche Probleme die Folge sowie möglicherweise ein frühzeitiger Abbruch der Entsendung. Dabei hat sich herausgestellt, dass einer der maßgeblichen Belastungsfaktoren, aber auch eine der wichtigsten Ressourcen, die Partnerschaft darstellt.«[60] Unterstützung und positive Wertschätzung des Auslandsaufenthaltes durch den Ehepartner gehörten zu den wichtigsten Ursachen für das Gelingen des Auslandsjobs, so Verena Kappelhoff weiter. Je stabiler die Beziehung, desto mehr trägt sie dazu bei, Belastungen zu reduzieren und die Lebenszufriedenheit zu erhöhen, so die Erkenntnis der Forscher. Damit sollte das Augenmerk von Personalabteilungen nicht nur dem Mitarbeiter oder der Mitarbeiterin selbst gelten, sondern auch dessen oder deren Partner.

Forschungen haben gezeigt, »dass mit einer Zunahme oder Veränderung von Belastungsfaktoren vor allem die geschlechtsspezifischen Rollenidentitäten sehr hinterfragt werden müssen und einen großen Einfluss auf das Bewältigungsverhalten eines Paares haben. Plausibel ist dies auch für den Auslandsaufenthalt, bei dem häufig die familiären Aufgaben neu verteilt werden, das Verhältnis von Berufstätigkeit und Familienzeit verändert wird oder die jeweiligen Partner in sehr unterschiedliche soziale Netze eingebunden sind.«[61] Kappelhoff rät, bei der Besetzung von Stellen im Ausland besonderen Wert auf einen flexiblen Umgang mit Geschlechterrollen zu legen und Paare in Gesprächen verstärkt auf entsprechende Belastungen hinzuweisen. Auf Unternehmensseite erfordert dies einen ganzheitlichen Blick für Mitarbeiter und ihr Umfeld. Und für karriereorientierte Frauen mit Perspektiven im Ausland heißt das umso mehr sicherzustellen, dass der Partner an ihrer Seite flexibel und weltoffen ist.

---

60 Kappelhoff, V./Heidemann, Kr./Völker, S./Rietz, Chr.: »Partnerschaft und Auslandseinsatz. Beziehungsdimensionen und ihre Bedeutung für die Qualität des Auslandsaufenthaltes bei Expatriates«. In: Zeitschrift für Personalforschung, 4 (2006), S 318–342.

61 Ebenda.

Wir ziehen um! Und alle kommen mit? Im Fall der Familie Hoffmann-Lücke hat sich die gesamte Familie flexibel zeigen müssen. Nicht nur einmal, sondern insgesamt fünf Mal. Ein Standortwechsel für die Karriere ist heutzutage Normalität. Wer beruflich erfolgreich sein möchte, für den lässt sich ein gewisses Maß an Mobilität im Job nicht mehr vermeiden. Doch während Männer einem berufsbedingten Umzug positiv entgegenblicken, denken Frauen stärker an die potenziellen negativen Konsequenzen für ihren Partner, zeigt eine Studie der Universität Hohenheim aus dem Jahr 2015. Unter der Leitung von Prof. Dr. Marion Büttgen und Jan Ullrich wurden 1.400 Fach- und Führungskräfte bzw. Nachwuchskräfte und ihre Partner befragt.[62] Das Ergebnis: Vor allem geschlechterspezifisch zeigen sich deutliche Unterschiede in Toleranz, Akzeptanz und Selbsteinschätzung. Die Studie ist insofern interessant, als dass sie das gängige Rollenmodell – er arbeitet, sie zieht nach – betrachtet. Ihr Resümee: Bei anstehenden Mobilitätsentscheidungen sollte der Partner frühzeitig, das heißt schon während der Entscheidungsphase, in den Entsendungsprozess miteinbezogen werden. Ein weiterer Aspekt: Besonders wenn es um Entsendungen von Mitarbeiterinnen geht, hat die weitere berufliche Entwicklung des (männlichen) Partners einen großen Einfluss auf die Mitarbeitermobilität. Hier sollten die Unternehmen stärker unterstützen, so beispielsweise durch Dual-Career-Programme und Relocation-Services.

---

62 https://www.uni-hohenheim.de/uploads/media/Kurzbericht_zur_Studie_Einfluss_des_
Lebenspartners_auf_Karriereentscheidungen_Fokus_Mobilitaetsentscheidungen.pdf

8   Von fixen Rollen und Ausreißern

Kommen wir nun zu unserer nächsten Perspektive. Beleuchten wir die Frage, welchen Einfluss Rollen und Stereotype auf die Paarbeziehung erfolgreicher Frauen in Führungspositionen und ihrer Männer haben. »Tschüss Mutter-mythos«, proklamiert die Pressemitteilung der bereits zuvor zitierten 2017er Brigitte-Studie »Mein Leben, mein Job & ich« ein Ergebnis der Befragung von insgesamt 2.002 Frauen und Männern. Für die Lebenszufriedenheit vieler Frauen sei das Mutterdasein nicht mehr der bestimmende Aspekt. »Zumin-dest im Vergleich zur Bedeutung von Karriere (79 Prozent) und finanzieller Unabhängigkeit (94 Prozent) sei das Bedürfnis Kinder zu bekommen mit nur 68 Prozent Zustimmung nachgeordnet.«[63]

Auch die Männer scheinen ihre traditionelle Rolle ablegen zu wollen: Karriere sei schön, aber sie wollen zunehmend auch aktive Väter sein. Doch was pas-siert eigentlich, wenn Väter ihre Rolle als Alleinverdiener ablegen und beim Kinder in die Krippe Bringen nur schräge Blicke ernten? Was, wenn die Nach-barin, wie im kommenden Porträt der Familie Jeske, das Lebensmodell der arbeitenden Frau und Mutter und des ebenfalls arbeitenden, aber sich küm-mernden Mannes mit Neid und Missgunst beäugt? Auch hier gilt: Chapeau vor den Männern, die ihren Frauen den Rücken stärken und entgegen dem tradierten Rollenverständnis agieren.

Vor allem in kleinbürgerlichen Strukturen sind Frauen und Männer, die den traditionellen Rollenerwartungen nicht entsprechen, Störfaktoren. Sie stö-ren aus den Augen ihrer Mitmenschen eine Ordnung, die über die Jahrhun-derte Bestand hatte. Dazu kommt, dass Frauen, die sich selbst verwirklichen, unbewusst ihren Geschlechtsgenossinnen ihren Erfolg vor Augen führen. Schickes Auto, tolles Haus, netter Mann – und wenn zudem noch die Kinder wohlgeraten sind, ruft das Neid hervor bei den Frauen, denen dies nicht gelungen ist. Der eigene Frust über Ungelebtes und unbewusste Wünsche wird durch Erfolgsfrauen noch mehr ins Bewusstsein befördert – Beispiele

---

63   Pelikan, M.: Pressemitteilung »Die große Brigitte-Studie ›Mein Leben, mein Job und ich‹ deutet daraufhin: Wir stehen am Wendepunkt!«, Hamburg, 27. September 2017.

hierfür bietet der ausführliche Beitrag von Andreas Jeske und seiner Frau Doris Jeske-Kraft.

Andreas Jeske und Doris Jeske-Kraft: Liebe auf den ersten Blick

Das erste Buch, das über meine Frau geschrieben wurde, war ein von mir personalisierter Liebesroman, in dem wir die jeweilige Hauptrolle innehatten. Wie im richtigen Leben eigentlich – keine ganz einfache Geschichte.

Wir hatten uns bei einem Seminar spontan und bis über beide Ohren ineinander verliebt. Und von diesem Moment an, dort in Duisburg-Ruhrort, war unser Leben nicht mehr wie vorher und auch nicht mehr, wie einst geplant. Um es auf den Punkt zu bringen, kann man rückblickend vielleicht grob sagen, dass wir uns seither unermüdlich und ständig mit der Lösung von Herausforderungen beschäftigen müssen, die ein solches Glück mit sich bringt. Und die ein solches Glück auch nur aushalten kann wahrscheinlich. Denn einfach ist anders. Aber so viel Glück findet und hat eben auch nicht jeder. Und zarte Bande reichen sicher nicht aus, um ein solches Lebensmodell aufzusetzen, das Dynamik und Tempo hat und das allein durch seinen Rahmen einfach viel Kraft kostet. Zarte Bande würden durchreißen, und sie können die notwendige Kraft auch nicht geben, die es erfordert. Das Seminarthema war übrigens »Work-Life-Balance«. Irgendwie witzig, wenn ich so darüber nachdenke.

Und schon bin ich mitten im Thema, denn Sie, geneigter Leser, interessiert ja weniger die romantische Seite als wahrscheinlich der Teil, aus dem Sie etwas mitnehmen können. Daher möchte ich versuchen, Ihnen ein paar Antworten mitzugeben auf Ihre Fragen zu den Herausforderungen, die ein offenbar derart untypisches Rollenmodell so im Allgemeinen mit sich bringt.

Meine Frau verantwortet heute den Großteil des strategischen Einkaufs eines pharmazeutischen Großhandels. Mehrere Milliarden Euro Volumen werden über ihren Schreibtisch bewegt, Jahr für Jahr. Sie hat sich mit einer stillen Akribie und Ernsthaftigkeit dorthin gearbeitet, ist Wege gegangen, für die andere zu bequem waren. Sie kann und weiß heute daher Dinge, die eben diese anderen nicht können und wissen. Ich selber bin vor Jahren aus dem Konzernbetrieb ausgeschieden, habe ein eigenes mittelständisches Unternehmen gegründet und erfolgreich entwickelt. Die Tatsache, dass wir lange Kollegen waren und uns in derselben Branche tummeln, bestimmt unseren Alltag schon sehr und wahrscheinlich sogar auch überdurchschnittlich. Denn eines haben wir dabei beide gemeinsam, so sehr wir inhaltlich auch oft auseinanderliegen: das Streben.

Zum noch besseren Verständnis vorweg noch ein paar weitere Eckdaten zu uns: Als ich meine Frau kennenlernte, war sie frisch getrennt und eigentlich genauso wenig auf der Suche nach einer neuen Partnerschaft wie ich. Sie wohnte in Stuttgart, mein Lebensmittelpunkt war Braunschweig. Bevor wir überhaupt das erste Mal zusammen als Paar in einem gemeinsamen Haushalt gelebt haben, musste das neue Familienmodell bereits destabilisierende Trennungen und eine längere Fernbeziehung überstehen, mit allen Unwägbarkeiten und Verpflichtungen, auch den nicht gemeinsamen Kindern gegenüber, sowie einen eigenen Karriereschritt inklusive Umzug ins Rheinland. Zur Vereinfachung hat das nicht gerade beigetragen, und eigentlich mussten wir also seit jeher mehrere Bälle in der Luft halten und es irgendwie »hinbekommen«.

> **Tipp: Rituale helfen**
>
> Es lässt sich auf dem Karriereweg nicht immer vermeiden, dass man, auch für längere Zeit, mal getrennt leben muss. Um Ihnen da ebenfalls Mut zu machen: Man kann zusammen auch voneinander entfernt gut leben. Auch statistisch gesehen scheitern Fernbeziehungen nicht häufiger als andere Partnerschaften. Sind wir geschäftlich bedingt an unterschiedlichen Orten, was bei mir noch sehr oft der Fall ist, helfen uns insbesondere persönliche Rituale sehr gut. Wir versuchen, wenigstens einmal täglich in Ruhe eine halbe Stunde zu telefonieren, uns die notwendige Zeit dafür freizuschaufeln und nicht vorher bereits alle Worte über den Tag aufzubrauchen.

Kein alltäglicher Alltag

Wie gestaltet sich denn nun jedoch das sonst Alltägliche? Kommt der Fernfahrer mit leichter Beratungstätigkeit (also ich!) von seiner aufreibenden, unternehmerischen Tätigkeit heim und wird von der treusorgenden Ehefrau mit dampfendem Essen begrüßt ...? Nein, nicht ganz jedenfalls. Ich denke

nicht, dass wir eine besonders typische Ehe führen mit klarer Rollenverteilung und festem Wochenplan. Unsere Haushaltsführung richtet sich eher
nach Zeit und Möglichkeiten und auch nach Talenten und Vorlieben. Doris
zum Beispiel ist eine begnadete Köchin, zum Einkaufen für das Privatleben
– Schuhe und Mode ausgeklammert ... – fehlt ihr als Einkäuferin paradoxerweise jedoch die Geduld, häufig auch die Zeit. Doch hier springe ich gerne
ein. So ergänzen sich dann die Neigungen auch hier perfekt und wir kommen
alle zu einem Ergebnis. Dabei beharren wir jedoch nicht auf einer festge-
legten Aufgabenverteilung, und auch die Umstände wechseln ja hin und
wieder, was die alltägliche Versorgung betrifft.

Aufgaben sind jedenfalls nicht immer nur zu teilen, sie sind oft auch zu
verteilen oder eben zu managen. Wir versuchen dabei insbesondere unseren
Kindern zu vermitteln, dass eine Haushaltshilfe zwar Luxus, aber keinesfalls
Snobismus oder der allgemeine privilegierte Hang zu Personal ist. Sie ist für
uns schlichtweg erforderlich, weil sie bei der Meisterung des Alltags hilft
und unterstützt. Denn am Ende tauscht man doch lediglich Geld gegen ge-
wonnene Zeit. Für die bessere Vereinbarkeit von Familie und Beruf nehmen
wir jedenfalls verschiedene angebotene Dienstleistungen an. Das entspricht
wohl nicht ganz dem tradierten Familienmuster, man wächst jedoch an seinen Ausgaben.

Auch einen »typischen« Arbeitstag gibt es eigentlich bei uns in der Form
nicht. Ich bin als Unternehmer und Vorstand zwangsweise viel auf Reisen
zwischen den verschiedenen Standorten, und auch anderweitige Termine
bestimmen dann den Organisationsgrad. Grundsätzlich kann man sagen,
dass wir den Alltag eher organisieren, als dass wir einen wirklichen Alltag im
Sinne eines wiederholten und fixen Zeitgerüstes haben. »Weniger eintönige
Langeweile, mehr ermüdende Herausforderungen«, beschreibt es vielleicht
am besten. Spätestens seit wir keine Kinder mehr mit Schulpflicht und damit
einhergehenden festen Zeiten im Haus haben, gruppieren wir die privaten
Aktivitäten auch schon mal um die beruflichen Termine und Erfordernisse
herum. Was uns wichtig geblieben ist, sind zum Beispiel gemeinsame Mahl-
zeiten, auch und gerade mit den Kindern. Man kann Zeit nicht nachholen.
Wie auch sonst kann man aber aktiv anhand der Möglichkeiten gestalten
oder sich Möglichkeiten schaffen, auch hier gewisse schöne Rituale zu pfle-
gen.

Eine Phase von Unzufriedenheit kommt trotzdem immer mal wieder vor und muss dann besprochen und neu justiert werden. Meist hat das mit aktueller Überlastung zu tun, einhergehend mit dem Gefühl, dass entweder man selbst zu kurz kommt oder wir als Paar. Ganz klassischer Redebedarf, der bei Doris sicher ausgeprägter ist. Das muss auch nicht gleichmäßig verteilt sein, elementar ist doch, dass man bei akutem Bedarf und jederzeit auf seinen Partner zurückgreifen kann. Das ist unsere Erfahrung und gleichermaßen auch als Ratschlag zu verstehen. Und ist es auch durchaus erwünscht, sich es gegenseitig mitzuteilen, wenn man eben feststellt, dass etwas im Ungleichgewicht scheint, und aktiv anbietet zu helfen. Ein gutes Wort ist immer und genauso willkommen, wie das Gespür zu behalten, wo der andere gerade steht in seiner Belastungskurve. Die Homebase sollte einem die Kraft fürs Alltägliche geben.

Dabei ist nicht immer alles eitel Sonnenschein, natürlich sind es Belastungen und natürlich ist es auch wahnsinnig anstrengend, sich immer wieder neu organisieren zu müssen. Das kostet Kraft und Energie, es ist aber unvermeidlich, und rückblickend soll es auch denen Mut geben, die beim Lesen dieser Zeilen gerade darüber nachdenken, ob Karriere wirklich auch etwas für sie wäre. Mut ist eine der wichtigsten Zutaten, und gerade Doris hat viel Mut bewiesen. Mit Kind in die Ferne ziehen, dazu noch einen bis dato unbekannten Job ausfüllen. Das ist ein klassisches Beispiel für den berühmten Sprung ins kalte Wasser. Heute lachen wir zwar darüber, das war aber in den ersten Monaten eines gemeinsamen Haushaltes nicht immer so. Heute sind wir deutlich achtsamer mit uns. Diese Lernkurve war unterschiedlich stark ausgeprägt, aber übers Ganze betrachtet ging sie immer sehr steil nach oben.

Frauen an den Herd!
Wie funktioniert das bei uns also konkret? Aufgabenteilung war bereits ein Stichwort. Man kann eben nicht alles verteilen und wegdelegieren. Denn der Familienalltag besteht ja nicht nur aus Einkaufen, Kochen, Putzen. Die zu gestaltende Freizeit mit Urlaub, Ausflügen, Geburtstagen, Einladungen und die Kommunikation mit der Familie gehören auch dazu. Dieser Teil wird überwiegend von mir organisiert und gestaltet. Gerade die Kommunikation nach außen obliegt dabei eher mir. Klischeehaft ist das sicher nicht, wenn man das Kochen ausnimmt. Das übernimmt meine Frau. Meine Frau gehört

also an den Herd! Genau genommen aber auch deshalb, weil ich die Speisen lediglich erwärmen kann.

Die Urlaubsplanung ist ihr immer schon ein Graus gewesen, und so kann ich hier meine Talente voll ausspielen. Von der zugehörigen Familienkonferenz über die notwendige Planung (dann stimmen wir es final ab) bis zur konkreten Umsetzung selbst ganz praktischer Dinge wie Kofferpacken erledige alles ich. Doris reist sehr gerne, mag sich jedoch damit nicht beschäftigen. Sie genießt den Luxus, lediglich einen Wunsch zu äußern und die gewünschten Sachen dazu bereitzustellen. Erkennen Sie das Muster dabei wieder? Schlagwort: Küche und Kochen. Wer kann, der macht auch. Und für wen das jetzt ausgesprochen nach Projektarbeit klingt in der Herangehensweise, mag nicht ganz unrecht haben. Denn niemand kann wohl aus seiner Haut und seinen Beruf mit seinen Methoden gänzlich vor der heimischen Haustüre lassen. Gelernt ist und bleibt eben gelernt. Wir ergänzen uns hier ganz wunderbar, denn für Talent kann ja niemand so richtig etwas. Das hält Doris (andersherum ja auch mir) an dieser jeweiligen Stelle den Rücken frei, und so gestalten wir ein gutes Stückchen auch anhand unserer Vorlieben den Alltag. Den gemeinsamen und den des anderen.

Kommen wir einmal zur lieben Familie. Das ist nämlich auch kein gänzlich spannungsfreies Thema bei uns im Hause … Die Wahrnehmung für unser Lebensmodell jedenfalls ist dabei in unserer Verwandtschaft recht unterschiedlich verteilt, wie auch die Unterstützung desselben sehr asymmetrisch ausfällt. Möglicherweise fehlt es hier und da an Fantasie sich vorzustellen, was unser Alltag konkret denn eigentlich alles so an Erschwernissen mit sich bringt. Aktiv Hilfe angeboten bekommen wir augenfällig selten, in der Regel sind und waren wir von jeher auf uns selber angewiesen. Doch auch das hat uns stark gemacht, wenngleich der Widerspruch gleichsam darin steckt, dass das Alleinemachen ja auch viel Kraft kostet. Und darin mag wiederum auch ein Grund liegen, warum uns so wenig Hilfe angeboten wird. Es wirkt natürlich auch immer genau so: immer stark. Selbstbewusstsein und Vitalität haben eben auch ihre Schattenseiten.

Von Neid und Nestbeschmutzung
Es entwickeln sich im Umfeld auch schon mal fast komische Vorstellungen, so beispielsweise, wenn man auf eine Art Sockel gestellt wird. So berichtete

meine Frau mir einst nach einer Familienfeier von einer Begegnung mit einer entfernten Tante. Diese hatte ihr auf dem Fest schon fast ehrfürchtig und staatstragend von ihrer offenkundigen Bewunderung für unsere Positionen und Titel erzählt. Wer Doris kennt, weiß auch, dass sie sich da nicht ganz so wichtig nimmt. Geantwortet hat sie ihr lediglich, dass auch Frau Geschäftsleiterin und Herr Vorstand allein das Haus wienern müssen, wenn die Putzfrau mal im Urlaub ist.

Aber schlimmer geht wohl immer. Für einen Teil der einstigen Nachbarschaft war unsere fröhlich vorgelebte Konstellation offenbar Reizschwelle genug, sich daran abzuarbeiten. Unsere direkten Nachbarn wollten so viel Freigeist und moderne weibliche Selbstbestimmung jedenfalls nicht still neben sich dulden. Wo käme man denn da wohl auch hin! Eine Frau, die Karriere macht, die ihren Weg konsequent geht, nagte wohl derart am eigenen Ego, dass sich der Frust darüber in der Form entlud, uns das Leben mit Nickligkeiten schwer zu machen und es uns mal so richtig zu zeigen. Dass es so war, ist im Übrigen über jeden Zweifel oder jede Vermutung erhaben, wurde es doch Dritten gegenüber freimütig zugegeben. Es kann der Frömmste nicht in Frieden leben, wenn es dem Nachbarn nicht gefällt. Dies haben wir am eigenen Leibe erfahren müssen. Haben Unsagbares gehört, Unfassbares vorgefunden. Aber warum? Berichtet wurde uns zu dieser Frage ganz konkret, dass der Eindruck, wir hielten uns wohl für »etwas Besseres«, als grundsätzliches Mantra und Allzweckbegründung angeführt wurde. Als auch mehrmalige Versuche nicht fruchteten, dazu klärende Gespräche zu führen, sind wir am Ende weggezogen. Formal gewehrt haben wir uns lediglich gegen offenkundige Übertretungen. Eine Antwort auf die Frage nach dem »Warum?« jedenfalls können wir nicht zweifelsfrei liefern. Ich vermute wiederum, es ist neidgetrieben, mit einer gehörigen Portion Frust. Die Indizien und Fakten lassen sich einzig so sinnvoll interpretieren. Erfolgreiche Anmutung hat eben nicht nur Fans, und Opposition dagegen wird auch mal offen ausgetragen. Sich dafür gleichzumachen, halte ich trotzdem für falsch. Haltung ist gefragt, immer und auch hier. Denn die hat am Ende niemanden zu stören, wenn es ihn doch gar nicht direkt betrifft. Allein die damit einhergehende Machtlosigkeit ist ein bleibendes, zutiefst verstörendes Gefühl. Warum erzähle ich Ihnen das? Herausstellen möchte ich der guten Ordnung halber nämlich noch, dass die treibende Kraft hier die Nachbarin war! Kein männlicher Neid, nein, die Hausfrau und Mutter hatte sich da aus dem Hinterhalt heraus ausgetobt, Frau gegen Frau.

Wir selber empfinden uns trotzdem überhaupt nicht als Ausnahme oder sehen uns gar als sogenanntes Powerpaar. Dieser Begriff ist uns von extern einmal angetragen worden. Wir denken, jeder tut eben, was er kann, ohne dabei ständig anderen mitzuteilen wie toll, schön und unerreichbar das alles sein mag. Normal scheint es indes offenbar nicht. Nicht jedoch das Mögliche zu tun, trifft insbesondere bei Doris den falschen Nerv. Auch vom inflationären Nutzen von Floskeln rund um das, »was das Problem ist«, kann ich im persönlichen Umgang nur dringend abraten. Eine besonders ausgeprägte Ungeduld und ein Hang zum Perfektionismus sind geradezu hervorstechende, wenn auch häufig lästige Eigenschaften. Lassen Sie sich dabei nicht von ihrer äußeren Ruhe in falscher Sicherheit wiegen oder gar von der Suche nach Lösungen abhalten. Vielleicht also doch Powerfrau? Zugegeben und so gesehen ist das sogar mehr als gut möglich, denn solange besser möglich ist, ist gut nicht gut genug für sie.

Karriere jedenfalls hat meine Frau vor allem deshalb gemacht, weil sie, wie gesagt, jeden Weg auch allein gegangen ist, für den sich andere schon mal zu schade waren. Auch ich durfte einmal Prokurist in eben dieser ihrer Firma sein und kann daher wohl ganz gut ermessen, was es bedeutet. Heute ist sie dort weit erfolgreicher, als ich es jemals war. Das allein erfüllt mich mit großem Stolz.

Dass Frauen grundsätzlich die besseren Führungskräfte sind, deckt sich dabei übrigens nicht mit meinen persönlichen Erfahrungen. Frauen gegen Frauen – das ist ein ganz besonderes Thema, wahrscheinlich auch beim Netzwerken. Was machen Frauen nun also anders? Dazu kann ich vor allem beitragen, was meine Frau beispielsweise anders macht als ich. Ein generelles Urteil gebe ich jedoch dabei ausdrücklich nicht ab. Trotzdem gibt es dabei sicher typische Skills, die wohl ganz allgemein auch auf andere Frauen anwendbar und übertragbar sind.

Der Gewinn: eine Partnerschaft auf Augenhöhe
Doris bringt in unsere Diskussionen nicht nur viele neue, andere und konstruktive Ansätze, sondern auch eher langfristiges Denken und dazu eine gewisse Vorsicht ein. Viele Ideen, die mir so durch den Kopf gehen, bespreche ich mit ihr, um ihren Rat und ihre Meinung zu hören. Das ist korrespondierend mit den beschriebenen persönlichen Eigenschaften schon mal

anstrengend und auch nicht immer konsensfähig. Wie soll das auch gehen, die letztliche Verantwortung für eine Entscheidung ist eben nicht delegierbar. Ich möchte ihre Meinung aber schon deshalb hören, weil sie sehr strukturiert denkt. Sie hat darüber hinaus auch einen guten Umgang mit Geld und Kenntnis des Marktes, in dem wir uns gemeinsam bewegen, nur eben aus einer anderen Perspektive. Und sie ist sehr kritisch. Dieses Wort ist meist wohl eher negativ besetzt, meint hier aber ganz im Wortsinn, dass sie sich auseinandersetzt. Und so dürfen Sie sich dann ein Gespräch im Hause Jeske auch vorstellen, das oftmals über unseren beruflichen Alltag hinaus stattfindet. Unsere Kinder finden das teilweise lästig, haben sich aber daran gewöhnt. Interessanterweise fällt ihnen jedoch auf, dass wir nicht über unsere Arbeit schimpfen, sondern in den Diskussionen dazu Standpunkte in Lösungen umzumünzen versuchen. Wir empfinden es auch nicht als zu einseitig, mehrheitlich über geschäftliche Themen nachzudenken, denn Arbeit ist nun mal ein großer Teil des Lebens und wird von uns nicht als Belastung oder reiner Broterwerb verstanden. Den gestalterischen Willen haben wir beide, wenn auch in unterschiedlichen Möglichkeiten und Facetten. Und so kühle ich mein kreatives geschäftliches Mütchen dann schon mal an meiner klugen Frau, ohne dass es mich bereits unnötig Energie oder gar Geld kostet. Was ich ihr nicht überzeugend erklären kann, hat auch kaum Chance, in einen Geschäftsvorgang überzugehen. Immer unter Berücksichtigung der Sachlage, dass ich wohl sehr viel risikofreudiger bin und auch meine Zeit leichter in neue Dinge investieren kann, für die ich eben keine Budgetziele erreichen muss.

Ein gutes Stück des eigenen Erfolgsrezeptes ist es für mich auch, wenn Sie so wollen, sich eben nicht gegenseitig kleinhalten zu wollen. Steht hinter jedem erfolgreichen Mann eine erfolgreiche Frau? Ja – aber auch umgekehrt wird ein Schuh daraus. Doris ist oft mein Coach. Im Gegenzug muss sie meine überschüssige Kreativität eben auch ertragen.

Doch: trau, schau, wem – ich bin mir der besonderen Situation oder besser der besonderen Konstellation, die wir privat und beruflich haben, sehr bewusst. Mit jemandem auf Augenhöhe seine beruflichen Pläne diskutieren zu können, mit dem man auch liiert ist, verbindet auf eine besondere Weise. Gemeinsam zu arbeiten käme trotzdem nicht infrage.

Doris legt im Gegenzug ebenfalls großen Wert auf meine Meinung, gerade wenn es bei geschäftlichen Themen hakt, und insbesondere, wenn es dabei um Zwischenmenschliches geht. Sie ist sehr viel emotionaler, geht insgesamt einfach anders mit ihrem Stress um. Tagsüber ist sie dabei sehr kontrolliert, was man, wie bereits beschrieben, besser nicht mit Zustimmung verwechseln möge. Empfundene und offensichtliche Ungerechtigkeit erträgt sie nämlich ebenso schlecht wie unprofessionelles Verhalten. Eine persönlich ungerechte Behandlung oder unkollegiales Verhalten stresst sie deutlich mehr, als viel Arbeit zu haben. Das scheint mir allgemein eher wohl typisch Frau zu sein.

Was sie dabei dann aus meiner Sicht auch deutlich abhebt von vielen ihrer Mitstreiter ist, dass sie dabei sehr ganzheitlich, in diesem Falle also im Sinne des Unternehmens denkt. Dabei fällt mir immer wieder auf, wie sehr und wie hart Doris an sich arbeitet. Leicht macht sie es sich jedenfalls nicht. Schwächen leistet sie sich eh eher wenige. Besonders beeindruckend finde ich zum Beispiel, dass sie sich diszipliniert und nicht aus Freude mit Joggen quält. Das ist schon deshalb erwähnenswert, weil sie dafür früh aufstehen muss, um es überhaupt in ihren vollgepackten Tagesplan zu bekommen. Der Effekt jedoch, dadurch dieses Pensum aber überhaupt und sogar besser auszuhalten, bestimmt letztlich den Takt. Dass sie mich ehemals immer für verrückt erklärt hat, dafür extra früher aufzustehen, illustriert vielleicht ihre Anpassungsfähigkeit, zumindest wenn es ihr oder der Sache denn nützt. Ein Beleg und Zeichen ihrer Zielstrebigkeit. Trotzdem würde sie nicht mit mir zum Höhenbergsteigen gehen. Alles hat dann doch seine Grenzen ...

Was ich jedenfalls darüber hinaus noch sehr an meiner Frau schätze, ist ihr ausgeprägter Drang nach Verbesserung. Doris lernt dabei gerne, ist sehr wissbegierig, fast schon neugierig und begeisterungsfähig Neuem gegenüber. Gleichgültigkeit kennt sie kaum, sie mischt sich ein, nimmt sich Themen an, auch wenn sie nicht ihre sind, und denkt dabei global – für ihr Unternehmen. Man muss ihr keine Verantwortung zuteilen, sie füllt diese bereits aus. Sie fühlt sich Lösungen verpflichtet, aber auch den Mitarbeitern, die sie gerne entwickelt, wenn sie erkennt, dass es gewollt ist. Diesen hohen Level nehme auch ich gerne von ihr an. Es spornt mich an, selber nicht nachzulassen und in Lösungen zu denken.

Mir persönlich hat die Karriere meiner Frau so viel gegeben und meine Frau hat mir auch viel zurückgegeben. Das hat einen echten und erkennbaren Wert für mich. Sie ist für mich Coach und Berater, Kritiker und Unterstützer, Impulsgeber und Euphoriebremse gleichermaßen.

Erfolgsmodell demokratische Autarkie

Da wir wirtschaftlich in keiner Weise voneinander abhängig sind, verbindet uns wohl ein anderes Band. Wir ergänzen uns sehr häufig, auch das macht unsere Partnerschaft wohl aus. Dabei Unterschiedlichkeiten zu akzeptieren, ist eine Frage der Haltung. Manchmal muss man es wohl einfach auch aushalten, einen starken Partner zu haben, muss sich auch privat durchsetzen und dabei eben diese eigene Haltung verteidigen. Und den Mehrwert daraus bekommt man insbesondere dann, wenn es gelingt, die Stärken des anderen für sich nutzbar zu machen.

Dass wir obendrein Vorlieben teilen beispielsweise für dieselben schöne Dinge, hilft natürlich ungemein. Eine große Schnittmenge der Vorlieben – ohne das würde es nicht gehen. Wobei ein jeder auch noch eigene Projekte haben muss, sonst kommen ja keine neuen Impulse ins Leben. Man dreht sich irgendwann dann nur noch um die Arbeit und die daraus resultierende Rolle. Auch gegenseitige Inspiration ist wichtig, Authentizität. Unser Rollenmodell bringt jedenfalls einen sehr deutlichen Mehrwert mit. Dieser persönlich empfundene Mehrwert ist auch für Unternehmen und unsere Gesellschaft ein Schatz, den es zu heben gilt. Eine konkrete Zukunftsplanung gibt es für uns aktuell nicht, wir lassen uns mal von den Möglichkeiten überraschen und werden auf Chancen achten. Meiner Frau folge ich jedenfalls fast überall hin.

Stehe ich wohl auch im Schatten meiner Frau? Ja, sicher tue ich das, wenn auch nicht grundsätzlich. Ich freue mich jedenfalls, wenn im Zuge einer Business-Einladung der Satz fällt: »Dein Mann ist ebenfalls herzlich willkommen.« Auch dann bin ich sehr stolz auf meine Frau.

Und bei aller gleichberechtigten Selbstwahrnehmung möchte ich Ihnen zum Abschluss einen Schmunzler doch nicht vorenthalten: Auf die Frage, wer bei uns zu Hause eigentlich der »Boss« sei, zögern unsere Jungs nicht eine Sekunde. Wie aus einem Munde sagen sie: Doris!

Doris Jeske-Kraft leitet als Head of Procurement den strategischen Einkauf (RX/GX/Internationaler Einkauf) bei der Gehe Pharmahandel GmbH Stuttgart (www.gehe.de). Davor war sie seit vielen Jahren in unterschiedlichen Positionen für Gehe tätig. Weiterhin ist sie langjähriges Mitglied der Geschäftsleitung gesund leben Apotheken, www.gesundleben-apotheken.de.

Andreas Jeske ist Gründer und Inhaber der Pharma Lupus GmbH, Unnau (www.pharmalupus.de), und Vorstand der Pharm-Net AG, Ludwigshafen (www.pharm-net.eu), Rotarier, Netzwerker und engagiert sich für soziale Projekte (www.bergemitmehr.com).

Lessons learned: Wer gegen den Strom schwimmt, muss stark sein !

Andreas Jeske, gestandener Pharmaunternehmer, stellt fest: »Es kann der Frömmste nicht in Frieden leben, wenn es dem Nachbarn nicht gefällt«. Eine Frau, die Karriere macht, nagte, wie wir gerade lernen mussten, derart am Ego der Nachbarin, dass ein nachbarschaftliches Miteinander nicht möglich war. Das Ende vom Lied war der Umzug in ein neues Familiennest. Traurig eigentlich.

Julia Jane Tonn macht in ihrer Dissertation das tradierte Rollenverständnis für die »männliche Monokultur« in Spitzenpositionen mit verantwortlich.[64] Sie konstatiert: »In diesem Zusammenhang hat sich gezeigt, dass sich die konservativen Mentalitätsmuster in Politik und Gesellschaft in den organisationalen Strukturen und Prozessen widerspiegeln.«[65] Das Umfeld prägt also nach wie vor nicht nur das Denken, sondern auch das Agieren: im Privaten wie im Beruflichen.

Auch zwei unserer anonym bleiben wollenden Interviewpartner bestätigen dies. Beide konstatieren, dass ihr Entschluss, beruflich kürzer zu treten bzw. ganz auszusteigen, um der Partnerin privat und beruflich den Rücken freizuhalten, von ihrem Umfeld misstrauisch, wenn nicht gar negativ beäugt wurde.

Beide Interviewpartner schlüpften mit 50 Jahren in die Rolle des Hausmannes. Der eine gab seine Berufstätigkeit auf, der andere wechselte in die Frühpensionierung. Bewunderung dafür haben beide keine geerntet – weder in einem städtischen noch im ländlichen Umfeld. Im Gegenteil, der Rollentausch kam an unterschiedlichen Wohnorten gleich schlecht an. Unverständnis bis hin zu Anfeindungen mussten sich beide Interviewpartner sowohl von Männern als auch Frauen anhören. In einem Wohnumfeld, in dem Frauen zu Hause oder in Teilzeit arbeiteten, wurden sie als Exoten wahrgenommen. Geschnitten werden, Neid, weil das Auto größer, das Häuschen schöner war, und dazu Lästereien waren einige der Reaktionen, mit denen sie sich arrangieren mussten.

Männer, die sich bewusst für ein Hausmann-Dasein entscheiden, sind in einem Land wie Österreich auch unter jüngeren Semestern die Ausnahme und noch dazu »empirisches Neuland«, wie Helene Schiffbänker vom Joanneum Research Policies gegenüber dem österreichischen Magazin »Die Presse« bestätigt.[66] In Deutschland sieht es ähnlich aus: »Obwohl schon 2006 11,6 Prozent der Familienernährer weiblich waren – also mehr als 60 Prozent des Familieneinkommens verdienten

---

64 Tonn, J.J.: Frauen in Führungspositionen. Ursachen der Unterrepräsentanz weiblicher Führungskräfte in Unternehmen. Wiesbaden 2016, S. 238.
65 Ebenda.
66 https://diepresse.com/home/bildung/erziehung/5013155/24-Stunden-Papa_Wenn-Maenner-zu-Hause-bleiben

–, ist das gesellschaftlich noch nicht akzeptiert«.[67] Besonders solche »verkehrte Familien« erleben, wie langsam unsere Gesellschaft nach wie vor tickt: »Verdient die Frau das Geld, während der Mann zu Hause bleibt, wird das problematisiert. Umgekehrt nicht.«[68] Verständlicherweise verschwiegen wurden Geschenke, die den Vorstellungs- und Finanzierungsrahmen der Nachbarschaft regelrecht sprengten. Dass eine Frau einem Mann ein Auto schenkt, glich, so einer unserer Interviewpartner, einem Angriff auf alle Wert- und Moralvorstellungen seines Umfelds. Psychologisch gesehen bedeutet das Leben einer solchen Rollenumkehr eine große Belastung. Es setzt zwei starke Charaktere und vor allem beim Mann ein hohes Selbstwertgefühl voraus: Paare in »verkehrten Familien« sollten sich daher immer wieder bewusst machen, dass es einen gesellschaftlichen Hintergrund gäbe, der ihr Zusammenleben erschwert, sagt Paartherapeut Friedhelm Schwiderski in einem der seltenen Beiträge über dieses Thema in der Zeitschrift Brigitte. »Sie sind Pioniere, ihre Wege sind noch nicht geebnet.«[69]

Wir würden uns wünschen, dass sich mehr Männer trauen, diese Pionierrolle zu übernehmen.

---

67 https://www.brigitte.de/aktuell/gesellschaft/familie---die-frau-vom-hausmann---wenn-mama-das-geld-verdient-10121850.html
68 Ebenda.
69 Ebenda.

9 Familienzeit versus Arbeitszeit

»Jede Beziehung funktioniert, neben aller Romantik, ähnlich wie ein Unternehmen. Innerhalb einer Partnerschaft geht es um die (Ver-)Teilung von Zeit, Engagement und Geld«. Diese Aussage trifft die Headhunterin und ehemalige Bankerin Christina Kock im folgenden Beitrag »Vom Wettbewerb um Ressourcen in einer Partnerschaft«. Zeit als elementare Ressource für ein funktionierendes »Side by Side« zieht sich durch nahezu alle Beiträge dieses Buches. »Wie schaffe ich es, die Familie und den Beruf, aber auch die eigenen Interessen, den Sport, die Kultur, die Freizeit mit den resultierenden Anforderungen zu vereinen? Hier spielt der Faktor Zeit eine große, wenn nicht die entscheidende Rolle«, schrieb auch bereits Jürgen Scholz am Anfang des Buches.

Doch was ist Zeit eigentlich? Was bedeutet es, Zeit zu haben? Jede Gesellschaft entwickelt ihre spezifischen Zeitkulturen. Diese sind vom Selbstverständnis geprägt, wie Menschen mit ihrer Zeit umgehen, welche Symbole, wie zum Beispiel Kalender, Uhren oder Smartphones, sie nutzen, Zeit zu messen, und welche Gewohnheiten und Rituale in Bezug auf Zeit im Alltag ausgebildet werden. In der Ausbildung von Geduld bzw. Ungeduld zeigt sich, wie mit Zeit in einer Gesellschaft umgegangen wird und mit welchen Werten und Normen Zeit verbunden ist.

In unserer auf Erfolg geprägten Gesellschaft ist jede Zeit immer auch ökonomische Zeit. Nicht umsonst heißt es »Zeit ist Geld«, denn jede verbrachte Zeit entspricht dem entgangenen Nutzen, den man errungen hätte, wenn man diese Zeit anders, vielleicht wertbringender verbracht hätte. Zeit wird damit zu einer knappen Ressource – in allen Lebensbereichen bis hin zur Freizeit, die ebenfalls eingeteilt und gestaltet werden muss.

Gerade weil die Ressource Zeit so rar ist, setzt sich in einer Beziehung meist der Stärkere – also der, der mehr verdient – durch, und es gibt sie eben dann doch: die Karriere auf Kosten des anderen, die von unserer Autorin Christina Kock bearbeitet wird. Zwar sind die Wahlmöglichkeiten zwischen unterschiedlichen Lebensentwürfen höher denn je, doch das gute alte Familienmodell ist immer noch aktuell. Es bleibt aber zeitlich gesehen oft auf der Strecke. Seien wir ehrlich: Viele Kinder müssen von morgens bis abends funktionieren. Zeit für die Partnerschaft ist eine Rarität. Wer beruflich im Bundesdurchschnitt zurücksteckt, sind die Mütter. Tun sie dies aber, werden sie als Heimchen am Herd abgestempelt oder als Selbstverständlichkeit wahrgenommen. Macht sie Karriere und verdient sie gutes Geld, ist sie eine Rabenmutter – siehe das Beispiel der Familie Jeske. Zeit ist der limitierende Faktor im fragilen Konzept vieler.

Auch bei unseren »Side by Side«-Paaren mit schulpflichtigen Kindern ist dies ganz offensichtlich und immer wieder zwischen den Zeilen zu lesen. Was also ist Dichtung, was ist Wahrheit? Die beiden Autorinnen Susanne Garsoffky und Britta Sembach haben in ihrem Buch »Die Alles ist möglich-Lüge« Faktoren offengelegt, wieso Familie und Beruf eben doch nicht zu vereinbaren seien.[70] Zeit ist dabei die wichtigste und strittigste Ressource. Beide sind sich zwar einig, dass ihre Ausführungen kein Plädoyer für Vollzeit-mütter oder -väter seien, denn immerhin gäbe es ja »einen Haufen Studien, die belegen, dass glückliche Kinder auch bei Eltern aufwachsen, die beide arbeiten«.[71] Doch sei es ein Plädoyer dafür, die Bedürfnisse von Familien nach Zeit füreinander ernst zu nehmen.

Dem Bedürfnis nach Zeit für oder mit der Familie kommen in unserem Buch meist die Männer nach, die – wie beispielsweise im Fall der Familie Hoffmann-Lücke – hierzu sogar eine räumliche Trennung in Kauf nahmen. Vereinbarkeit von Privatem und Beruflichen ist eine Frage der Zeit – Phasen der Familien-arbeit können mit Phasen der Erwerbsarbeit Hand in Hand gehen. Die ein-zige konstante Forderung muss dabei sein: dass unser Kopf frei bleibt, nicht dieses oder jenes Modell wegen seiner Aufteilung in eine Schublade stecken zu wollen und arbeitende Mütter als Rabenmütter oder Hausmänner als er-folglos zu stigmatisieren.

Doch schauen wir auf das Rezept, das Christina Kock für eine erfolgreiche Ressourcenaufteilung in der Partnerschaft parat hat. Im Anschluss daran stellt Stefan Hartmann eine interessante Perspektive aus Unternehmersicht zur Diskussion.

---

70 Garsoffky, S./Sembach, B.: Die Alles ist möglich-Lüge: Wieso Familie und Beruf nicht zu verein-baren sind. München 2014.
71 www.zeit.de/karriere/beruf/2014-09/vereinbarkeit-familie-beruf-luege-gastbeitrag?print

Christina Kock: Vom Wettbewerb um Ressourcen in einer Partnerschaft, oder: Warum es so wenige »inverse« Karrieremodelle gibt

Haben Sie schon einmal etwas über die Verteilung von Ressourcen in einer Ehe oder Beziehung gehört? Ich auch nicht, bevor ich nicht diesen Beitrag entwickelt und geschrieben habe. Jede Beziehung funktioniert, neben aller Romantik, ähnlich wie ein Unternehmen. Innerhalb einer Partnerschaft geht es um die (Ver-)Teilung von Zeit, Engagement und Geld. Und es geht um strategische Entscheidungen. Eine Partnerschaft ist dann erfolgreich, solange es gelingt, die Interessen beider unter einen Hut zu bringen. Und das ist genau der Punkt: Um welche Interessen geht es? Ist beiden Partnern klar, welche Interessen der oder die andere kurz-, mittel- oder langfristig verfolgt – vor allem wenn es um berufliche Ambitionen geht? Frauen sind da, meines Erachtens, deutlich im Nachteil: Das Rollenbild der erfolgreichen Frau in beruflichen Spitzenpositionen ist noch nicht ausreichend gelernt. Sowohl gesellschaftlich als auch bei den Frauen selbst. Gleichzeitig stellt sich mir die Frage, weshalb Männer die gelernte Rolle des Komplettversorgers weiterhin tradieren und diese nicht ausreichend hinterfragen. Woran liegt das? Mein persönlicher Antwortversuch.

Frauen sind unsichtbar

In der Studie »100 Frauen in die Aufsichtsräte« der Personalberatung Signium International antworteten 46 % der Aufsichtsratsvorsitzenden von börsennotierten Unternehmen auf die Frage zur Besetzung von weiblichen Gremium-Mitgliedern, dass sie keine infrage kommenden weiblichen Kandidaten kennen würden. Eine typische Formulierung dazu ist: »Wir *sehen* niemand, der dafür in Frage kommt«. Da die Weltbevölkerung zu etwas mehr als 50 % weiblich ist, wäre das so, als ob die Mehrheit der Menschheit mit einer Tarnkappe herumliefe und damit unsichtbar sei. Was wirklich damit gemeint ist, ist, dass man Frauen nicht wahrnimmt, sie nicht ausreichend hört – beziehungsweise Frau sich nicht ausreichend Gehör verschafft.

Frauen nicht hörbar? Gerade Frauen wird Kommunikation als Stärke zugeschrieben – und die versagt jetzt ausgerechnet bei der Entwicklung von Karrieren und Besetzung von Spitzenpositionen? Es gelingt bisher nur einigen wenigen Leuchttürmen, hier anders wahrgenommen zu werden. Woran liegt das?

Meine These: Frauen kommunizieren sicher sehr viel, allerdings spielen für sie berufliche Themen in der Regel eine sehr untergeordnete Rolle. Frauen identifizieren sich bisher, zumindest verbal, noch wenig über ihren Beruf. Häufig zeigt sich in der Kommunikation von Frauen, dass sehr schnell über Privates oder Persönliches gesprochen wird. Damit werden sie leider nicht oder bisher viel zu wenig als beruflich gleichberechtigt bzw. interessiert wahrgenommen. Männer zeigen sich da völlig anders. Egal, wo Mann auf Mann trifft, fast immer wird über die eigene Arbeit gesprochen, über Projekte, neue Kunden, neue Aufträge, den Chef oder Kollegen.

Dabei wechseln die Gesprächsinhalte vom Job zum Hobby, weiter zum Smartphone und wieder zurück zum Job. So erfahren Männer völlig ungezwungen voneinander, wofür wer welche Expertise bietet, wer welche Kontakte und Beziehungen einbringen könnte, wo Jobs entstehen und ob man voneinander profitieren kann – nicht sofort, aber irgendwann.

Blickt man zurück in die menschliche Evolution, wird deutlich, dass sich der Mann immer schon in wesentlich höherem Maße mit seiner Versorgerrolle und seinem Beruf identifizieren musste. Das Bild des Mannes als Versorger ist tradiert und in unseren Köpfen fest verankert. In dem Rollengefüge einer nach Nahrung suchenden Gruppe war es schon immer akzeptiert, dass es eine Gruppenhierarchie gibt. Heute sind es die Organigramme von Unternehmen, die das hierarchische Gebilde widerspiegeln. Hier findet ein von allen (Männern) akzeptierter Wettkampf statt, bei dem man mal gewinnen, aber auch verlieren kann – einer der Gründe, warum Männer sich in einer Sitzung heftig fetzen und anschließend wieder als beste Freunde ein Bier miteinander trinken können.

Frauen vergeben unbewusst ihre Chancen

Gerade in informellen Netzwerken können sich Frauen so einiges bei ihren männlichen Kollegen abschauen. Versuchen Sie es selbst: Erweitern Sie einfach im privaten Small Talk Ihr Gesprächsrepertoire. Nehmen Sie ganz natürlich berufliche Themen dazu. Bilden Sie Beziehungsgeflechte, in denen

Sie gegenseitig etwas füreinander tun und das gerne auch mal auch über mehrere Ecken. Kurzum: Zahlen Sie ein auf Beziehungskonten.

Allerdings: Das Rollenverständnis der gleichberechtigten Frau, die mit Karriere, Einfluss, Macht, Geld und Standing wahrgenommen werden möchte und im Wettbewerb um interessante Positionen mitkämpft, muss sich erst noch entwickeln, vor allem bei den Frauen selbst. Daher meine Botschaft an karrierewillige Frauen: Sprecht übers Business – immer und mit jedem! Und meine Botschaft an Männer: Fordert eure Partnerinnen dazu auf, über ihre Karriereziele zu sprechen.

Auf die Frage nach Kompetenzen antworten viele Teilnehmerinnen meiner Workshops immer noch mit einer Aufzählung typisch weiblicher Softskills wie:»Ich kann gut organisieren, bin kommunikativ und übernehme gerne neue Aufgaben«. Ich höre nicht:»Ich führe ein Team, bin für das Budget verantwortlich oder verantworte das Innovationsmanagement«, obwohl das legitime Aussagen gewesen wären.

Mit eben dieser Art der Beschreibung der eigenen Kompetenzen würde beim Rezipient der Botschaft – ob Partner oder Kollege – ein konkretes Bild im Kopf entstehen, welches er oder sie verorten kann. Mit den von Frauen meist ausschließlich genannten Querschnittskompetenzen funktioniert das nicht. Frauen vergeben damit wichtige Chancen, sich zu positionieren und andere, im Zweifel Entscheider, wissen zu lassen, was Frau draufhat und vor allem welche Ambitionen sie hat. Sie kommen damit quasi nicht auf den Radarschirm der Entscheider, sind also im übertragenen Sinne nicht sichtbar, wenn es zur Besetzung von interessanten Positionen kommt.

Sprechfähig sein im Karriere-Sinn

Sprechfähig im Karriere-Sinn zu sein, dies ist aus meiner Sicht eines der größten Defizite in der zwischenmenschlichen Kommunikation, sowohl am Arbeitsplatz, als auch in der Partnerschaft. Beide Lebensräume stellen Frauen vor eine sprichwörtliche Herausforderung – nämlich die, Forderungen zu stellen, sich Gehör zu verschaffen und sich selbst nicht unter Wert zu verkaufen. Das Gute dabei ist, dass Frauen, und Männer natürlich auch, es ausschließlich selbst in der Hand haben, daran etwas zu ändern. Allerdings steht davor eine gewissenhafte Selbstreflexion: Über welche Kompetenzen verfüge ich eigentlich? Welche Aufgaben und Verantwortlichkeiten obliegen mir? Welche Erfolge habe ich vorzuweisen? Dieser Eigeninventur sollte natürlich auch ein Fremdabgleich folgen: Nutzen Sie Ihr Netzwerk, Ihren Partner, einen Kollegen, um das Eigenbild womöglich zu revidieren.

Auch professionelle Hilfe ist hier eine gute Option: Investieren Sie in ein Coaching zur eigenen Karriereentwicklung. Warum? Weil die bisherigen Platzhalter und Aspiranten um Positionen keinen Grund haben, freiwillig im Wettbewerb Platz zu machen. Auch Männer müssen sich beweisen und werden – nach meiner persönlichen Erfahrung mit einer erfolgreichen Karriere in der männlich dominierten Finanzwelt – ausschließlich jemanden akzeptieren, der sich durch Erfolge auszeichnet. Denn eines übersehen Frauen oft: Auch nicht jedem Mann erfüllen sich seine beruflichen Ambitionen. Zudem prägt Männer das lang tradierte Bild, erfolgreich sein zu müssen: ob beim Jagen nach Nahrung, bei der Anerkennung in der Gesellschaft oder dem vollen Gehaltskonto für die Familie. Und genau bei diesem Punkt stellt sich mir die Frage, weshalb sich Männer nicht ganz einfach freimachen von diesem Druck. Gibt es Männer, die *nicht* bereit sind, die Rolle des finanziellen Alleinversorgers zu erfüllen? Gibt es Männer, die ihre Frauen auffordern zu arbeiten, sie in ihrer Karriere fördern? Ja, es gibt sie, das behauptet zumindest die Langzeitstudie des Wissenschaftszentrums Berlin für Sozialforschung und der Zeitschrift Brigitte aus dem Jahr 2013. Alleinernährer der Familie wollen nur noch wenige junge Männer sein. Die meisten wünschen sich eine finanziell unabhängige Partnerin. Auch bei jungen Frauen hat das Hausfrauendasein keine Lobby mehr: Weniger als 5% sagten, dass ihnen Familie wichtiger sei als die eigene Erwerbstätigkeit. Und der Trend hält an: Bereits in der ersten Befragungsrunde der Studie 2007 hatte jeder zweite Mann angegeben, er wünsche sich eine Partnerin, die sich um den eigenen Unterhalt kümmert. Bei der 2013er-Umfrage wünschten sich dies sogar 76% der Männer.

Doch was hat das jetzt alles mit Side-by-Side-Partnerschaften zu tun? Viel, denn der entscheidende Freund und zukünftige Ehemann kann schon früh im Leben auftauchen. Er sollte als Erster von beruflichen Wünschen, Ambitionen und Zielen seiner Partnerin wissen, im Idealfall davon begeistert sein und die Freundin, respektive zukünftige Ehefrau, dabei uneigennützig unterstützen. Denn auch in Partnerschaften entsteht ein – wahrscheinlich so noch nie benannter – Wettbewerb um die Ressourcen der gemeinsamen

Lebensplanung und -führung: Geld, Zeit, Engagement. Hier kann Frau sich sehr früh üben, ob es ihr gelingt, sich mit ihren Vorstellungen durchzusetzen oder – noch besser –, wie es sich in einer guten Partnerschaft gehört, beidseitig akzeptierte Kompromisse zu finden. Dazu gehören sehr gute, vielfältige Argumente und ein gewisses Maß an Auseinandersetzungswillen. Je besser Frau sich darauf vorbereitet und dabei ihre Ausbildung, ihr Studium, ihren Ehrgeiz und ihre Lust auf Erfolg mit in die Waagschale wirft, verbunden mit einer wahrscheinlich sehr guten Portion an Beharrungsvermögen, umso eher merkt ihr Partner, dass es ihr wirklich ernst ist.

Dazu gehört aber eben auch, sich frühzeitig mit einer beruflichen Wunsch- bzw. Zielvorstellung zu beschäftigen und nicht erst, wenn die ersten zehn Berufsjahre vorbei sind und eine Kinderpause ansteht. Wer nicht vorher partnerschaftlich geklärt hat, ob beide die Chance auf eine Karriere oder Verwirklichung von beruflichen Zielen haben, bleibt im tradierten Muster hängen, weil ER dann schon längst die selbst gewünschte oder von ihm erwartete Karriereplanung »natürlich« vorangetrieben hat und im häuslichen Team kein Platz mehr ist für zwei Karrieren.

Diese Lernkurven der Auseinandersetzung werden für Frauen im späteren Berufsleben eine sehr wertvolle Voraussetzung sein, um in hierarchisch gegliederten und männlich dominierten Unternehmen Karriere zu machen. Spätestens bei der Kinderfrage gehören die Zukunftspläne von beiden frühzeitig ausdiskutiert. Hier ist es für Frau mit den heutigen familienfreundlichen Rahmenbedingungen etwas, aber wirklich nur etwas leichter geworden. Wer diese Hürde der Klärung in der Partnerschaft nicht angeht und sie nicht nimmt, hat später so gut wie keine Chance, den eigenen Chef zu überzeugen. Wer nicht für sich selbst trommelt, egal bei welcher Gelegenheit, hat im Wettbewerb geringere Chancen.

Die in diesem Buch zu Wort kommenden Paare beweisen allerdings, dass es geht. Auf Augenhöhe mit zwei starken Charakteren, bei denen die dauerhafte oder zeitweise Rollenklärung in der Beziehung anscheinend – bewusst oder unbewusst – gut verhandelt und die Ressourcen in der Partnerschaft zur beiderseitigen Zufriedenheit aufgeteilt wurden.

Christina Kock, *Jahrgang 1959, gehört zu den führenden Karriere- und Outplacement-Beratern in Deutschland. Ihre vielseitige und individuelle Beratung für Führungskräfte bei beruflichen Veränderungen reicht von systematischer Selbstreflexion aus Performance-Perspektive, Neupositionierung über Karriereentwicklung und Outplacement bis hin zur Königsklasse »Inverses Headhunting«. Ihre eigene Laufbahn hat sie bis auf die Vorstandsebene in der Finanzindustrie geführt. Das macht sie für ihre Kunden zu einer versierten Sparringspartnerin auf Augenhöhe. Sie weiß, was Menschen antreibt, erarbeitet methodisch das Kompetenzspektrum ihrer Kunden und entwickelt mit ihnen neue Perspektiven. 2011 gründete sie ihr Beratungsunternehmen DOM CONSULTING®. Führungskräfte aus allen Hierarchieebenen, Branchen und Funktionen vertrauen sich ihr heute an. Mehr Infos unter* www.dom-consulting.com.

Dr. Stefan Hartmann: Der Blick hinter die Kulissen – warum Arbeitgeber auch das private Umfeld ihrer Mitarbeiter kennen sollten

Manche fragen mich: »Wie hältst du das nur aus?« Ich antworte darauf gerne: »Ich muss hier nichts aushalten, sondern habe für mich ein angenehmes Arbeitsumfeld gefunden.« Ich beschäftige in meinem Familienunternehmen insgesamt um die 70 Mitarbeiter, allesamt Frauen. Ob Vorstand oder Verwaltung, jede Position habe ich mehr oder weniger bewusst mit einer Frau besetzt. Warum? Weil Frauen für mich viele Vorteile im Vergleich zu ihren männlichen Kollegen mitbringen. Sie sind unter anderem sachorientierter, menschlicher, empathischer und weniger aggressiv in Verhandlungen – um nur einige Pluspunkte aufzuzählen. Zur MAVI-Gruppe zählen neben vier Apotheken auch Dienstleistungsunternehmen im Bereich Unternehmens- und Strategieberatung sowie Event- und Gebäudemanagement. Unterschiedlichste Tätigkeitsbereiche, die aber eine Gemeinsamkeit haben: Sie sind fest in weiblicher Hand. Mittlerweile belegen Studien, was ich in meinen Betrieben seit langem feststelle: Unternehmen mit einem höheren

Frauenanteil erzielen bessere Ergebnisse sowie eine höhere Rentabilität als solche, die nur über einen geringen Anteil weiblicher Belegschaft verfügen und keine Frauen in Führungspositionen fördern. Zudem sind Expansion, Diversifizierungsstrategien und Kreativität viel leichter zu bewerkstelligen.

Seit knapp 20 Jahren arbeite ich mit Frauen unterschiedlichsten Alters zusammen und glaube, dass wir in Gesellschaft und Wirtschaft noch viel tun müssen, um Frauen zu unterstützen und ihnen Möglichkeiten zum beruflichen Weiterkommen zu verschaffen. Für ihre berufliche Entfaltung benötigen insbesondere arbeitende Mütter Flexibilität und Offenheit auf Seiten des Arbeitgebers. Das gleiche gilt für ihr privates Umfeld. Wir beklagen die mangelnde Präsenz von Frauen in Führungspositionen, aber welchen Anteil haben wir als (männliche) Arbeitgeber an dieser Schieflage? Und wie stark beeinflusst das private Umfeld das berufliche Vorankommen einer Frau? Im deutschen Mittelstand sind nur 14 % der Führungspositionen und nur 10 % der Fachpositionen mit Frauen besetzt[72]. Die Gründe für das Fehlen weiblicher Führungskräfte in Deutschlands Chefetagen und Fachabteilungen sind zahlreich – die Möglichkeiten, dies zu ändern, jedoch ebenso.

Von Mensch zu Mensch: Schlüsselfaktor Vertrauen
Wann immer wir ein Gespräch mit einer potenziellen neuen Mitarbeiterin führen, gehört zu unserem Fragenkatalog mehr als das übliche Abklären der fachlichen und persönlichen Qualifikation oder Motivation. Möchte sie wiedereinsteigen oder möchte sie weiterkommen? Wir fragen die Kandidatinnen auch nach ihren privaten Verhältnissen, ihrer Familie, nach der Familienplanung und danach, wie der vorhandene Partner zum beruflichen Engagement steht. Warum? So möchten wir die Situation unserer zukünftigen Mitarbeiterin besser einschätzen und damit auch die Perspektiven für ihren beruflichen Einsatz. Dahinter verbirgt sich nicht das weitverbreitete Bangen, ob sie schnell schwanger werden oder bei bereits vorhandenen Kindern häufig wegen deren Krankheiten ausfallen könnte, sondern der Wunsch, ein Gefühl für ihre Lebenssituation zu gewinnen. Je besser ich private Entwicklungen im Vorfeld abschätzen kann, desto besser können wir ihre Auswirkungen auf unser betriebliches Uhrwerk berücksichtigen. Es ist uns ein Anliegen, die

---

72 Studie HR-Trends Mittelstand 2014.

Vereinbarkeit von Familie und Beruf, von Privatem und Beruflichem im Rahmen unserer Möglichkeiten zu unterstützen – doch das setzt gegenseitige Offenheit voraus.

Deshalb öffne ich mich im Vorstellungsgespräch gegenüber der Bewerberin, als Vertrauensbeweis von meiner Seite. Ich erzähle aus meinem Privatleben, von meinen Höhen und Tiefen. Mit anderen Worten: Es muss »menscheln« und ich versuche, authentisch zu bleiben. Das Menschliche ist mir in der Zusammenarbeit sehr wichtig. Ich führe durch Übertragung von Verantwortung und Vertrauen. Vertrauen auf Gegenseitigkeit. Das lässt sich weder erzwingen noch einfordern. Selbstverständlich liegt es im Ermessen der Bewerberin, wie viel Einblick sie mir gewährt, aber ich mache von Anfang an klar: Offenheit ist uns wichtig. Es nützt weder ihr noch uns, wenn wir hier nicht mit offenen Karten spielen. Je offener das Gespräch, desto mehr Klarheit bringt es für beide Seiten. Das Persönlichkeitsprofil der Kandidatin zu erkennen, ist uns ebenfalls wichtig. Dann wissen wir auch, wo genügend Spielraum vorhanden ist, um eine Mitarbeiterin als Führungskraft aufzubauen und wo mittelfristig lieber Teilzeit- als Vollzeittätigkeit gewünscht ist.

Geben und Nehmen: Schlüsselfaktor Flexibilität
Um diese Klarheit zu gewinnen, spielt die private Beziehung der Bewerberin eine wichtige Rolle. Gelegentlich stellt sich heraus, dass der Lebenspartner ihr berufliches Engagement »kritisch« sieht. Da für uns Familie vor dem Beruf steht, sollte eine gemeinsame Lösung gefunden werden, denn wenn eine Mitarbeiterin zu Hause in ständigem Konflikt wegen ihrer beruflichen Tätigkeit lebt, geht das zulasten ihrer Leistungsfähigkeit und Motivation; zudem wird die Familie belastet und das spüren die Kinder als Erste. In den meisten Fällen finden wir eine Lösung, die für den Betrieb noch gut funktioniert und gleichzeitig von der Familie getragen werden kann. Es ist ein Geben und Nehmen, wie so oft im Leben. Im Apothekenbereich sind wir an Öffnungszeiten gebunden, aber wer beispielsweise wegen mangelnder Kinderbetreuung nachmittags nicht arbeiten kann, kann dafür am Sonnabendvormittag eine Schicht übernehmen. Dienstpläne lassen sich umschreiben und im Team hilft man sich gegenseitig. Kein Grund also, Schwierigkeiten zu sehen, wo keine sind.

Flexible Arbeitszeiten können nach Möglichkeit auch mit Tätigkeiten im Homeoffice unterstützt werden. Das geht nicht für jeden Posten, aber gerade in der Administration lässt sich vieles auch von zu Hause aus tun, mit Firmenlaptop und -handy. Das setzt Vertrauen voraus, funktioniert jedoch in der Regel. In 20 Jahren habe ich es nur zwei Mal erlebt, dass diese Gestaltungsfreiheit missbraucht wurde. Eine Quote, mit der ich leben kann. Je flexibler ich als Familienunternehmer auf die privaten Umstände einer Mitarbeiterin eingehen kann, desto leichter lässt sich die Arbeit in ihren Alltag integrieren. Das sorgt nicht nur für Mitarbeiterbindung, sondern auch für Einsatzbereitschaft. Und aus dieser Einsatzbereitschaft wächst mitunter der Wunsch nach Weiterentwicklung, nach mehr Führungsverantwortung heran.

Der unsichtbare Dritte: Schlüsselfaktor Lebenspartner
Der Beziehungspartner und die Lebensgeschichte der Bewerberin haben immer Einfluss auf den Gemütszustand einer Mitarbeiterin. Wie stark dieser Einfluss ist, hängt von der Qualität und der Art der Partnerschaft ab. Herrscht ein Wettbewerbsverhältnis zwischen den beiden? Ist sie in ihrer Beziehung tendenziell eher selbstbewusst oder zurückhaltend, fordernd oder abwartend, hat aber jede Menge vorhandenes Potenzial? Der Partner im Hintergrund und die Lebensprägungen beeinflussen indirekt, wie sich die Frau im Job präsentiert: Und je nachdem, wie sich die Mitarbeiterin im Job entwickelt, beeinflusst dies wiederum auch ihre Partnerschaft. Beruflich bedingte Anforderungen, die durch Expansion, Diversifizierung oder Umstrukturierungen entstehen, können auch die Persönlichkeit verändern bzw. stärken. Das wirkt sich auf die Beziehung aus.

> **Beispiel**
> Eine Freundin von mir war insgesamt 13 Jahre zu Hause, um ihre drei Kinder großzuziehen. Wir blieben in dieser Zeit in Kontakt, denn ich hielt sie für eine Frau mit tollem Entwicklungspotenzial. Als die Kinder aus dem Gröbsten heraus waren, sprach ich sie an, um ihr eine Zusammenarbeit vorzuschlagen. Sie willigte trotz einiger Selbstzweifel ein. Heute, zehn Jahre später, blickt sie auf eine berufliche Entwicklung zurück, die sie selbstbewusster und eigenverantwortlicher werden ließ. Sie begegne ihrem Mann jetzt ganz anders, gestand sie mir, und ist glücklich darüber.

Starke, tragfähige Beziehungen sind mir wichtig – sowohl im beruflichen Miteinander wie auch im Privaten. Ich lege dabei Wert auf Harmonie. Deshalb ist es mir auch wichtig, dass die Beziehung einer Mitarbeiterin mit ihrem Job in Einklang zu bringen ist. Frauen mit Kindern sind nach unserer Erfahrung in der Regel organisatorisch besser aufgestellt, belastbarer und strukturierter. Da ich selbst sehr harmoniebedürftig bin, lege ich Wert auf Harmonie in meinen Betrieben. Deshalb ist es mir auch wichtig, dass die Beziehung einer Mitarbeiterin mit ihrem Job harmoniert und ich zu vielen meiner Kolleginnen eine gute Verbindung habe. »Side by Side« darf kein Lippenbekenntnis sein, sondern sollte wirklich gelebt werden.

Einer für alle, alle für einen: Schlüsselfaktor Fürsorge

Was aber, wenn es gar keinen festen Partner gibt, wohl aber minderjährige Kinder? Die Zahl der Alleinerziehenden in Deutschland wächst rapide. Im Jahr 2015 gab es hierzulande rund 2,3 Millionen alleinerziehende Mütter[73]. Auch ich beschäftige Alleinerziehende. Arbeitende Mütter, die die Herausforderungen des Alltags mit Kindern allein stemmen müssen, brauchen ein unterstützendes Umfeld. Da ich gerne Metaphern nutze, bezeichne ich uns oft »als meine Zebraherde«. In unserer Zebraherde gilt in der Regel: Jeder passt auf den anderen auf und man unterstützt sich, wo es möglich ist, gegenseitig. Und in einer Herde fühlt man sich von Haus aus sicherer. Das versuche ich in meinen Betrieben, in »meiner Großfamilie«, umzusetzen und vorzuleben. Es ist längst erwiesen, dass sich die permanente Doppelbelastung durch Beruf und Familie bei vielen Frauen psychisch wie physisch negativ auswirkt. »Side by Side« kann nicht nur heißen, einen starken Beziehungspartner an seiner Seite zu haben, sondern auch einen verständnisvollen Arbeitgeber. Je mehr ich als Arbeitgeber Sorge für das Wohlergehen meiner Mitarbeiterinnen trage, desto leichter wird die Vereinbarkeit von Familie und Beruf.

Ein waches Auge, ein offenes Ohr und ein feines Gespür helfen, rechtzeitig zu erkennen, wo Handlungsbedarf herrscht. Das Menschliche im Miteinander zu wahren, ist für mich ein entscheidendes Kriterium in der Personalführung und -entwicklung. Ich erwarte von keiner Mitarbeiterin, ihr krankes Kind allein zu Hause zu lassen. Steckt jemand privat in der Krise und bekomme ich das mit, dann suche ich das Gespräch mit der Betroffenen und schaue, wie ich ihr helfen kann. Ich signalisiere, dass ich jederzeit für Hilfe ansprech-

---

73 https://de.statista.com/statistik/daten/studie/318160/umfrage/alleinerziehende-in-deutsch-land-nach-geschlecht/

bar bin. Soweit es mir möglich ist, behalte ich auch die Paarbeziehung einer Mitarbeiterin im Blick. Gibt es Probleme, erfahre ich das in der Regel. Wo ich unterstützen kann, unterstütze ich dann oder helfe mit nützlichen Adressen weiter. Geht es um Trennungsgedanken, berichte ich von meinen Erfahrungen und übernehme bei Bedarf auch die Kosten der rechtlichen Erstberatung. Wen empfehle ich dann? Meine erste Frau. Eine wunderbare Mutter und die beste Scheidungsanwältin, die ich kenne. Ich weiß aus eigener Erfahrung, dass es fast nichts Schmerzvolleres gibt als das Auseinanderbrechen einer Familie, und ich wünsche Niemandem diese Erfahrung. Aus diesem Grund setze ich mich auch immer wieder gerne dafür ein, diesen Trennungsschritt nur dann zu vollziehen, wenn es wirklich keine andere Lösung gibt. Das Schlüsselwort hierbei heißt: Zuhören. »Side by Side« heißt für uns auch, dann als Großfamilie auf die private Situation der Mitarbeiterin Rücksicht zu nehmen und ihr Rückhalt zu geben. Empathisch zu führen und zu fördern, ist für mich der Weg, die Unternehmens- und Führungskultur in Deutschland für weibliche Führungskräfte weiter zu öffnen.

Einige meiner Mitarbeiterinnen haben diesen Beitrag mit mir zusammen verfasst. Sie haben mir empfohlen, ein Buch zu schreiben, Titel: »Mein Leben mit 70 Frauen«.

Dr. Stefan Hartmann, Jahrgang 1962, übernahm als Apotheker und Bankkaufmann einen kleinen Familienbetrieb. Aus einer Apotheke schuf er mit der MAVI Group acht Betriebe mit insgesamt circa 70 Mitarbeitern. Außerdem ist Hartmann Vorsitzender des Bundesverbands Deutscher Apothekenkooperationen e. V. und Initiator des Healthcaregipfels – der Branchentreff für weibliche Führungs- und Nachwuchsführungskräfte aus dem Gesundheitswesens. Der zweifache Vater ist geschieden und lebt mit seiner neuen Partnerin und Kindern im Westen von München. Mehr Informationen unter www.mavigroup.de.

! Lessons learned: Sorgsam umgehen mit der kostbaren Ressource Zeit

Der Partner im Hintergrund und die Lebensprägungen beeinflussen indirekt, wie sich die Frau im Job präsentiert. Und je nachdem, wie sich die Mitarbeiterin im Job entwickelt, beeinflusst dies wiederum auch ihre Partnerschaft. Das ist das Resümee, das Stefan Hartmann in seinem Beitrag zieht. Selbstbewusstsein und Eigenständigkeit beider Partner fördern den Erfolg – nachhaltig. Das zeigen uns unsere Autoren auf eindringliche Weise. Welcher Preis hierfür bezahlt wird, ist je nach Ausgangssituation ein anderer. Kinder werden von unseren Paaren als gemeinsame Herausforderung gesehen, und meist leidet keine der beiden Karrieren. Doch das ist leider oftmals die Ausnahme: Denn Frauen machen sich in jungen Jahren keine Gedanken darüber, welche Art von Mann sie beruflich wie unterstützen wird. Die Partnerwahl passiert, weil sie passiert, wenn Frauen keine klaren Vorstellungen davon haben, wie sie ihre Zukunft verbringen wollen: als Karrierefrau oder doch lieber als Hausfrau, Mutter und Teilzeit-Berufstätige. Und wenn die Entscheidung für einen (falschen) Partner getroffen wurde, dann kommen Frauen nach vielen Jahren einer Ehe, die sie nicht erfüllt hat, schwer auf ein anderes Gleis. Von einem Hausfrauen-Leben mit einem Minijob ist der Sprung in den Bereichsleiterjob schlichtweg unmöglich. Hilfreich wäre daher, sowohl in Unternehmen und Mentoring-Programmen als auch im privaten Rahmen junge, karriereorientierte Frauen darauf hinzuweisen, sich frühzeitig über ein nachhaltiges Berufskonzept *und* die passende Partnerwahl Gedanken zu machen. Ebenso hilfreich wäre ein Umdenken in den Unternehmenszentralen und in der Personalrekrutierung: Wir setzen, wie Sven Hagströmer, Initiator der AllBright Stiftung, auf gelebte Diversität, die im Privaten wie im Beruflichen nur auf Augenhöhe möglich ist. In einem Schlusswort des März-Berichts 2017 der Stiftung schreibt er, dass er selbst beobachtet habe, wie sich Vorstände entwickelt haben, als Frauen hinzugekommen seien: kreativer, harmonischer und am Ende profitabler. Natürlich könne es risikoreich sein, Personen in den Vorstand zu holen, die nicht dem gewohnten (männlichen) Erfahrungsmuster entsprächen. »Aber wie gut ist denn ein Orchester, in dem alle Flöte spielen?« Eine berechtigte Frage! Vor allem, wenn Unternehmen in Zeiten der Digitalisierung wendig und flexibel und vor allem nachhaltig agieren müssen. Hagströmer fordert daher auch Headhunter heraus, neu zu denken – denn nur dem Weitsichtigen gelänge es, die besten Köpfe zu rekrutieren und damit »gut gerüstet in die Zukunft zu blicken.«[74]

---

74 AllBright Bericht, März 2017, S. 10.

10 Side by Side an die Spitze: Unsere acht Erfolgsaspekte für Partnerschaften

Welchen Schluss ziehen wir nun aus den Porträts und Expertenbeiträgen, die die Seiten dieses Buches gefüllt haben? Blättern wir noch einmal zurück in die Einleitung, die den Auftrag für dieses Buch formuliert: Es geht um den Mann an der Seite erfolgreicher Frauen – denn Partner, so waren wir uns eingangs sicher, haben einen massiven Einfluss auf die Karriere von Frauen in Spitzenpositionen.

Wir wandeln mit dieser Fragestellung abseits der beschrittenen Pfade der Literatur und stellen bewusst *nicht* das Netzwerkmanko, die gläserne Decke oder die fehlende Frauensolidarität in den Mittelpunkt unserer Betrachtung. Wir wollten wissen, wie Männer an der Seite von Alpha-Frauen denken. Wie funktioniert ihr Alltag? Welchen Vorurteilen sind sie ausgesetzt? Wie managen sie Kind, Karriere und Partnerschaft? Wie unterstützen sie ihre Partnerinnen?

Auf Basis der Expertenbeiträge und Paarporträts konnten wir hier insgesamt acht Themenaspekte identifizieren, die den Karriereweg von Frauen beeinflussen.

Aspekt Nr. 1: Selbstentfaltung und Eigenständigkeit

Der erste Aspekt ist der der Selbstentfaltung und Eigenständigkeit. Fast die Gesamtheit unserer Paare lebt eine Beziehung auf Augenhöhe. Dem jeweiligen Partner wird das Recht auf Selbstentfaltung in beruflicher Hinsicht genauso zugestanden wie sich selbst. Die Selbstentfaltung der berufstätigen Partnerin ist genauso wichtig wie die eigene.

Aspekt Nr. 2: Emotionale und wirtschaftliche Unabhängigkeit beider Partner

Ein zweiter wichtiger Aspekt ist die emotionale und wirtschaftliche Unabhängigkeit der beiden Partner.

Sowohl die emotionale als auch die wirtschaftliche Komponente spiegeln sich vor allem in der Eigenständigkeit wider. Ja, man liebt den Partner mit all seinen Stärken und Schwächen, aber man ist eben auch alleine stark, und das vor allem beruflich und in allen weiteren Dingen, die das Leben so mit sich bringt – sei es der Abschluss von Mietverträgen für die eigene Wohnung in einer anderen Stadt oder die Regelung der Finanzen. Die Frauen benötigen keinen erfolgreichen Mann an ihrer Seite, um ihr Ego und ihren Status zu polieren oder zu zementieren. Sie können, wenn sie es denn wollen, alles, was ihr Leben mit sich bringt, alleine regeln.

Unsere hier aufgeführten Frauen sind weder von staatlichen Sozialleistungen noch vom Einkommen des Partners abhängig, sondern verdienen sich ihren Lebensunterhalt selbst. Dass dieses Modell nicht auf viele Frauen übertragbar scheint, zeigt das gängige Zuverdiener-Modell. Statistiken bestätigen es: Die meisten Frauen tragen als Teilzeitbeschäftigte zwar zum Familieneinkommen bei, könnten aber als Alleinverdiener kaum existieren.

Daher ist es aus unserer Sicht eminent wichtig, Arbeit und Selbstverwirklichung ernst zu nehmen, Karriere zu planen und bei der Partnerwahl nicht nur ein glückliches Händchen und Herz zu beweisen, sondern eben auch Kopf! Gerade Frauen finden sich schnell in den tradierten Rollenmodellen wieder. Doch – und das möchten wir vor allem unseren jüngeren Leserinnen mitgeben – ist die Kinderversorgung nur ein Lebensabschnitt! Gemessen an einem beruflichen Leben sogar ein relativ kurzer.

Aspekt Nr. 3: Finanzielle Unabhängigkeit

Der dritte Aspekt, den wir aus unseren Beiträgen herausarbeiten konnten, ist der der finanziellen Unabhängigkeit, der Hand in Hand geht mit emotionaler und wirtschaftlicher Unabhängigkeit. Einkommensunterschiede in umgekehrter Richtung sind nach wie vor problematisch, das lernen wir aus sämtlichen Beiträgen. Wenn eine Frau beruflich erfolgreicher ist als ihr Partner, hat das Konsequenzen – auch im Privaten. Geld ist Macht. Die finanzielle Unabhängigkeit ist daher sowohl für Frauen als auch für Männer die Grundvoraussetzung für einen unabhängigen Karriereweg.

Aspekt Nr. 4: Karriereerfolg im Doppelpack

Gleich und gleich gesellt sich gern, heißt es im Volksmund. Bei den Double-Career-Paaren dieses Buches befruchten sich die Partner gegenseitig. Biologisch wie intellektuell. Gesellschaftliche Vorbehalte und Wertungen beruhen auf veralteten Karriere- und Rollenverständnissen.

Selbst in den Unternehmen definieren wir Erfolg immer seltener als das Ergebnis individueller Anstrengungen. Im Vordergrund steht das Gesamtergebnis, der Teamerfolg – wie bei unseren Paaren. Im vierten Aspekt fordern unsere Autoren daher zurecht zu einem veränderten Verständnis von Karriere auf: gemeinsam – Side by Side – an die Spitze. Damit wird auch die Familie bzw. der Partner zum Sparringspartner eines gemeinsamen Teams, das auf Karriere programmiert ist. Das macht Sinn, denn die Wirtschaft braucht auch qualifizierte Frauen, um weiter nachhaltig und erfolgreich produzieren und forschen zu können. Das Vorurteil der »arbeitenden Rabenmutter« ist zwar immer noch fest verankert in den Köpfen, entspricht aber einem alten Rollenverständnis, das wir dringend überdenken und mit positiven Gegenbeispielen füllen müssen.

Diese Erkenntnis zahlt auch auf den folgenden Themenaspekt ein – wenn der Mann kein Ernährer mehr ist und eben nicht in das gelernte Rollenbild passt.

Aspekt Nr. 5: Rollentausch

Eine Umkehrung der traditionellen Rollenverteilung war in den Nachkriegsjahren – dem Jahrzehnt der Trümmerfrauen – gelebte Realität. Heute aber sind Familienernährerinnen in unserer Gesellschaft kaum auszumachen.

Denn dies bedeutet, gegen Widerstände zu gehen, leider sehr oft auch gegen den Widerstand des eigenen Partners. Nur wenige Männer kommen mit »vertauschten« Rollen klar. Ebenso wenig scheinen es Männer zu verkraften, dass sie als mitausreisende Ehepartner ihrer berufstätigen Frau im Ausland erst einmal im zweiten Glied stehen. Beide Partner müssen offen und flexibel sein für dieses Abenteuer.

Aspekt Nr. 6: Örtliche Autarkie

Ein Umzug ins Ausland oder in eine andere Stadt ist in Zeiten der Globalisierung längst fester Bestandteil von Karrieren, und die temporäre örtliche Trennung von Familie und Partner ist kein Novum mehr. Die Statistik spricht hier jedoch eine deutliche Sprache in puncto Geschlechtergerechtigkeit. Auch in diesem Bereich wurde offensichtlich, dass wir einer echten Gerechtigkeit noch ordentlich hinterherhinken. Denn genauso »klassisch« oder besser gesagt altmodisch wie die Rollenverteilung bei temporären Auslandseinsätzen ist, scheint auch die Verteilung bei Familien, die dauerhaft in Ausland gehen. Zwar arbeiten fast genauso viele Frauen wie Männer im Ausland, doch der mitreisende Ehepartner ist meistens die Frau.

Aspekt Nr. 7: Soziales Umfeld

Der siebte Aspekt – das soziale Umfeld – kann sich für viele Paare auf dem Weg zur Spitze als Stolperstein entpuppen. Führt man sich allerdings vorab schon mögliche Vorurteile von Dritten vor Augen, lässt es sich auch mit missgünstigen Nachbarn, argwöhnischen Kollegen und verständnislosen Verwandten leichter leben.

Die hier berichtenden Männer tun das und nehmen Abstand von tradierten Rollen, da sie über ein anderes Mindset verfügen als beispielsweise noch die Vätergeneration. Die porträtierten Männer trotzen regelrecht den althergebrachten Rollen. Sie finden ihren ganz eigenen Platz in der Familie, wenn auch vielleicht nicht in der Gesellschaft. Doch bleiben sie sich damit treu, selbst wenn das Umfeld gegen die verkehrte Welt stänkert.

Aspekt Nr. 8: Familienzeit versus Arbeitszeit

Nun möchten wir unser Augenmerk aber noch auf den letzten, den achten Aspekt – die Ressource Zeit – legen, der sich wie ein roter Faden durch sämtliche Beiträge zieht. Kosten- und Leistungsrechnung in der Beziehung? Aber ja! Denn, so haben wir gelernt, jede Ehe funktioniert neben aller Romantik ähnlich wie ein Unternehmen. Innerhalb einer Partnerschaft geht es um die (Ver-)Teilung von Zeit, Engagement und Geld. Zeit ist dabei die elementare Ressource für ein funktionierendes »Side by Side« und eine erfolgreiche Work-Life-Balance. Die Männer an der Seite unserer »Side by Side«-Frauen haben diesen Kosten- und Leistungsfaktor fest im Blick und ermöglichen sich und ihren Frauen, dass das gemachte Investment auch in turbulenten Zeiten eine sichere Bank ist.

Sicherlich gibt es noch weitere wichtige Aspekte, die im Zusammenspiel zwischen Partnern und ihren Frauen in Führungspositionen an dieser Stelle aufzuführen wären. Die genannten acht Aspekte bilden aber das Destillat der uns zur Verfügung gestellten Expertenbeiträge und Paarporträts. Gleichsam sollen sie – im positiven Wortsinn – einen Stein des Anstoßes bilden, weitere Untersuchungen über den (Erfolgs-)Faktor Mann an der Seite von Frauen in Führung anzustreben.

Ein Fazit

Alle hier vorgestellten Männer von Frauen in Spitzenpositionen führen Partnerschaften auf Augenhöhe!

Unser persönliches Fazit aus der Beschäftigung mit dem Thema setzt natürlich noch lange nicht den Schlusspunkt unter das Thema »Side by Side an die Spitze«. So ist aufgrund des von uns recherchierten Materials derzeit beispielsweise noch keine wissenschaftlich fundierte Aussage möglich.

Mit den Männern haben wir dieses Buch begonnen, mit den Männern wollen wir dieses Buch beenden. Lenken wir abschließend also noch einmal unsere Aufmerksamkeit auf die Männer an der Seite erfolgreicher Frauen, die uns in diesem Buch Rede und Antwort standen.

Ihr Miteinander auf Augenhöhe bezieht sich dabei nicht nur auf die Paarbeziehung, sondern auf den Vollzug dieses Prinzips in den unterschiedlichsten Facetten und auf unterschiedliche Ebenen im Alltag, in der Familie sowie in den jeweiligen Karrieren. Augenhöhe bedeutet darüber hinaus ein ebenbürtiges Begegnen auf der emotional-sozialen Ebene und auf der intellektuellen Ebene. Unsere Side-by-Side-Männer verfügen über ein liberales Mindset: Sie schaffen es, aus einem traditionell geprägten Umfeld andere, nämlich innovativere Schlüsse für ihr Privatleben – mit oder ohne Kinder – zu ziehen und ein neues Modell zu leben.

Wie ein roter Faden zieht sich auch das Thema Kommunikation durch die hier dargestellten Paarbeziehungen. In diesen Beziehungen wird nicht geschwiegen oder Schwieriges unter den Tisch gekehrt. Man spricht über alles: Karriere, Kinder, Probleme und Herausforderungen. Es gibt scheinbar keine Tabus. Die Paare leben Transparenz – ob in der Nähe oder auf Distanz ist einerlei.

Und die Paare leben – vor allem seitens des Mannes – Kompromisse! Dies ist nur möglich, wenn beide Geschlechter den wahren Wert einer Beziehung erkennen und reflektieren. Erst dann kann auch Karriere für beide gelingen. Nicht auf Kosten des jeweils anderen. Nicht stressfrei und nicht ohne fremde

Unterstützung, aber machbar! Unser Autor Guido Friebel schreibt zu Beginn: »Es wäre illusorisch zu glauben, dass die Politik in nächster Zeit den Stein der Weisen findet, um Frauen und Männern die gleichen Chancen einzuräumen, ›ihre‹ Karriere machen zu können. Deswegen stellt sich am Ende die Frage, was Frauen tun können, um unter den gegebenen Umständen ihren Weg zu gehen. Diese Antwort ist, zumindest in der Theorie, viel einfacher: Sie müssen, angefangen von der Partnerwahl bis hin zu all den entscheidenden Weichenstellungen, wie der Wahl des ersten, zweiten und n-ten Jobs, sich immer klar darüber sein, dass sie ihre Interessen verfolgen müssen. Und das bedeutet nichts anderes, als dem zukünftigen Mann explizit mitzuteilen, dass sie nicht beabsichtigen, auch nach der Geburt der Kinder, ihre Karriere hinter die seinige zu stellen. Das bedeutet sowohl hartes Verhandeln als auch Kompromissbereitschaft. Das bedeutet, die Partnerschaft als Teamwork zu sehen. Es gibt sehr erfolgreiche Doppelkarrieren. Einblick in einige davon erhalten wir mit diesem Buch. Was die Frauen und Männer, die wir hier kennenlernen, alle miteinander gemeinsam zu haben scheinen, ist der Wille zum Erfolg, aber auch zum Kompromiss.«

Mit diesen Worten Guido Friebels möchten wir unsere Betrachtung schließen. Jedoch nicht, ohne einen kleinen Ausblick verbunden mit einem Wunsch für die Zukunft zu wagen: Wir wünschen uns Resonanz! Resonanz auf unsere hier aufgezeigten »Side by Side«-Aspekte, Autoren- und Expertenbeiträge. Mögen sie dazu anregen, eine neue Debatte um Rollenverständnis und Gleichberechtigung anzustoßen, um so – auf lange Sicht – mehr Frauen in Führung zu bringen.

Die Frage nach »Wie bringt man also mehr Frauen in Führung?« ist eine gesellschaftspolitische Herkules-Aufgabe, die weder dieses Buch noch die aktuelle Regierung und die Unternehmen unmittelbar leisten können. Deswegen werden wir auch kontinuierlich an diesem Thema weiterarbeiten.

Die Herausgeberinnen

Von links nach rechts: Angelika Weinländer-Mölders, Martina Lackner, Vanessa Conin-Ohnsorge

Dr. med. Vanessa Conin-Ohnsorge
studierte in Freiburg Medizin und wurde aus Neigung und mit Begeisterung Ärztin. Dennoch nahm sie nach dem MBA-Studium in Lyon die Herausforderung der Unternehmensnachfolge im Familienunternehmen, der IDV GmbH in Bodenheim, an. Seit 16 Jahren ist sie mittlerweile dort mit der Geschäftsführung betraut und passionierte Unternehmerin.

Die IDV Bodenheim ist seit 1973 hochspezialisierter Partner der Gesundheitsindustrie für die intelligente Multi-Datenverarbeitung mit Schwerpunkt Marketing und Vertrieb (www.idv-bodenheim.de). Mit ihrer Tätigkeit vereint Vanessa Conin-Ohnsorge ihre Neigungen zu Entrepreneurship, Medizin und Digitalisierung.

Die gesellschaftspolitischen Visionen von Conin-Ohnsorge sind ausgewogene heterogene und diverse Führungsstrukturen in Unternehmen mit den Besten an der Spitze. Daher engagiert sie sich seit über zehn Jahren für mehr Frauen in Führungspositionen der Gesundheitsindustrie. In diesem Kontext ist sie Initiatorin und Mitgründerin der Healthcare- Frauen e.V. (www. healthcare-frauen.de).

Als Co-Herausgeberin und Autorin des Buches »21 Erfolgsfrauen – 21 Karriere-formeln« erweitert sie ihr gesellschaftspolitisches Engagement über diesen neuen Kanal. Das nun erschienene Buch ist die konsequente Weiterdenke eines neuen Aspektes, auf dem Weg für mehr Meritokratie in der Wirtschaft.

Mag. phil. Martina Lackner
ist Psychologin, Psychologische Psychotherapeutin, Autorin (»Psychologi-sche Unternehmensführung«, Lindeverlag) und Co-Autorin der »21 Erfolgs-frauen«. Als Inhaberin der PR-Agentur cross m (www.crossm.de) platziert sie ihre Kunden medienwirksam in der Öffentlichkeit und publiziert selbst immer wieder erfolgreich in den Onlinemedien des »Stern« und anderen relevanten Wirtschaftsmedien. In ihren Artikeln und Denkanstößen unter www.martinalackner.com nimmt sie regelmäßig Stellung zu aktuellen Karri-ere- und gesellschaftspolitischen Themen.

Darüber hinaus berät sie als Personal Advisorin Unternehmen und Menschen bei beruflichen und privaten Herausforderungen. Durch ihre Herangehens-weise und ihr qualitativ hochwertiges Netzwerk ist sie heute eine feste Größe in den Bereichen Pressearbeit und crossmediale Vermarktung. Aktuell widmet sich die gebürtige Österreicherin der Beratung und maßgeschneider-ten Öffentlichkeitsarbeit von kleinen und mittelständischen Unternehmen. Mit den Dienstleistungen ihres neu gegründeten PR-Kooperations-Netz-werks »NEW Message« (www.newmessage.rocks) hebt sie sich bewusst von großen Agenturen ab und fokussiert Unternehmen, deren Produkte und Dienstleistungen den Markt zwar bereichern, denen aber derzeit noch die entsprechende Bekanntheit und Nachfrage fehlt.

Eine Herzensangelegenheit ist der 49-Jährigen die Frauenförderung. Das Po-tenzial von Frauen sowohl in der Wirtschaft als auch in der Gesellschaft zu nutzen, starke Frauen weithin sichtbar zu machen und Gleichberechtigung als Normalität zu leben, sind Forderungen, die sie seit Jahren auch in ih-ren Beratungen und nachhaltigen PR-Strategien einbringt. Ihr Credo: »Auch wenn sich im Rahmen von Corporate Governance Unternehmen und Politik zunehmend zur Förderung der Chancengleichheit von Frauen und Männern bekennen, sind bisher nur wenige Frauen in Führungsetagen anzutreffen – das muss sich ändern.«

Dr. rer. nat. Angelika Weinländer-Mölders

studierte Chemie in Karlsruhe und Berkeley, USA. Nach ihrer Promotion am Forschungszentrum Karlsruhe wechselte sie nach drei Jahren Forschungstätigkeit in die Wirtschaft, zunächst als Außendienstmitarbeiterin in der Medizintechnik. Bereits nach drei Jahren hatte sie ihre erste Leitungsfunktion inne und übernahm danach in verschiedensten Funktionen Führungsverantwortung. So zeichnete sie beispielsweise über sechs Jahre lang als alleinige Geschäftsführerin für mehr als 200 Mitarbeiter eines Pharmaunternehmens verantwortlich.

Weinländer-Mölders verfügt über ein breit gefächertes Führungsportfolio mit den Schwerpunkten Vertrieb und Marketing und ist aktuell in der Branche Life Science und Chemie tätig.

Weiterhin fungiert sie seit über acht Jahren als Seedfinancing Board Mitglied der Austria Wirtschafts Service sowie als Jurymitglied des Best of Biotech.

Aus dem gesellschaftspolitischen Wunsch heraus, mehr heterogene Führungsteams in Unternehmen zu erleben, entstand die Idee für das Buch »21 Erfolgsfrauen – 21 Karriereformeln«, das sie gemeinsam mit den zwei Mitherausgeberinnen Martina Lackner und Vanessa Conin-Ohnsorge publizierte, wohl wissend, dass eine Mischung aus »Frau muss sich auch trauen« und den gesellschaftlichen Rahmenbedingungen hierfür notwendig ist. Auch das neue Buch »Männer an der Seite erfolgreicher Frauen – Side by Side an die Spitze« entstand durch ihr Bestreben für mehr Meritokratie in der Wirtschaft. Sie ist in diesem Kontext auch FidAR-Mitglied und Mentorin.

Danksagung

Jedes Buch, das es über die Ladentheke in die Hände eines Lesers schafft, erfordert ein enormes Maß an Projektmanagement und Koordinierungsaufwand. Wir bedanken uns daher bei unseren Experten und Expertinnen sowie den Autoren und Autorinnen, diese erste Gesamtschau auf das Thema »Side by Side auf dem Weg an die Spitze« ermöglicht zu haben.

An diesem Buch war ein ganzes Team beteiligt, von dem wir Herausgeberinnen das Kernteam bilden. Zuvorderst möchten wir hier den Haufe Verlag nennen, der bereits in der frühen Ideenphase das Projekt interessant fand und uns mit seiner Zusage, das Buch zu unterstützen, ermutigte, den eingeschlagenen Weg weiter zu gehen.

Marianne Brandt war während der gesamten Erstellung des Buches eine wichtige Ratgeberin und unser Coach. Als Zukunftsgestalterin faszinierte sie unsere Vision und Mission, Frauen in Führung zu bringen und den Aspekt der Partnerschaft als Karrierebooster von allen Seiten zu beleuchten.

Eine wichtige Stütze unseres Buchprojektes waren auch unsere drei Redakteurinnen Petra Sonntag, Alexa Siersdorfer und Stephanie Anthoni. Natürlich möchten wir auch der vierten Redakteurin im Bunde danken: Claudia Obmann vom Handelsblatt für ihr Vorwort.

Danke auch an all unsere Sponsoren! Mit ihrem Engagement für unser Projekt haben sie mehr als nur ein Zeichen für die Unterstützung einer Idee geleistet: Unser Dank gilt hier vor allem der Aliud GmbH sowie allen Unterstützern, die uns im Geiste gefolgt sind.

Last but not least bedanken wir uns bei unseren Männern, die uns bei unserem Projekt den Rücken freigehalten haben.

Durch die intensive Zusammenarbeit sind wir als Team inhaltlich und persönlich weiter zusammengewachsen und freuen uns auf alle neuen Herausforderungen, die das Thema »Frauen in Führung« auch künftig mit sich bringen mag. Wir nehmen sie an!

Ihre
Dr. Vanessa Conin-Ohnsorge,
Mag. phil. Martina Lackner &
Dr. Angelika Weinländer-Mölders